2022 대한민국이 열광할
시니어 트렌드

새로운 소비권력 5070의 취향과 욕망에서 찾은 비즈니스 인사이트

2022
대한민국이 열광할
시니어 트렌드

SENIOR TREND

AGE FRIENDLY
에이지 프렌들리

고려대학교 고령사회연구센터 지음

비즈니스북스

2022 대한민국이 열광할 시니어 트렌드

1판 1쇄 발행 2021년 12월 7일
1판 7쇄 발행 2024년 3월 20일

지은이 | 고려대학교 고령사회연구센터
발행인 | 홍영태
편집인 | 김미란
발행처 | (주)비즈니스북스
등 록 | 제2000-000225호(2000년 2월 28일)
주 소 | 03991 서울시 마포구 월드컵북로6길 3 이노베이스빌딩 7층
전 화 | (02)338-9449
팩 스 | (02)338-6543
대표메일 | bb@businessbooks.co.kr
홈페이지 | http://www.businessbooks.co.kr
블로그 | http://blog.naver.com/biz_books
페이스북 | thebizbooks
ISBN 979-11-6254-250-7 03320

비즈니스북스는 독자 여러분의 소중한 아이디어와 원고 투고를 기다리고 있습니다.
원고가 있으신 분은 ms1@businessbooks.co.kr로 간단한 개요와 취지, 연락처 등을 보내 주세요.

우리 시대는 출산의 순간이자 과도기다.
인간 정신은 구질서와 함께 산산조각 났다.
구식 사고도 마찬가지다.
마음은 그 모든 것을 깊은 과거 속에 가라앉게 놔두고
스스로 변화를 모색한다.
지루해서 찢고 까부는 것 때문에 기존 질서가 흔들리고
무언가 알려지지 않은 것에 대해 막연한 예감 같은 것이 든다면
곧 변화가 다가오고 있다는 전조다.
-G. W. F. 헤겔

일러두기

- 이 책은 고려대학교 고령사회연구센터에서 STEEP 분석을 따라 집필되었다. STEEP 분석이란 거시적 환경 분석의 기법 중 하나로 미래예측을 위해 주로 사용되는 연구방법론이다. 산업 내 기업 경쟁력에 영향을 끼칠 수 있는 거시적 환경요인이 무엇인지 파악하기 위한 프레임워크를 제시한다. 미래사회 예측을 위해 주요 변동요인과 변화 트렌드를 도출할 수 있는 방법론인 것이다. 사회Society, 기술Technology, 환경Ecology, 경제Economy, 정치Politics의 주요 분야로 구분하여 변화 트렌드를 도출하는 방법이다.

- 고령자를 일컫는 표현은 여러 가지다. 고령자, 노인, 은퇴자, 시니어, 액티브 시니어, 어르신 등 다양한 표현이 사용된다. 책에서는 가급적 '시니어'로 통칭하였다. 최근 들어 액티브 시니어라는 개념이 새로이 부상하고 있으며 이들 늙지 않는 고령자에 대한 논의도 활발하다. 그 개념에 대해서는 해당 내용에서 추가적으로 살핀다.

새로운 시장, 에이지 프렌들리가 뜬다!

인류가 전혀 경험해보지 못한 세상이 시작되었다!

인류가 역사를 기록하기 시작한 이래 인간 역사에는 일정한 패턴이 있다고 주장하는 이들이 있다. 그러한 생각을 최초로 정립한 사람이 14세기 이슬람의 위대한 학자 이븐 할둔Ibn Khaldun이라는 데 많은 학자들이 공감한다. 그는 '4개 세대'가 번갈아 패턴을 그리며 역사를 움직인다고 보았다.

첫째, 혁명가 세대다. 이들이 추구하는 가치는 과거와의 근본적인 단절이다. 위대한 리더와 예언가가 등장하며 이들이 새로운 가치관을 만든다. 그 과정에서 불가피하게 혼돈이 일어난다.

둘째, 질서 세대다. 그들은 앞선 세대가 벌인 혁명의 끝자락을 맛보았다. 따라서 혁명보다는 세상을 안정시키고 관습과 신조를 세우고 싶어 하는 특성을 갖는다.

셋째, 실용 세대다. 이들은 혁명 자체를 경험해본 적이 없다. 아예 관심도 없다. 세상이 어떻게 돌아가는지에 대해서보다 자기 자신에게 더 관심이 많다. 물리적 관심이 크고 개인적 성향을 지녔다.

넷째, 냉소 세대다. 사회가 활력을 잃었다고 여기며 무얼 해야 할지 방황한다. 무엇을 믿어야 할지 의심하고 세상에 대해 비관적이다. 위기 감을 느끼지만 동시에 무력감에 시달린다.

이들 세대 다음에 다시 혁명 세대가 등장한다. 새로운 사이클을 시작하는 것이다. 할둔의 생각처럼 지금까지 인류 역사는 그런 방식으로 계속 순환해왔는지 모른다. 여기서 혁명이란 물리적인 충돌을 동반하는 극단적인 것만 의미하는 게 아니다. 이전에 없던 색다른 가치관이 등장하는 것이 더 중요한 요건이다.

지금 우리는 이 사이클의 어디쯤에 위치하고 있을까? 셋째 세대가 마지막 4막을 끝내고 넷째 세대 초입에 들어선 것은 아닐까 생각해본다. 이제 막 냉소 세대가 주도하는 위기의 시대가 시작되었다. 그러나 새로운 세상을 열 혁명 역시 우리 앞에 놓여 있다.

세상의 흐름에 관심을 갖기보다 자기 자신에게만 집중하는 이들이 다수다. 그러기에 대세가 꽤 지속될 것처럼 여겨진다. 하지만 세상에 영원한 것은 없다. 위기의 시대는 오래 이어질 수 없다. 인간의 정신은 불안정한 상태를 참지 못한다. 인간은 불안정한 상태, 인지부조화 상태를 견디지 못하고 서둘러 대안을 찾을 것이다. 이제껏 우리는 늘 그래왔다.

앞으로도 그럴 것이라는 데 의심의 여지가 없다. 지금 우리는 그 어느 때보다 새로운 가치관과 사상적 대안을 필요로 한다.

나이 든다는 것에 대한 새로운 가치관이 열린다

우리는 지금 5개 세대가 공존하는 시대를 살고 있다. 베이비부머 세대, X세대, M세대(밀레니얼 세대), Z세대, 그 뒤를 잇는 알파 세대다. 알파 세대는 대체로 2010년 이후 태생 세대를 의미한다.

역사적으로 5개 세대가 한 시대에 공존한 기록은 찾아볼 수 없다. 우리는 인류 최초의 발걸음을 내딛고 있는 셈이다. 도대체 앞으로 어떤 일들을 생길까? 많은 이들이 궁금해 하는 바다.

고려대학교 고령사회연구센터는 고령사회에 본격적으로 들어선 대

	산업화 세대	베이비붐 1세대	베이비붐 2세대	X세대	밀레니얼 세대	Z세대
출생연도	1940~1954	1955~1964	1965~1974	1975~1984	1985~1996	1997~
역사적 사건 (주로 유년기)	한국전쟁, 베트남전	새마을 운동	민주화 운동	대중문화 시대	올림픽	월드컵, IMF 외환위기
인구 사회학적 특성	실버산업 세대	센서스 시작 합계출산율 5~6 대학 진학률 20퍼센트대	가족계획 이후 세대 합계출산율 3~4 대학 진학률 30퍼센트대	수능 세대 여성 교육수준 급상승 자녀 수 감소 본격화 대학 진학률 급증	저출산·고령화 1인 가구 증가 대학 진학률 80퍼센트	가구 분화 증가 초저출산

한국사회 세대 구분과 특징

한민국을 위시로 여러 국가와 사회에 대한 연구를 시작했다. 처음 눈에 띈 것은 수많은 통계와 숫자였다. 저출산율을 넘어 초저출산율을 갱신하는 중이다. 고령자를 둘러싼 수많은 데이터는 가히 충격적이었다. 하지만 숫자에는 감정이 없다. 숫자는 숫자일 뿐이고 통계는 통계일 뿐이다. 숫자에 지나치게 몰입하면 그 이면의 현상이 잘 보이지 않게 된다.

우리는 인간의 역사에서 4세대가 반복되는 패턴을 그린다는 데 공감한다. 우리는 혁명 세대를 거쳤으며 질서 세대를 지나왔다. 그리고 지금 혁명에는 일절 관심이 없고 실용만을 추구하는 세대의 끄트머리에 있다. 이제 곧 무엇을 할지 갈피를 잡지 못하는 가치관 혼란과 냉소의 세대에 도달할 것이다.

고령자와 관련해 이 이야기를 풀어보면 어떻게 될까? 우리는 1900년대 초에 만들어진 낡은 '노령담론' 속에서 살아왔다. 여러 세대가 이 담론에 순응해왔다. 베이비부머 세대는 세계 기준으로는 제2차 세계대전 후, 우리 기준으론 6.25전쟁 이후 태어났다. 그들 뒤엔 X세대가 있다. 이들 모두 100년 전 낡은 이념을 근거로 사회 시스템과 구조를 만들었고 운영해왔다.

그런데 이제 사람들의 생각이 달라지기 시작했다. 노령담론의 핵심적 주장은 인간은 나이가 들면 가치가 없어진다는 것이다. 병들고 힘이 없고 나약하고 무능하다. 그런데 많은 이들이 이런 생각에 반기를 들기 시작했다. 더 나아가 사회 시스템 전반이 바뀌어야 한다고 생각하는 이들도 많아졌다. 바야흐로 가치관의 대전환이 시작된 것이다.

새로운 가치, 그것이 만들어갈 새로운 시장, 시대정신의 실체를 파악해야 할 때다.

오팔 세대, 욜드, 시니어 액티브가 리드하는 시대

조남주 작가의 인기소설 《82년생 김지영》 속 82년생은 개띠다. 그런데 이보다 더 유명한 개띠가 있다. 58년생 개띠다. 통계청 데이터를 보면 1958년 출생 인구는 92만여 명에 달한다. 당시에는 출생신고를 늦게 하는 경우가 많아 실제는 100만 명이 넘을 것으로 추정된다. 역사상 가장 많은 출생아수를 기록한 해다. 이들은 산업의 허리 역할을 하던 나이에 외환위기를 겪고 2018년부터 정년퇴직을 시작했다.

그런데 공교롭게도 활동적인 시니어를 일컫는 용어로 오팔OPAL 세대가 있다. 'Old People with Active Lives'의 약어다. 일본의 경제전문가 니시무라 아키라西村晃가 2002년 《여자의 지갑을 열게 하라》에서 처음 언급한 개념이다. 58년 개띠와 발음이 같은 이 용어가 가리키는 세대역시 베이비부머들이다.

이들을 다른 말로 액티브 시니어active senior라고도 한다. 미국 시카고대학교 심리학과 교수인 버니스 뉴가튼Bernice Neugarten이 선보인 개념이다. 그는 오늘날의 노인은 과거의 노인과는 다르다고 단언한다. 그러면서 40~49세로 은퇴를 앞두고 준비하는 세대를 프리 시니어pre senior, 50~75세의 풍부한 사회 경력과 경제력과 소비력을 갖춘 세대를 액티브 시니어라고 정의했다.

이들은 모두 은퇴했거나 은퇴를 앞두고 있다. 그러나 사회에서 여전히 왕성한 현역으로 활약한다. 경제력도 상당하다. 그런 만큼 시장에서 이들은 주요 공략대상으로 꼽는다. 우리나라에서도 관련 데이터로 검증된 사실이다. 2019년 한국시엑스오cxo 연구소가 상장사 매출 기준 국내 1천대 기업 보고서를 분석했다. 그 결과 CEO 1,328명의 단일 출생연도 가운데 58년생이 93명(7.0퍼센트)으로 가장 많았다. 인구가 많으니 그렇지만 다른 세대보다 유독 사회 곳곳에서 왕성하게 활약하고 있다는 데 많은 이들이 공감한다.

이들은 욜드young old, YOLD 라고도 불린다. 젊은 노인들이다. 이 용어 역시 일본에서 만들어졌다. 일본의 경우 1946~1964년 태생의 베이비부머 세대가 욜드로 분류된다. 이들은 건강과 부를 동시에 누리는 것으로 나타났다. 인구 규모도 커서 산업·정치 각 영역에서 영향력이 막강하다.

매년 출간되는 〈이코노미스트〉 '세계대전망' 2020년 판은 이들 욜드가 이전의 노인들과는 전혀 다른 집단이라고 규정했다. 더 나아가 이들의 선택이 각 산업의 지형도를 재편할 것이라고 강조했다.

시니어들이 사회 구석에서 국가의 도움이나 바라며 나약하게 늙어가던 시대는 끝났다. 이들은 더 오래 더 강력하게 시장에 영향력을 미치며 목소리를 높이고 있다. 그런 만큼 천편일률적인 노령담론을 폐기해야 한다는 주장이 힘을 얻는다. 시니어를 둘러싼 사회 제도와 시스템의 개편을 요구하는 흐름 역시 강해지고 있다.

기업과 시장은 MZ세대 대신 시니어 공략하라

기업은 인구 추이를 면밀히 연구한다. 신제품을 내놓을 때도 가장 구매력이 왕성한 타깃을 설정해 공략하기 위해 노력한다. 지금 세계가 주목하는 소비자는 약 23억 명에 달하는 밀레니얼 세대다. 1980~2000년 출생 세대를 의미하는데 최근에는 이를 세분화해 1995년 이후 출생자는 Z세대라고 칭한다. 이들을 합쳐 MZ세대라고 부르는 것이다. 미디어는 연일 MZ세대를 언급하며 이들을 공략해야 한다고 주장한다.

MZ세대는 젊고 역동적이다. 미국 투자은행 모건스탠리 역시 이들이 경제활동의 주력 세대라고 분석했다. 이들이 앞으로 직장을 얻고 가정을 꾸리고 아이를 가질 것이라는 게 이유다. 그런데 이런 시각은 과거 베이비부머 세대를 대했던 시각과 동일하다. 과거 세대들은 비슷한 연배에 비슷한 사회활동을 했다. 그런데 이제 그런 세상은 끝났다. 개인 각자가 제멋대로 틀을 벗어나 행동한다.

게다가 MZ세대를 향한 세간의 관심은 지나치게 과장되어 있다. 기업은 그들을 파악하고 조준하느라 여념이 없다. 그러나 어느 모로 보나 그들은 가장 빠르게 성장하는 소비자 계층이 아니다. 실제 강한 소비력을 보유하며 무섭게 팽창하는 세대는 따로 있다. 바로 60세 이상이다.

이들은 현재 전 세계 자산의 절반 이상을 소유하고 있다. 인구 역시 가장 빠르게 성장 중이다. 2019년 UN 세계인구현황보고서World Population Ageing에 따르면 2050년 전 세계 65세 이상 인구는 15억 명에 도달할 것이라고 예상된다. 하지만 마우로 기옌Mauro F.Guillen 와튼스쿨 국제경영학

교수는 《2030 축의 전환》에서 2030년에 이르면 전 세계 60세 이상이 35억 명에 달한다고 예상한 바 있다. 이들 대다수는 중산층이며 선진국에 사는 이들도 다수다. 인구 통계적으로 볼 때 수치는 더 가공할 만하다. 2030년 기준 일본 38퍼센트, 독일 34퍼센트, 영국 28퍼센트, 미국과 중국 각각 26퍼센트와 25퍼센트를 차지하게 된다. 현재 중국에서는 매일 약 5만 4천 명이 60세 생일을 맞이한다. 세계로 범위를 넓히면 매일 21만 명이 60세 생일을 맞고 있다.

일찍이 2018년 〈포브스〉는 인구의 고령화가 '기업에게 축복이 될 것'이라고 예견했다. 〈이코노미스트〉 역시 '나이든 소비자들이 경영의 지평을 바꿀 것'이라는 예언 섞인 주장을 내놓았다.

단언컨대 시장과 기업의 기회는 60세 이상 세대에게 있다! 그런데 보스턴컨설팅그룹 조사에 의하면 현재 기업 7개 중 1개 정도만 이 연령대에 대한 준비가 되어 있다. 기존 기업이든 신생 기업이든 대부분 젊은 세대만 겨냥한다. 소위 실버시장에 대해서는 파악은커녕 접근조차 어려워한다.

영국에서 50세 이상에게 설문조사한 바에 따르면 무려 96퍼센트가 '소비시장에서 무시당하는 기분을 느낀다'고 답했다. 미국은퇴자협회AARP 조사에서도 동일한 결과가 나왔다. 이제 기업들은 세대를 조망하고 연구하는 관점 자체를 바꿔야 한다.

마우로 기엔 교수는 '2030년이 다가오면 젊음과 나이 듦에 대한 일반적인 정의가 사라지고 세대 간의 역학 관계도 바뀔 것'이라고 주장했다.

더 이상 젊음은 활력과 동의어로 볼 수 없게 된다. 쇠퇴 역시 나이든 사람의 전유물로 볼 수 없게 된다. 그 현상은 이미 시작되었다.

9가지 테마, 에이지 시장에서 벌어지는 흥미로운 현상들

이제 막 전 세계 몇몇 국가들이 고령사회에 도달하기 시작했다. 따라서 사회학이나 의학 분야에서도 앞으로 어떤 일이 벌어질지에 대한 충분한 연구가 부족한 실정이다. 기업의 준비 역시 거의 전무하다. 고령사회를 연구하는 우리 센터의 입장에서는 안타까운 일이다.

그러나 위기는 기회다. 위기의 시대에는 발 빠른 융합 학문적 시각으로 현 상황과 앞으로의 전망을 분석하고 예측해야 한다.

이 책은 고려대학교 고령사회연구센터가 지난 1년 동안 보고 발견한 고령화 트렌드와 시장과 기업의 기회를 담은 첫 보고서다. 우리는 첫 보고서의 테마로 '에이지 프렌들리'age friendly를 꼽았다.

우리는 에이지 프렌들리라는 대전제 하에 향후 몇 년간 우리 사회를 강타할 시니어 트렌드 9가지를 추렸다. 모두 우리가 현장에서 듣고 보고 공감하며 취합한 시니어 당사자들의 목소리를 바탕으로 했다. 우리가 원하는 것은 따로 있다, 새로운 금융시스템이 필요하다, 걷기와 운동을 비롯한 취미시장이 커진다, 이젠 내가 원하는 대로 살고 싶다, 나도 영원한 팬으로 살고 싶다, 시설이 아닌 집에서 늙고 싶다, 더 젊고 더 오래 산다, 남들처럼 죽고 싶지 않다, 에이지 프렌들리 준비하는 세계…. 우리가 모은 시니어 트렌드는 모두 매우 신선하면서도 충격적이었다.

또한 우리는 책에 100가지 '에이지 프렌들리 비즈니스 모델'도 소개한다. 전 세계 유력 기업 혹은 스타트업의 사업 아이템 중에서 에이지 프렌들리를 지향하는 주요 비즈니스 모델만을 취합해 정리했다. 첨단의 새로운 분야에서 대안을 모색하는 이들이 만들어가는 이들 아이템은 우리 기업과 국가가 벤치마킹해야 할 대상이다. 본래 더 방대하게 조사되었지만 경쟁력이 있고 향후 전망이 밝은 모델만 추려서 100개를 선별했다.

수많은 시니어 소비자들은 스스로가 시장과 기업으로부터 소외되었다고 느낀다. 필요한 제품과 서비스가 있고 지갑을 열 의향도 얼마든지 있다. 그런데 시니어 시장에 무지한 기업들은 그런 제품과 서비스를 만들 역량이 없다. 정부 역시 무서운 속도로 팽창하는 시니어들을 위해 어떤 정책과 제도를 만들어야 할지 갈피를 잡지 못한다. 그런 와중에 이들의 필요를 읽는 에이지 프렌들리 기업과 비즈니스 모델은 시장의 환영을 받고 입지를 넓히고 있다. 이들이 무엇을 어떻게 하고 있는지도 소개할 것이다.

우리는 설문조사와 통계 분석, 인구학적 연구방법과 추계 방법을 기초로 가까운 미래의 고령사회 트렌드를 예측해볼 수 있었다. 혼돈 속에 있는 기업과 정부, 고령사회를 향해 가는 개인 모두에게 작은 도움이 될 수 있기를 바란다.

샤넬의 창업자인 코코 샤넬Coco Chanel은 이런 말을 남겼다. "40세가 지나면 결코 젊다고 할 순 없다. 그러나 나이에 상관없이 누구나 아름다워질 권리가 있다!" 누구나 젊은 시기가 있고 나이 듦을 인정해야 하는 시기가 있다.

5개 세대가 공존하는 지금 우리는 무엇을 할 것인가? 세계가 시니어 시장을 향해 어떻게 변화해가고 있는가? 시장과 기업은 에이지 프렌들리 시대에 무엇을 준비할 것인가? 이 책에 당신이 시간을 투자해야 할 이유는 분명하다. 향후 몇 년 내에 모든 것이 바뀔 것이기 때문이다.

안암동 연구실에서,

고려대학교 고령사회연구센터 일동

제1장

시니어가 원하는 것은
따로 있다
I want something Different!

늘고 싶어 하지 않는 노인의 욕망과 취향, 노인을 하나로 뭉뚱그려 보지 말아
야 하는 이유, 다채롭고 다양해진 시니어들의 요구사항, 폭증하는 시니어 시장
을 선점하기 위한 기업의 전략, 인터넷과 모바일을 중심으로 부는 세계적 시니
어 트렌드, 에이지 프렌들리 컨설팅이 뜨는 이유

제2장

부자 노인들은 전혀
새로운 금융서비스를 원한다
I need totally new BANKING!

부동산만으로 노후준비가 힘들어지는 이유, 퇴직연금의 화려한 변신, 은행과 보험과 투자회사의 경계가 무너지는 까닭, 세계적 투자은행들의 시니어 공략 전략, 자산 이동의 본격적인 러시로 금융권에 불어 닥칠 변화들, 고령자 타깃의 유병자 보험·월지급식 펀드·연금식 보험 등 시니어 대상의 새로운 금융 상품들

제3장

나이가 들면서 운동과
취미에 빠져든다
I'm a Walkaholic, I like Workout!

몸을 아끼고 몸에 더 많이 투자하는 노인들, 커지는 시니어 운동 시장과 취미 시장을 공략하기 위한 전략, 시니어들이 원하는 여가활동이 젊은이들과 다른 이유, 시니어와 첨단기술을 결합한 새로운 상상력, 가상현실과 증강현실을 활용한 다양한 산업 아이디어

제4장

혼자도 좋아,
내가 원하는 방식으로 살고 싶다
I need No one in my life!

자녀에게 의존하지 않고 혼자 살고 싶어 하는 노인들, 마음 맞는 친구들과 모여 살고 최고의 시설을 누리며 과거와는 전혀 다른 주거환경을 원하는 시니어들, 노인 1인 가구를 공략하기 위한 기업의 전략, 보안서비스·소형가전·소포장 반조리 식품·노인 도시락 사업 등 새로운 사업 아이템

제5장

시니어 팬덤 시대,
영향력 있는 팬이고 싶다

I am a Never-ending Fan!

유튜브와 SNS에서 활약하는 노인들, 실버 서퍼들을 대하는 인터넷과 디지털 시장의 전략, 실버 덕질의 열기와 시장에 미치는 영향, 레트로·트로트·영 실버 문화와 콘텐츠 비즈니스, 시니어 팬덤과 협업하는 기업의 전략

제6장

에이징 인 플레이스,
시설이 아니라 내 집에서 늙고 싶다

I want Getting Old in my home!

요양병원이나 요양원 대신 집에서 살고 싶어 하는 노인들, 노인들의 홀로살기를 돕는 서비스가 뜨는 이유, 에이징 인 플레이스와 홈 케어 서비스, 데이케어 서비스의 진화, 텔레프레즌스 로봇·헬퍼 로봇·간병 로봇·로봇 모빌리티, 시니어의 활동과 생활 도와주는 첨단 서비스의 등장, 가상현실 추억여행·다채로운 여가활동·첨단의상 등으로 더 자유로워지는 시니어 라이프

제7장

더 젊어지고 오래 사는 시대, 에이징 테크의 미래

No time to die!

첨단과학이 만들어가는 장수 사회의 미래, 미국의 첨단 바이오 제약사들의 에이징 테크 현황, 기적의 조합으로 생명연장 현실화하는 독일의 첨단 기술, DNA 분석 서비스·치매 한약 등 한국의 에이징 테크 현주소, 더 오래 더 건강하게 사는 사회가 만들어갈 변화들

제8장

웰빙보다 웰다잉, 남들처럼 죽고 싶지 않다

Never die like everyone else!

구차하게 사는 것보다 잘 죽는 것이 더 중요해진 노인들, 죽음에 대한 인식 변화, 엔딩노트·생전 장례식·존엄사 시장이 커지는 이유, 살아 있을 때 유품을 정리하는 생전 정리 시장과 중고품 거래시장, 웰다잉을 위한 서비스·금융상품들

제9장

에이지 프렌들리 시대, 무엇을 할 것인가?

What to do for Age Friendly?

소멸도시를 면하기 위해 지자체가 해야 할 일들, 고령친화도시를 위한 국제사회의 공조와 미래, 에이지 프렌들리가 비즈니스 강점이 되는 이유, 고령사회를 맞아 한국사회가 맞닥뜨리게 될 3가지 핵심적인 과제들, 앞으로 10년 에이지 프렌들리를 위해 사회와 기업이 해야 할 일들

'모두를 위한 인터넷'internet for all이라는 개념을 아는가? 이는 2018년 핀란드 공영방송 월레Yle가 벌인 캠페인 명칭이기도 하다. 그들은 장·노년들이 인터넷과 스마트폰을 더 잘 활용할 수 있도록 온·오프라인에서 대대적인 캠페인을 벌였다.

우리 기업들은 시니어 시장에 대해 얼마나 알고 있으며 잘 준비하고 있을까? 매우 중요한 소비자이면서도 정작 시장에서 배제된 시니어들. 그들이 원하고 갈망하는 상품과 서비스에 대해 고민할 시점이다. 출발은 그들이 가장 소외되어 있는 인터넷과 모바일 분야다. '모두를 위한 인터넷' 개념에는 모든 서비스와 상품은 누구나 잘 사용할 수 있도록 만들어져야 한다는 함의가 담겨 있다. 중년만 넘어도 작은 화면과 글자에 적응하기 쉽지 않다. 그래서 새로운 기술에서 배제되기 쉽다. 그러나 가까운 일본과 중국만 해도 '시니어 전용 인터넷 서비스' 상품이 속속 나오고 있다. 판도를 바꿀 새로운 트렌드이기 때문이다.

시니어가 원하는 것은 따로 있다

I want something Different!

세상이 상식처럼 여기는 '노령담론'의 함정

노령담론narrative of aging에 대해 들어본 적이 있는가? 생소한 개념이라 해도 설명을 들어보면 금세 이해가 갈 것이다. 노령담론이란 나이 드는 것에 대한 인식과 표현의 총칭이다. 상당히 오랜 기간 노인은 '단일한 동질 특성을 가진 인구 집단'으로 인식되었다. '노인은 ○○하다'에 해당하는 모든 상식, 편견, 인식, 선입견이 바로 노령담론이다.

노인은 가련하다. 일을 잘 못하고 몸도 아프다. 나이 든다는 것은 문제투성이의 세계로 들어선다는 의미다. 65세 전후로는 은퇴하고 연금이나 받으며 근근이 살아야 한다. 세계적으로 65세 이후의 삶에 대한 그림은 매우 정형화되어 있다.

그런데 노령담론은 진실일까? 1800년대 중후반 사이 서구 의학계는 '생명력을 다 소진하면 늙게 된다'는 데 의견 일치를 보았다. 그를 바탕으로 관련 스토리를 쏟아내기 시작했다. "노인에게는 안식을 누리고 싶은 생물학적 갈망이 존재한다!" 이런 주장과 함께 노령담론이 싹트기 시작했다. 1909년 노인의학geriatrics이 등장했고 1914년에는 노인의학 교재도 출간되었다. 노인을 둘러싼 담론 형성은 1930년 무렵 완결된다. 일반 대중의 뇌리에 '노인'에 대한 정의가 뿌리박히게 된 것이다. 누구나 늙는다. 본인이든 가족이든 늙어가는 것을 반드시 경험한다. 그런데 이 현상이 불현듯 사회가 대처해야 할 골칫거리로 전락했다.

　실제 노인은 신체능력이 떨어지고 질병에 취약하며 경제력이 줄어든다. 컴퓨터나 모바일 등 새로운 기술에 대한 흡수도 느리다. 답답하고 굼뜬 부적응자라는 인식이 강하다. 노령담론은 여기에 2가지 개념을 포함시키며 더욱 공고해졌다. '실업'과 '능률주의'가 그것이다.

　'실업'이라는 개념은 1887년 처음 등장했다. '실업=빈민 구호소=국가 구제' 개념이 만들어졌다. 유능하던 사람도 하루아침에 직업을 잃을 수 있다. 실직은 재난이며 노인은 영구적 실직의 운명을 맞는다. 나이가 들면 직업세계에서 밀려나 '은퇴'한다는 공식도 이때 생겨났다.

　또 하나 비즈니스에서 나이든 사람들을 몰아낸 논리는 '능률주의 복음'the gospel of efficiency이다. 산업계는 맹목적으로 능률에 집착한다. 그런데 노인은 능률적이지 못하다. 역사적으로 노인은 경험과 지혜의 상징이었다. 그러나 능률주의가 본격화하면서 기업, 연구기관, 정부 등 모든 분야에서 고령층은 배척되었다. 나이든 사람은 젊은이들에게 자리를 비켜주는 게 더 이롭다는 인식이 만연하기 시작했다. 특히 노동시장에는 능률주의가 팽배해 있다. 1920~1930년대 미국 기업들 중 30~40퍼센트 이상이 신규 채용에 나이 제한을 두기 시작했다. 사무직, 기술직을 막론하고 45세 이상은 뽑지 않았다. 이러한 능률주의는 현대에 들어올수록 더 공고해졌다.

노인은 사회가 감당해야 할 골칫거리이자 나약하고 무능한 존재라는 스토리는 과연 사실일까? 무언가 심각하게 왜곡된 것이 아닐까? 노령담론은 태생부터 잘못된 것이 아닐까? 노령담론에서는 노인을 인간이 아니라 고장 난 존재로 여긴다. 첫 단추를 잘못 끼웠으니 이후도 제대로 될 리 없다. 이런 사고방식 하에서 만들어진 상품과 서비스가 노인에게 맞지 않는 이유다.

전 세계에서 60세 이상 시니어들은 폭발적으로 늘어나고 있다. 이들이 사회의 주류가 된다. 따라서 그들을 위해 어떤 상품과 서비스를 만들 것인가가 산업계의 화두다. 지금이라도 인식을 바꾸지 않으면 보이지 않는 시장이다.

・・・ 에이지 프렌들리 비즈니스 모델 001

세이지Sage, https://www.findasage.com
기성세대의 삶의 경험, 스토리, 기술과 지식을 큐레이팅 한다. 경험 많은 시니어가 참가자들에게 학습을 제공한다. 사용자는 배우고 싶은 과정을 검색해 직접 체험에 참여하면서 시니어들로부터 지식을 얻는다. 줌zoom으로 채팅하면서 온라인으로 교육이 이뤄진다. 교육을 맡은 시니어에게 월 1회 무료 교육을 통해 참가자와 효과적으로 대화하며 교육하는 팁을 알려준다.

시니어 비즈니스를 이해하기 위한 3가지 키워드

생각이 잘못되면 거기서 착안한 결과물도 잘못되고 만다. 노인에 대한 인식이 잘못되면 노인이 '원할 것이라고 여기고' 만든 서비스와 상품도 시장에서 버림받을 수밖에 없다. 산업에서 그런 예는 수도 없이 많다.

　MIT 에이지랩AgeLab은 MIT 슬론 경영대학원 재학생들에게 설문을 보

리복 'Be more human', 나이 든다는 것은 더 인간다워지는 것이라는 개념의 스포츠웨어 캠페인. 더 강인해지고 싶은 고령층의 욕망을 건드린다.

냈다. '노인 타깃의 상품' 아이디어를 조사하기 위한 설문이었다. 답변은 어땠을까? 자율주행 자동차 같은 첨단기술을 요하는 상품도 있었다. 하지만 매우 천편일률적이고 전형적인 답변이 대다수였다. 안전 보행기, 치매 치료제, 보행기나 휠체어를 요청하는 애플리케이션, 다목적 지팡이, 성인용 기저귀….

산업 첨단에 있는 비즈니스 전문가들의 사고방식 역시 뭔가 상당히 잘못돼 있다. 노령담론의 틀에서 한 치도 벗어나지 못했다. '노인의 욕망은 생존, 건강, 안전 등 기초적인 것에만 국한된다!' 이러한 선입견 하에 노인은 독립적 인간이나 소비자로 존중받지 못한다. 비즈니스 역사에서 이런 편견으로 인한 실패 사례는 숱하게 많다.

시니어 비즈니스 키워드 1. 노인도 노인 취급은 싫어!

하인즈Heinz는 1940년대 후반부터 노인식 개발에 착수했다. 긴 연구개발 끝에 1955년에 드디어 노인식을 시장에 선보였다. 당시 고령인구가 급격히 증가하고 있었기에 노다지 시장이라 생각했다. 하지만 현실은 냉혹했다. 시장은 존재했을지 모른다. 그러나 그들의 접근방식은 외면 받았다. 점포 선반에 진열된 하인즈의 노인식 통조림에는 아무도 손을 대지 않았다. 노인에게 필요한 영양소를 두루 갖춘 값싸고 편리한 제품임에는 분명했다. 그런데 왜 노인들은 싫어했을까? 당시 보도에 의하면 죽 형태의 모양이 일단 보기 좋지 않았다고 한다. 그러나 그것은 문제의 핵심이 아니었을 것이다.

기업들은 하인즈의 처절한 실패로부터 교훈을 얻지 못한 모양이다. 유아식 브랜드 거버Gerber 역시 1974년에 노인식을 선보였다. 하인즈의 전철을 밟지 않기 위해 상품명에서 '노인식'이라는 명칭을 뺐지만 이들 역시 실패했다.

시니어 비즈니스 키워드 2. 노인도 욕망이 모두 달라!

크라이슬러Chrysler는 한때 이른바 '노땅차'old person's car라고 불리는 자동차를 선보였다. 노인 고객이 필요로 하는 최소한의 기능만 제공하고 연료도 절약되며 운전도 편리한 자동차였다. 그런데 예상과 달리 판매는 신통치 않았다. 노인 고객은 경제적으로 여유가 없으니 기본 사양만 갖춘 보급형 차를 좋아할 것이라고 판단한 그들의 분석이 잘못된 것이다.

노인은 다른 사항들은 고려할 필요 없고 기초적 생리 욕구만 해결해주면 그만이라는 태도로 형편없는 상품을 만들어내고 말았다. 크라이슬러는 자신들의 실수를 뒤늦게 깨달았고 이를 개선해 1960년대 초에 이르러서야 크라이슬러 자동차의 판매량이 올라갈 수 있었다.

시니어 비즈니스 키워드 3. 노인은 애완견, 어린애가 아냐!

라이프 얼럿life alert이라는 회사가 있다. 이들은 개인용 응급 호출 시스템을 개발했다. 노인들이 펜던트가 달린 목걸이를 차고 다니다가 응급 상황에 버튼을 누르면 구조대를 호출할 수 있는 제품이다. 제품은 일찍이 1974년에 미국에 소개되었지만 판매가 신통치 않았다.

노인들은 이 제품을 보청기나 미아 방지 펜던트, 애견용 목걸이처럼 불쾌하게 여겼다. 노인들은 청력이 떨어져도 여간해서 보청기를 사용하려 하지 않는다. 제품은 있지만 원하는 사람은 없었다. 1992년까지도 미국 내 65세 이상 인구집단의 가입률이 고작 1퍼센트에 불과할 정도로 저조했다.

··· 에이지 프렌들리 비즈니스 모델 002

엘더라eldera, **https://www.eldera.ai**
일대일 화상채팅으로 다양한 세대가 모여 서로 배우고 새로운 지식을 얻는 플랫폼이다. 특히 전 세계 어린이 참가자들이 검증된 시니어 멘토와 일대일로 연결된다. 아이들은 사회성을 기르고 정서함양을 기대할 수 있으며 고령자는 삶의 의미를 고취하고 공동체 의식을 갖게 되어 삶이 풍요로워진다. 모든 시니어 멘토에 대한 철저한 배경조사를 실시하며 소통 기술을 익히고 고전 동화나 독창적인 이야기를 제공하는 법을 배운다.

미국 퓨리서치센터Pew Research Center는 75세 이상 노인들을 대상으로 설문조사를 했다. 그 결과 응답자 중 35퍼센트만 '나는 늙었다'고 인정했다. 노인들 상당수는 자신이 늙었다고 생각하지 않는다. 물론 누구나 늙는다. 그러나 동시에 늙고 싶지 않다. 지금의 젊은 세대들은 나이가 들고 나서 자신이 늙었다는 것을 인정하게 될까? 깊이 생각해볼 주제가 아닐 수 없다.

기업이 시니어 시장에 대처하는 3가지 전략

현재 기업들은 시니어 소비자 시장을 어떻게 전망하고 대응하고 있을까? 크게 3가지 전략이 존재하는 것으로 분석된다.

첫째, 이미 보유한 제품과 서비스를 시니어들에게 최적화하는 전략이다. 가장 손쉬운 방법이다. 대표적인 것이 스마트폰 시장에서 흔히 보는 소위 '어르신 제품' 접근법이다. 삼성전자는 2013년 갤럭시 골든Galaxy GOLDEN이라는 안드로이드 기반의 시니어용 스마트폰을 선보였다. 젊은이들이 사용하는 복잡한 기능은 다 없애고 고령층에게 필요한 기능만 넣었다. 모양도 시니어들이 이전에 익숙하게 사용하던 플립 형태를 택했다. 화면은 스마트폰이지만 기능과 글자 입력 버튼은 아날로그폰 그대로다.

삼성의 시니어용 스마트폰 '갤럭시 골든'

후지츠 라쿠라쿠 스마트폰FUJITSU Raku-Raku Smartphone，**https://www.fujitsu.com/ jp/about/businesspolicy/tech/design/activities/easy-phone-f01/index. html**
유니버설 디자인을 내세운 시니어용 휴대폰으로 2001년부터 출시되었다. 편리함을 추구한 버튼 배열, 파손에 강한 모양, 크고 보기 쉬운 표시와 단순한 메뉴 구성 등 고령자를 배려했다. 60대 이상 남녀 116명에게 사용평가를 받아 디자인을 결정했다. 시니어들이 다양한 모형의 휴대폰을 실제 들고 다니며 비교해 사용함으로써 핵심 특징, 모양과 균형, 지향점 등을 도출했다. 다양한 지역의 고령자를 직접 방문해 현장 관찰과 동시에 고령자의 생각을 이해하고 기능을 고민했다.

둘째, 시니어를 대상으로 한 전용 상품이나 서비스를 개발하는 전략이 있다. 그런데 이렇게 하려면 제품 및 서비스의 기획부터 디자인, 마케팅까지 모든 것을 새롭게 해야 한다. 기업 입장에서는 신규 사업인 셈이다. 유한킴벌리는 '디펜드'Depend를 통해 시니어 기저귀 시장을 창조했다. 시니어 인구 증가의 추세는 더 강해질 것이 분명하다. 요실금 등 다양한 이유로 디펜드에 대한 수요는 더 커질 것으로 보인다.

셋째, 무대응 전략도 있다. 시니어를 특별히 고려하지 않고 연령 중립적age-neutral 접근법을 택하면 된다. 연령별로 타깃 세그먼트를 나눌 필요도 없다. 이 경우 기업은 시니어 소비자만을 타깃으로 하는 특별한 제품 및 서비스를 제공하지 않는다.

유한킴벌리의 성인용 기저귀 '디펜드'

● ● ●　　　에이지 프렌들리 비즈니스 모델 004

시세이도 프리올資生堂 プリオール**, https://www.shiseido.co.jp/pr**
중년층과 시니어를 타깃으로 하는 화장품 라인이다. 시니어가 주로 고민하는 미적요소를 연구
해 고안했다. 스킨케어, 메이크업베이스, 포인트 메이크업, 헤어케어 라인이 있다. 눈에 띄는
색을 사용해 시력이 약한 시니어 층을 고려했다. 화장대에서 굴러서 떨어지지 않도록 용기를
디자인했고 적정량만 덜어 쓸 수 있는 푸시 방식을 도입하는 등 편의를 고려했다. 사용법, 화

장 후 모습 등을 알기 쉽게 해설한 설명서를 포함한다. 흰머리와 부족한 볼륨을 커버하는 헤어 케어 제품도 출시했다.

(· · ·) **에이지 프렌들리 비즈니스 모델 005**

팡후아Fanghua, https://epaper.qlwb.com.cn/meidaxian/fashion/30160.html
고령자용 보습 바디 로션. 103가지 제형 테스트와 조정을 거쳐 효모, 유산균, 비타민 E를 황금 비율로 조합했다. 피부 손상을 복구하고 12시간 보습효과가 지속되며 피부대사를 촉진하고 수분 함량을 높인다. 건조함, 가려움증, 각질, 발뒤꿈치 굳은살, 노인 냄새 등 각종 문제에 대처 한다. 중국 최초의 시니어 데일리 케어 브랜드를 목표로 하고 있다.

갈팡질팡 어정쩡한 상태의 기업들

더 근본적인 문제는 대다수 기업들이 뭐가 뭔지도 모르는 상태에 있다는 점이다. 시니어 시장을 파악하거나 적극적으로 대응하기는커녕 뭘 어떻게 해야 할지 갈피조차 못 잡고 있다. 즉 어떤 전략이 있어 구사하는 것이 아니라 이도저도 아닌 상태로 무계획적으로 접근한다. 안티에 이징anti-ageing과 스테잉 영staying young 시장조차 어떻게 구분해야 할지 잘 모른다.

'시니어 소비자는 무언가 다르며 그들 시장에 가능성이 있다고 보는 시각'과 '어차피 다 같은 소비자에 불과하다고 무시하는 시각'이 혼재되어 있다. 이런 마인드로는 걷잡을 수 없이 커지는 시니어 시장에 제대로 대비하기 힘들다.

기업들이 이렇게 갈팡질팡하는 사이, 시니어들은 엄청난 욕구불만을 안고 지낸다. 원하는 것은 있는데 그것을 해결해줄 제품과 서비스는 없다. 그러니 선뜻 선택하기 힘들다. 이것이 현재 시니어 소비자들의 딜레마다. 연배에 맞는 우아하고 고급스러운 제품이 필요한데 시중에 있는 것은 어린애들 입맛에 맞춘 제품이나 허상의 노인을 대상으로 한 조잡한 것들뿐이다. 그러니 주머니가 두둑해도 지갑을 열 리 없다.

영국의 컨설팅 기업 인볼브 밀레니엄Involve Millennium은 시니어 소비자를 대상으로 조사를 벌인 바 있다. 대상자 중 50~64세의 63퍼센트, 65~74세의 68퍼센트가 공중파 TV에 나오는 광고 상품들이 '나와는 관련 없는 제품'이라고 응답했다.

・・・ 에이지 프렌들리 비즈니스 모델 006

바바 랩BABA lab, **https://www.baba-lab.net**
'100세에도 나답게 일하고 생기 있게 살아가는 사회'를 이념으로 노인들이 다양한 사업을 전개하는 단체. 시니어가 원하는 제품과 서비스에 대한 마케팅 조사, 시니어 상품 개발과 제조, 판매를 하고 있다. 노인의 직업 활동을 위한 사업화 지원도 진행한다. 시니어의 본심을 듣는 회의, 학습회, 세미나, 연수를 통해 다양한 아이디어를 모으고 함께 숙고한다. 설문조사, 새로운 라이프스타일 사전 작성, 시니어가 활약할 수 있는 장소 만들기 등을 주제로 칼럼과 인터뷰 기사를 게재한다.

키오스크나 온라인 전용 대신 '에이지 프렌들리'

요즘 어딜 가든 주문하기가 겁난다는 사람들이 많다. 대다수 패스트푸드나 프랜차이즈 식당의 주문 방식은 대면이 아닌 키오스크로 바뀌었다. 심지어 동네 슈퍼마켓에 가도 소비자가 직접 계산대에 서서 정산을 해야 한다.

명절이면 모바일이나 인터넷에 익숙하지 않은 고령층은 대중교통 이용에서조차 소외되고 있다. 점점 줄어드는 매표창구에서 길게 줄을 서야 하는 고충은 둘째다. 2019년 설 연휴 기차표 예매는 무려 93퍼센트에 달하는 77만석이 인터넷에 배정되었다. 그러니 시니어들은 접근이 쉽지 않다. 모바일에 익숙한 세대와 달리 고령층 중 인터넷 예매를 할 수 있는 이들이 드물다. 설 기차 안 입석은 대부분 노인들이 차지하는 웃지 못 할 촌극이 벌어졌다.

효율과 속도만이 숭상 받는 시대에 변화 적응력이 떨어지는 고령층은 시장에서 배제해버리면 그만일까? 시니어 시장이 무르익고 있는 유럽이나 일본, 심지어 중국에서도 변화가 시작되고 있다. 시장의 주류가 되어가는 시니어 소비자를 위한 다양한 서비스와 눈높이를 맞춘 교육 등이 본격화되고 있다. 심지어 고령층에게 포커스를 맞춘 '에이지 프렌들리' 상품이 더 인기가 높은 게 현실이다. 우리는 어디에 서야 할까 생각해볼 시점이다.

중국국가철로12306中国国家铁路12306, **https://www.12306.cn/index/index.html**
중국 철도청은 인터넷이나 스마트폰 사용에 익숙하지 않아도 음성으로 티켓을 구매할 수 있는 새로운 서비스를 개시했다. 2021년 9월 1일부터 개시된 이 서비스는 고령자 혹은 장애인들이 온라인으로 손쉽게 기차표를 구매할 수 있도록 지원한다. 화면에 있는 서비스 내용을 음성으로 읽어주고 보조도구를 활용해 음성으로 원하는 목적지와 일시 등을 찾아 표를 예매할 수 있다. 특히 중국 철도청은 로그인에 필요한 인증 방식을 간소화하고 동일 기능이 포함된 애플리케이션도 함께 개발하는 등 온라인 매표의 진입장벽을 없애기 위해 노력하고 있다.

모두를 위한 인터넷, '노인을 위한 나라'는 있다!

핀란드의 공영방송 윌레가 2018년 개최한 캠페인 '모두를 위한 인터넷'은 주요 10개 도시에서 대대적으로 펼쳐졌다. 인터넷 환경에서 소외되기 쉬운 시니어들이 대상이었다. 방송사 포함 5개 기관이 나서 154명의 자원봉사자가 도시 거점 도서관에서 시니어들에게 온라인 활용법을 가르쳤다. 방송사는 인터넷 사용법을 쉽게 파악할 수 있는 동영상을 만들었다. 또한 핵심 내용을 가정에서 직접 인쇄하고 검색할 수 있도록 PDF 파일로 공유했다. 아직까지는 종이 문화에 더 익숙한 시니어를 위한 배려였다.

핀란드 공영방송 윌레의 '모두를 위한 인터넷' 캠페인

캠페인이 중점을 두고 교육한 인터넷 사용법은 크게 4가지다.

첫째, 이메일을 만들고 사용하기. 고령층 중에는 이메일주소조차 없는 이들도 많다.

둘째, 방송사 웹페이지나 애플리케이션으로 방송 시청하기. 특히 캠페인을 기회로 시니어들이 보기 쉽고 찾기 쉽도록 방송 배열과 아이콘 모양 등을 재정리했다.

셋째, 메신저 왓츠앱WhatsApp을 이용해 문자 보내기. 우리로 치면 카카오톡 사용법을 가르친 셈이다.

넷째, 모바일 뱅킹 본인 인증하고 사용하기. 핀란드는 별도의 인증서가 없지만 계좌번호를 이용해 사용자 확인을 거치는 절차가 필요하다.

사단법인 시니어소호살롱NPOシニアSOHO普及サロン・三鷹, **https://www.svsoho.gr.jp/index.html**
고령자를 위한 컴퓨터 강좌를 개최한다. 컴퓨터 활용 능력, 프로그래밍 강좌 등을 개설하고 고령자 매칭, 직업 소개, 초등학교 아동보호, 시니어 커뮤니티 창업 지원도 한다. 공통의 관심사를 가진 고령자가 모여 만든 주제별 워킹그룹에 참여해 지역사회에 공헌하고 교류도 나눈다. 다양한 생각과 삶을 모색하는 친목 도모 교류회를 연 수차례 개최한다.

액티브 시니어와 수동적 시니어가 혼재하는 시장

인터넷 사용문제만 개선한다고 해서 고령사회 대응이 끝나는 것은 물론 아니다. 다만 하나의 출발점은 될 수 있다. 사회와 연결되는 진입장벽을 해결하면 접근성을 높일 수 있다. 시니어들 간의 소통을 통해 솔루션을 모색할 수도 있다. 특히 고령 1인 가구가 늘어나고 전통적인 가족 형태가 무너지고 있다. 그러므로 시니어들의 인터넷 접근성 개선은 시급한 과제다.

물론 누구보다 인터넷을 잘 사용하고 소셜 미디어 활용이나 전자상거래도 활발히 하는 시니어들도 있다. 액티브 시니어들은 자신에 대한 투자를 아끼지 않으며 변화에 적극 대처한다. 외모와 건강관리에도 관심이 많다. 건강관리, 헬스케어, 아웃도어 제품 등 소비활동에도 적극적이다. IT 활용에 능숙하고 젊어지고 건강해지려 노력한다. 자아실현 욕구가 강하고 아날로그 감성과 가치를 향유하고자 노력한다. 2017년 한국 대통령 선거 때에는 50~60대 투표율이 20~30대에 비해 11퍼센트 이상 높게 나타났다. 이렇듯 액티브 시니어는 사회참여 의지도 강하다. 특히 이들이 늙지 않는 노인, 즉 욜드가 되어 더 강력한 소비세대가 될 것으로 예측하는 이들도 많다. 시니어 시장은 단일하지 않다. '매우 적극적이며 능동적인 소비자'와 '극도로 안정 지향적이며 수동적인 소비자'가 혼재되어 있다. 매우 다채로우며 다이내믹한 구성을 보인다. 이러한 특성을 잘 이해하지 않으면 대응이 쉽지 않다.

・・・ 에이지 프렌들리 비즈니스 모델 009

시니어리스트The Senior List, **https://www.theseniorlist.com**
경보시스템, 보청기 등 다양한 에이징 테크 상품을 리뷰해서 선택을 돕는 정보 제공 사이트. 기능별 최고의 제품, 시니어 할인 등 업데이트 정보를 이메일로 받을 수 있다. 시니어가 이용하기 좋은 식당, 처방전, 항공권, 휴대폰 요금제 등 각종 할인혜택도 정리해 제공한다. 댓글로 필요한 정보를 요청할 수 있고 최신정보를 갱신할 수도 있다. 의료보험 선택 전에 고려할 점, 기업별 특징 비교도 해준다.

시니어 배려를 넘어서 '시니어 맞춤'으로 변신

'모두를 위한 인터넷' 슬로건은 지금 전 세계로 확대일로에 있다. 모든 서비스가 디지털로 전환되는 시대다. 그러므로 시니어 시장을 포용하려면 인터넷과 플랫폼 서비스 역시 시니어 맞춤으로 변신할 필요가 있다. 중국과 일본은 이런 움직임이 매우 강력하다. 이미 시니어를 위한 전용 애플리케이션이 다채롭게 출시되어 있다. 불가피하게 고령사회로 가고 있는 많은 선진국이 자기들만의 전략으로 그에 대응하고 있으며 이는 큰 호응을 얻고 있다.

⸺ **에이지 프렌들리 비즈니스 모델 010**

스티치Stitch, **https://www.stitch.net**

시니어들을 위한 친교 커뮤니티. 새로운 친구를 만나 공통의 관심사에 따라 함께 활동하면서 풍요로운 삶을 영위하도록 돕는 것을 목적으로 한다. 그룹 단위로 다른 스티처stitcher들과 모임을 만들 수도 있다. 회원들 스스로 스티치의 모든 지역 활동과 이벤트, 전 세계 회원들과의 온라인 토론, 그룹 여행, 봉사활동 등을 기획함으로써 커뮤니티를 확장할 수 있다. 회원들은 서로에게 필요한 것이 무엇인지 파악하고 커뮤니티에 참여하면서 궁극적으로 모두가 서로의 삶을 개선시키는 상호보완적인 효과를 거둔다. PC와 모바일 모두에서 이용 가능하다.

중국 "1년 내에 모든 인터넷 서비스를 바꿔라!"

2020년 12월 24일 중국 산업정보통신부는 스마트폰 접근성을 방해하는 모든 서비스의 업그레이드를 명령했다. 1년 내에 시니어들이 사용하기 편리하도록 인터넷 서비스를 개편하라는 조치다. 우리가 알지 못하던 사이 중국 인터넷 산업은 큰 변혁을 시작했다.

개편을 위한 기준도 명확했다. 글꼴을 키울 것, 아이콘 크기를 키우고 선명한 서체를 더 많이 사용할 것, 불필요한 광고를 줄여 로딩 시간을 단축할 것 등이다. 중국 정부는 115개 공공 서비스 웹페이지, 43개 모바일 애플리케이션에 우선적으로 시니어 전용 프로그램 개발을 주문했다.

중국 정부가 고령자를 위한 개선을 명령한 애플리케이션 리스트

종류	앱(APP)
뉴스	텅쉰 신원, 중국신문왕, 오늘의 이슈
커뮤니케이션	**SNS** 위챗, 큐큐
	통신사 전신통신, 이동통신, 연합통신
생활 쇼핑	**쇼핑** 타오바오, 징동닷컴(전자상거래 플랫폼), 핀둬둬, 시엔위
	배달 어러머, 메이투안
	부동산 리앤지아, 베이커
	여가 틱톡, 훠산샤오스핀, 히말라야FM, 아이치이, 요쿠, 췐민K거, 창바
	검색 바이두, 소거우
금융 서비스	**지불** 알리페이, 위챗페이
	은행 중국공상은행, 중국농업은행, 중국건설은행, 중국은행, 중국교통은행
여행	**지도** 바이두 지도, 가오더 지도, 텐센트 지도
	택시 디디추싱
	철도·항공 예매 중국철로12306, 씨트립여행
건강 의료	**의사 문진** 114건강, 굿닥터, 웨이이
	약국 징동따오자, 띵땅콰이야오

정부 웹사이트	중국정부, 외교부, 위생건강위원회, 교육부, 기상청, 지방정부 31개
장애인 단체	중국장애인연합회, 지방 장애인연합회 등 31개
신문사	인민일보, 신화신문, 중국넷, 양시신문, 중국국제방송신문, 치우스(공산당 이론지), 중국일보신문, 중국청년넷, 중국경제신문, 중국신문망, 수호신문, 텐센트신문, 왕이신문, 펑파이신문, 진르터우타오(맞춤형 뉴스 서비스)
교통 여행	중국국제항공사, 중국동방항공, 중국남방항공, 하이난항공, 심천항공, 중국철로 12306, 씨트립여행, 취날, 이롱여행, 마펑워, 8684버스, 투뉴여행, 주날

특히 많은 사용자를 자랑하는 대표적인 검색, 쇼핑, 메신저 등 인터넷 서비스 기업들은 발등에 불이 떨어졌다. 물론 이들은 국가 프로젝트가 개시되기 전부터 시니어를 위한 개선의 필요성을 절감하고 있었다. 점점 더 비중이 커지는 소비자이자 두둑한 지갑을 가진 시니어들이 불편을 호소했기 때문이다. 기업 내부의 필요와 국가의 시책이 어우러져 가장 발 빠르게 시니어 친화적으로 변신해가는 모습은 우리에게 뜻하는 바가 크다. 우리 인터넷 기업들은 과연 무엇을 하고 있는지 점검해야 할 시점이다.

에이지 프렌들리 비즈니스 모델 011

원포올One for All, **https://www.oneforall.co.uk**
모든 라이프스타일에 적합한 범용 리모컨을 제작한다. 고령자를 위한 버튼이 큰 리모컨, 일반 리모컨보다 사이즈가 큰 리모컨, 불필요한 버튼을 생략하거나 직관적인 모양의 버튼이 있는 리모컨 등을 선보인다. 범용 리모컨은 TV 등 여러 전자장치를 하나로 제어할 수 있다.

그랜드패드Grand Pad, **https://www.grandpad.net**
고령자를 위한 스마트 패드 제품이다. 사진과 비디오를 공유하고 화상통화 등도 가능하다. 통화, 이메일, 사진, 음악, 뉴스, 게임 등을 즐길 수 있다. 스팸이나 사기 전화와 이메일은 자동 차단해준다. 다채로운 색상의 버튼과 큰 글꼴로 고령자가 사용하기 편리하다. 직관적인 와이파이 기능으로 인터넷에 손쉽게 연결해준다.

텐센트(위챗): 더 편리하고 단순하게

위챗은 일간 활성사용자 10억 9천만 명을 자랑하는 슈퍼 애플리케이션이다. 그렇기에 시니어 접근성 문제를 더 이상 미룰 수 없었다. 우선 모바일 설정에서 글꼴 크기를 손쉽게 조정할 수 있게 했다. 이후로도 시니어들을 위해 지속적으로 더 단순한 구조로 개편하고 있다.

위챗의 운영사인 텐센트는 공식적으로 지원용 미니mini 앱을 개설했다. 주요 대상은 고령자다. 미니 앱에서는 '얼굴을 스캔해 친구 추가', '위챗 글꼴 크기 조정' 등을 할 수 있다. 또한 위챗이 가진 기능을 비디오 시트콤 형식으로 설명해 누구라도 쉽게 적응할 수 있게 했다.

알리페이: 광고는 줄이고 메뉴는 간소하게

코로나 펜데믹 이후 알리페이는 관련 건강정보 제공을 통해 사회적 책임을 다해왔다는 평가를 받았다. 그러나 문제는 있었다. 알리페이의 기능이 너무 많아서 시니어들이 사용하기 불편했다. 프로모션 배너와 추

텐센트(위챗)의 시니어 친화적 애플리케이션 개선 사례

(위) 왼쪽은 위챗 메뉴로 글자크기 조절을 의미하는 ①을 클릭하면 오른쪽 화면이 나온다. ②를 클릭해서 글자크기를 조절할 수 있다.

(아래) 제일 왼쪽은 위챗 도움말 화면으로 기능 사용법을 설명하는 동영상이 제공된다. 가운데는 동영상 예시 화면으로 글자크기 조절방법을 안내하고 있다. 오른쪽은 단계별로 사용법을 구체적으로 설명한 화면 이다.

천 정보가 너무 많아 고령층에게는 방해가 되었다. 그런 까닭에 알리페

이는 시니어 친화적인 새로운 '배려 버전'을 발표했다. 배려 버전의 알리

페이는 마치 피처폰 시대로 돌아간 것 같은 느낌을 준다. 모든 아이콘이

알리페이의 시니어 친화적 애플리케이션 개선 사례
(위) 알리페이 일반 버전(왼쪽)과 시니어 버전의 화면 차이. 아이콘과 글자크기가 커진 것을 알 수 있다.
알리페이 홈 화면. 이체, QR, 선물하기, 생활비, 대출, 교통수단 예약, 가계부 같은 아이콘이 크게 나온다.
연금계산 기능도 제공한다.

(아래) ①은 알리페이 시니어 버전이다. 아이콘을 누르면 건강정보, 코로나 정보, QR, 모바일 지불, 통신,
수도, 가스, 전기요금 지불 기능을 사용할 수 있다. ②고령자를 위한 건강한 식습관 정보를 제공한다. ③을
누르면 버스, 지하철, 택시를 쉽게 이용할 수 있다.

큼직하다. 건강 코드, 팬데믹 방송, 이미지 스캔, 지불방법 안내, 전화·

전기·수도 요금 정보 등이 간결하게 표시되어 있다.

  알리페이는 앱을 업데이트하면서 사용 난이도를 초등생 수준에 맞췄

다고 한다. 시니어들의 접근성을 높이기 위한 조치다. 또한 연령에 따라 표준 버전과 관리 버전이 자동으로 구동되기 때문에 더욱 편리하게 사용할 수 있다.

에이지 프렌들리 비즈니스 모델 013

시니어의 컴퓨터.comシニアのパソコン.com, **https://xn——u9j9e2bn6a7ezbws.com**
컴퓨터 사용에 어려움을 겪는 시니어를 위한 정보와 교육 사이트. 현역 컴퓨터 강사가 질문에 답해준다. 고령자가 사용하기 쉽게 설정을 변경하는 법도 안내한다. 개인정보를 입력할 필요도 없고 무료라서 누구나 이용할 수 있다. 컴퓨터로 업무하는 법, 음악 파일 편집하는 법 등 다양한 활동을 동영상으로 교육한다. 엑셀, 워드 사용법도 알려준다.

타오바오: 자녀에게 도움 청하기 기능 추가

중국 최대 쇼핑몰인 타오바오는 2018년 가족 계정 설정 기능을 추가했다. 부모, 자녀, 배우자의 계정을 설정해줄 수 있는 '가족 계정 시스템'을 구축한 것이다. 예를 들어 사용자가 부모 계정으로 로그인하면 페이지는 표준 버전보다 간결하게 바뀐다. 제품 상세 페이지에서 해당 제품에 대해 가족에게 질문할 수 있는 기능도 있다. 통상 상품을 구매할 때 나이든 부모가 자녀에게 제품 관련 질문을 하는 것을 시스템 자체에 적용한 것이다. 덧붙여 자녀가 대신 지불할 수 있는 방식도 지원한다.

타오바오의 시니어 친화적 애플리케이션 개선 사례

(위) 왼쪽은 타오바오 패밀리 버전을 설정할지 묻는 화면이다. 가운데는 패밀리 버전 페이지로 제품 정보를 간소화해서 원하는 제품을 쉽게 찾을 수 있다. 오른쪽 화면처럼 필요한 최소한의 정보만 표시해서 제품을 쉽게 고를 수 있다.

(아래) 왼쪽은 타오바오 패밀리 버전에서 상품 상세정보를 선택하면 나오는 화면이다. 가운데는 가족에게 상품 관련 궁금증을 채팅으로 물을 수 있는 기능이다. 가족은 고령자를 대신해 상품을 구매해서 고령자에게 배송시킬 수 있다.
오른쪽은 타오바오 안심 버전으로 구매 절차가 간편화되어 있다. 고령자의 구매비율이 높은 상품을 추천한다.

레트로브레인RetroBrain R&D**, https://www.retrobrain.de**

노년층에게 맞춘 게임 콘솔. 신체 움직임을 동반하므로 치료 효과도 기대할 수 있다. 앉거나 서서 게임할 수 있으며 과학, 간호, 게임 분야의 전문가들이 설계한 단순하고 이해하기 쉬운 게임을 즐길 수 있다. 게임을 하면서 가족이나 다른 노인들과 어울릴 수도 있다.

핀둬둬: 간결하고 단순하며 깔끔한 화면

위챗 내 쇼핑 미니 앱인 핀둬둬에는 가족 계정 기능이 없다. 글꼴 크기를 조정하기 위한 메뉴 접근도 쉽지 않다. 하지만 시니어들은 핀둬둬의 메인 페이지가 타오바오보다 훨씬 편하다고 느낀다. 프로모션 정보가 일절 없기 때문이다. 또한 상품 카테고리가 화면 상단에 바로 표시되기

핀둬둬의 시니어 친화적 애플리케이션 개선 사례 ①
핀둬둬 모바일 페이지로 고령자가 보기 쉽도록 배려했다. 왼쪽은 핀둬둬의 설정화면이다. 가운데는 상품추천화면이다. 오른쪽 상품 사진과 상품 설명을 일직선상에 놓아 읽기가 편하다.

핀둬둬의 시니어 친화적 애플리케이션 개선 사례 ②
핀둬둬 고령자 전용 쇼핑 페이지. 고령자를 위한 혜택을 안내하고 추천상품, 생활필수품, 가구, 의류를 소개한다.

때문에 고령층이 정보 흐름을 한눈에 파악할 수 있다. 정보 페이지 역시 매우 간결하다. 단순하고 편리한 기능 때문에 시니어 소비자가 타오바오보다 핀둬둬를 선호한다는 분석 결과도 나와 있다.

디디: 평소 다니는 목적지로 원터치 택시 호출

택시(자가용) 호출 앱은 사용법이 복잡하다. 출발지와 목적지를 입력해야 하고 차종 선택, 팁 추가 등 세부 사항을 일일이 입력해야 한다. 고령자가 모든 내용을 입력하고 사용하기란 여간 까다로운 게 아니다. 디디는 미니 앱인 디디 케어 에디션을 출시했다. 우선 큼직한 글씨가 눈에 띈다. 페이지에는 메뉴가 2개뿐이다. '원클릭으로 자동차 호출', '자동차 호출'. 메뉴에는 미리 설정된 10개의 즐겨찾기 목적지가 있다. 집, 병원,

아들집, 마트 같은 식이다. 만약 평소와 다른 목적지로 가고 싶다면 '전화' 아이콘을 클릭해 통화로 호출할 수 있다.

디디의 시니어 친화적 애플리케이션 개선 사례
디디의 시니어 버전으로 버튼 한 번만 눌러서 바로 호출이 가능하다. 가운데는 디디 시니어 버전의 60세 이상 인증 화면. 오른쪽은 디디에서 출발지와 도착지를 입력하는 화면.

· · · 에이지 프렌들리 비즈니스 모델 015

헤이허비HeyHerbie!, https://www.heyherbie.com
가정마다 비치된 기존 TV 화면에서 곧바로 화상통화가 가능하도록 만들어진 콘솔 제품. 조작이 매우 간단하며 스마트폰이나 복잡한 기기가 없이도 편리하게 화상통화를 할 수 있다. 특히 혼자 사는 고령자를 염려하는 가족들이 건강 등 상태를 확인하기 위해 방문 없이도 소통할 수 있으며 폐쇄회로나 모니터링 기기와 달리 고령자의 프라이버시를 지킬 수 있다. 인터넷과 연결된 콘솔 제품은 유튜브나 넷플릭스 등의 OTT 서비스도 이용할 수 있다.

중국 시니어 인터넷 서비스의 특징과 인기 요인

중국인터넷정보센터CNNIC에 따르면 2020년 12월 현재 중국 인터넷 사용자는 9억 9,900만 명에 달한다. 그 중 50세 이상은 2억 6천만 명이다. 3월까지만 해도 16.9퍼센트이던 것이 26.3퍼센트로 급격히 늘었다. 2017년부터 2019년까지 50세 이상 인터넷 사용자는 매년 20~25퍼센트씩 증가했는데 2020년에는 팬데믹의 영향으로 113퍼센트가 늘었다.

이렇듯 시니어의 활발한 인터넷 이용으로 거대기업들은 이들의 입맛에 맞춘 서비스를 앞 다퉈 개발할 수밖에 없다. 대기업이나 금융기관 등을 향한 시니어의 다양한 요구가 본격화되고 있다. 고령사회에 맞춰 기존 서비스나 제품을 개선하는 데 그치지 않고 시니어 소비자에게 적극 어필하기 위해 비즈니스 전환을 꾀해야 한다. 그런데 그 일이 대기업에게든 스타트업에게든 쉬운 과제는 아니다.

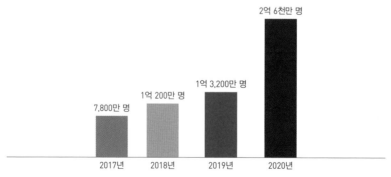

중국 내 50세 이상 인터넷 사용자 수 증가 추이

캔두테크Candoo Tech, **https://www.candootech.com**
고령자들이 핸드폰, 컴퓨터, 태블릿 등의 첨단기기를 편리하게 사용할 수 있도록 기술적 지원과 교육을 제공한다. 문자나 동영상으로 가족이나 친지, 친구와 연락할 수 있게 돕는다. 온라인 게임, 소셜 미디어 사용을 통해 재미를 느끼도록 교육한다. 아이폰의 화상통화 기능인 페이스타임이나 줌, 온라인 주문, 음식 배달 등의 방법을 비디오 교재로 교육한다. 필요한 경우 고객에게 적합한 서비스 옵션을 찾아주고 안내직원을 연결해 도와준다.

시니어 칼리지: 고령자용 온라인 학습 플랫폼

시니어 칼리지 온라인 라이브 수업의 인기가 높다. 고령자들의 인터넷 사용 습관에 맞춘 온라인 학습 플랫폼이다. 지식, 정보, 엔터테인먼트, 소셜 네트워킹 등 고품질 서비스가 제공된다. 매우 풍부한 콘텐츠를 자랑하는데 10만여 개의 강좌가 무료로 제공된다. 라이브 강좌도 있다. 시니어들은 여기서 비슷한 연령대의 친구도 사귀고 흥미로운 주제를 공유한다. 또한 노인들이 인터넷 환경에 잘 적응하면서 스스로 배우고 즐길 수 있도록 구성되어 있다.

중년 · 노인 홈 모바일: 생활 안내 서비스

중년 및 노년 타깃의 맞춤형 생활 엔터테인먼트 서비스다. 과학적 기준에 따른 식단 안내, 최신 건강정보, 국민연금 우대 정책 설명, 여가 및 오락 서비스 등을 제공한다.

스퀘어댄스 뒤뒤 피트니스: 온라인 댄스 서비스

휴대전화로 중국의 인기 스포츠인 스퀘어댄스, 일명 광장댄스를 즐길 수 있는 소프트웨어 애플리케이션이다. 서로 춤추는 법을 가르치기도 하고 건강에 유익한 지식과 정보를 공유하기도 한다.

중년 및 노인생활: 온라인 데이케어 센터

중국 최초의 온라인 데이케어 애플리케이션이다. 수천 명의 교수진과 재능기부로 마련된 중년 및 노인을 위한 수백만 개의 시청각 자료와 프로그램이 사용자 맞춤으로 제공된다. 노인대학교, 엔터테인먼트, 시청각, 건강 및 웰빙, 인생 쿠데타, 이벤트 등록 등 52개 섹션으로 나뉘어 있다. 시니어들은 이 앱을 통해 음악 감상, 오페라 감상, 가무 활동, 서예와 그림 연습 등 다채로운 활동에 참여하며 온라인으로 친구도 사귈 수 있다.

··· 에이지 프렌들리 비즈니스 모델 017

스마트왓처SmartWatcher**, https://www.smartwatcher.com**
긴급 통화 스마트시계로 집에 있거나 외출했을 때 언제든 긴급 상황에 도움을 받을 수 있다. 위급상황에 버튼만 누르면 도움말이 제공되어 상황에 적절히 대처할 수 있다. 친구나 가족에게 연락할 수도 있고 전문 상담원이나 보안 서비스로도 연결할 수 있다. 외관은 일반 시계처럼 생겨서 특이하게 보이지 않으며 다른 스마트워치나 스마트폰, 웨어러블 플랫폼과 함께 사용할 수 있다.

원형: 고령자를 위한 의료 플랫폼

개인의 측정 의료 정보를 실시간으로 제공하는 의료 플랫폼이다. 모든 측정 이력은 스마트폰에서 조회할 수 있다. 체온, 혈당, 혈압 데이터 등의 정보를 수집해 인포그래픽을 통해 장단기 분석을 해준다. 이용자가 원하면 위치 추적 기능도 사용할 수 있는데 이는 어디까지나 선택사항이다.

좋은 친구: 중년 및 고령층을 위한 소셜 플랫폼

중년 및 노인 전용으로 만들어진 플랫폼이다. 시니어 관련 정보, 커뮤니티 서비스, 할인 및 우대 관련 정보 등 시니어를 위한 다양한 정보들을 제공한다.

청웨이리아: 고령자 돌봄 서비스 소프트웨어

노인 요양 관리 소프트웨어로 요양기관 정보 및 다양한 요양 관련 서비스를 제공한다. 특히 온라인으로 실시간 예약을 할 수 있고 노인의 신체 건강지수를 기록할 수 있다. 애플리케이션으로 가사, 물리치료, 간호, 육아 서비스 등을 예약할 수 있다. 인근 노인 요양기관 관련 문의도 가능하다. 앱에서는 심박, 혈당, 혈압, 식이요법 등 건강 관련 데이터도 얻을 수 있다. 자녀가 부모 대신 모든 유형의 지원을 할 수 있도록 돕는 기능도 한다.

바이두 지도 시니어: 고령층 맞춤 지도 서비스

바이두가 만든 시니어 지도 앱. 시니어들의 원하는 여행 모드를 설정하면 그에 따른 편리한 경로를 제공한다. 디스플레이가 간단하고 보기 편해 시니어들이 이용하기 용이하다. 글자 입력 대신 음성으로 목적지를 찾을 수 있는 기능도 지원한다.

바이두 시니어 버전: 고령층에게 맞춘 검색 앱

바이두는 중국에서 7억 명이 사용하는 검색 및 뉴스 클라이언트 앱이다. 이들은 시니어 맞춤 버전을 제공한다.

･ ･ ･　　　　　에이지 프렌들리 비즈니스 모델 018

겟셋업GetSetUp, **https://www.getsetup.io**
활동적인 노인을 위한 소규모의 친밀한 수업을 제공한다. 미술, 재테크, 요리 등 다양한 분야의 수업이 운영된다. 특히 고령자들이 자신감과 역량 강화를 통해 더 배우고 성장하도록 커뮤니티를 구축하는 데 투자한다.

시니어 SNS 천국 일본, 노인고객을 사로잡은 비결

일본 시니어 인터넷 시장 역시 매우 빠른 속도로 변하고 있다. 특히 2012년 이후 시니어 소비자 스마트폰 보급률이 급격히 증가했다. 2012년에는 60세 이상 스마트폰 보급률이 12.7퍼센트에 불과했지만 2020년 에는 77퍼센트로 늘었다. 라인LINE의 인기 덕분이다. 모두가 라인을 사용하다보니 구형 핸드폰을 스마트폰으로 바꿔야 했던 것이다.

페이스북, 유튜브, 인스타그램, 트위터, 틱톡 등 전 세대가 사용하는 글로벌 SNS 외에도 일본의 경우는 특이하게도 시니어 전용 SNS가 큰 인기를 구가하고 있다. 이들은 사용법이 간단하다는 특징을 갖는다. 또한 시니어들이 관심 가질 만한 콘텐츠도 풍부하다. 일본 시니어들이 즐겨 사용하는 SNS의 3가지 특징을 통해 이들이 장·노년층 소비자를 무엇으로 유혹하고 있는지 살펴보자.

취미인 클럽: 취미로 교류하는 장년 커뮤니티

'취미로 연결되는, 동료가 생기는, 어른 세대의 SNS'라는 슬로건을 표방

취미인 클럽 메인 페이지

제1장

한다. 노래방, 음식, 여행, 스포츠 등 공통의 취미를 매개로 교류한다. 핵심 연령대는 50대 후반(여성)부터 60대 초반(남성)이 다수다. 여성은 육아에서 벗어난 이후부터, 남성은 은퇴 후에 많이 참여하는 것으로 보인다.

이 사이트의 회원들은 매우 적극적이다. 회원 중 40퍼센트가량이 연 1회 이상 국내 여행을 함께한다. 특히 건강에 대한 관심이 많은데 자발적으로 커뮤니티를 만들고 의견 교환과 교류를 한다.

라쿠라쿠 커뮤니티: 대화하고 시간 보내는 공간

공통의 취미나 대화 주제를 통해 교류하는 커뮤니케이션의 장이다. 전문 스태프가 24시간 유해 게시물을 점검해 불미스러운 개인정보 노출이나 사용자 간 분쟁을 예방한다. 특히 게임 아케이드가 잘 갖춰져 있다.

라쿠라쿠 커뮤니티 메인 페이지

머리를 써야 하는 두뇌 트레이닝 게임 등이 많아 지루함 없이 즐길 수 있다.

슬로우넷: 제2의 인생을 위한 시니어 커뮤니티

새로운 시작과 연결이라는 주제로 세컨드 라이프를 즐기는 액티브 시니어를 위한 커뮤니티 사이트다. 60~70대를 주축으로 8만여 명의 회원을 보유하고 있다.

　새로운 취미를 찾고자 하고 동년배와 교류하고자 하는 이들이 서로 소통하고 활동하도록 지원한다. 특히 운영진은 회원들이 정보와 즐거움을 동시에 맛볼 수 있는 다양한 콘텐츠를 제공한다.

슬로우넷 메인 페이지

오스탄스Ostance, **https://ostance.com**
시니어가 새로운 목표를 갖고 마음이 맞는 동료와 만나 원하는 활동을 하도록 돕는 서비스다. 일본 최대의 시니어 커뮤니티 사이트인 취미인 클럽, 시니어 세대가 춤과 놀이를 즐기는 어른 클럽, 디스코 음악과 춤을 즐기는 수업 등을 기획한다. 시니어 몬스터즈는 시니어로 구성된 엔터테인먼트 그룹으로 31명이 소속되어 TV나 CM 출연과 이벤트 개최 등의 활약을 하고 있다.

일본 시니어가 애용하는 앱의 인기 요인

시니어 소비자의 스마트폰 보급률이 늘어나면서 시니어들이 평소 생활에서 손쉽게 사용할 수 있는 앱 역시 큰 인기를 구가하고 있다. 특유의 섬세함으로 시니어들이 불편해하고 가려워하는 점을 잘 해소해준다. 고령인구 비중이 높은 만큼 시니어 맞춤 앱 상품을 활발히 선보인다.

라쿠혼: 스마트폰 사용이 쉬워지는 앱

스마트폰 화면을 단순하고 보기 쉽게 만들어줘서 누구나 쉽게 조작할 수 있게 해준다. 큰 문자와 버튼으로 표시되며 잘 보이도록 흑백 바탕에 화면이 구성된다. 원터치 다이얼, 앱 간편 시작 등 원터치 구동 기능을 수행해준다. 시니어를 위해서 긴급전화, 긴급메일, 긴급버저 같은 SOS 기능을 갖추고 있는 게 특징이다.

심플홈: 부모님을 생각해 개발한 편의 앱

개발자 자신이 부모님이 스마트폰을 더 사용하기 쉽도록 하기 위해 설계하고 개발했다. 특히 고령의 부모가 사용하며 의견을 낸 것을 직접 반영했다고 한다. 스마트폰을 처음 사용하는 노인들이 쉽게 사용할 수 있도록 직관적으로 구성되어 있다.

스카이폰: 시니어들을 위한 무료 전화 앱

심플하고 사용하기 쉬운 고품질 무료 전화 앱으로 100만 다운로드를 돌파했다. 별도의 사용자 등록이 필요 없고 자신의 이름을 입력하고 친구나 가족의 번호를 공유하면 바로 사용할 수 있다. 광고도 없으며 디자인은 매우 단순하다. 안심 모드가 있어서 스팸 전화 수신을 차단할 수 있고 노이즈 캔슬링 기능으로 잡음이 없는 깨끗한 음질을 자랑한다.

패밀리페이지: 라쿠라쿠 커뮤니티의 메신저 앱

스마트폰이 익숙하지 않은 사용자가 사진이나 메시지를 가족이나 친구와 쉽게 주고받도록 만들어졌다. 후지쯔가 만든 SNS로 시니어들도 사용하기 편리하다. 앱을 직접 다운 받거나 가족이나 친구가 앱에서 초대해주면 즉시 사용 가능하다.

라쿠텐 시니어: 시니어의 건강생활을 위한 앱

라쿠텐이 만든 심신 건강을 지원하는 건강생활 응원 앱이다. 운동습관이 생겨날 수 있도록 지원하며 자신의 건강상태를 기록하고 관리할 수 있다. 건강 관련 지역행사, 이벤트, 취미 프로그램 예약 기능도 제공한다.

· · ·   **에이지 프렌들리 비즈니스 모델 020**

일본의 시니어 e스포츠 확산

- **마타기 스나이퍼스**Matagi Snipers, https://matagi-snps.com
아키타 현에서 탄생한 일본 최초의 e스포츠 시니어 프로팀이다. 고령자 프로팀이 설립된 것은 세계에서 5번째. e스포츠를 노인 건강 증진과 유지에 활용한다. 세대 간 단절을 막고 지역 커뮤니티 활성화에도 기여할 수 있다. e스포츠는 나이의 울타리를 넘을 수 있으며 컴퓨터 게임 자체로 세대를 넘는 커뮤니케이션 도구다.

- **ISR e스포츠**ISR e-Sports, http://isr-group.co.jp/isr-parsonel/e-sports
일본 최초의 시니어 전용 e스포츠 시설. 시니어들의 e스포츠 참여 확대에 기여하기 위해 설립되었다. 고령자가 자신의 페이스로 e스포츠를 즐길 수 있는 시설이다. 게임 방법을 안내해주고 보조를 해주어 초보자도 안심하고 e스포츠를 체험할 수 있다. 또한 몸에 무리가 가지 않고 즐겁게 게임을 즐길 수 있는 환경을 만드는 것을 목표로 한다.

일본의 신종 비즈니스 '시니어 적합도' 진단 서비스

일본의 경우 기업, 관공서, 전자상거래, 커뮤니티 등 웹사이트가 시니어에게 적합하게 만들어졌는지 평가하고 개선사항을 제시하는 컨설팅 기업이 성업하고 있다. 이른바 '시니어 응대 능력' 진단 기업인 셈이다. 이들은 SFOSenior Friendly Optimization 즉 시니어 프렌들리 최적화 서비스를 제공한다. 대표적인 3개의 기업을 살펴본다.

펜슬: 고령층 고객 맞춤 웹사이트 가이드라인 제시

펜슬 에이징테크는 고객사에게 '시니어 대응 사이트 진단 서비스'를 제공한다. 기업 웹사이트가 얼마나 시니어 친화적인지 진단해주고 개선점을 리포트 하는 서비스다. 시니어가 쉽게 사용할 수 있는 웹사이트의 가이드라인이 있어 고령층 사용자의 이탈을 줄이고 매출은 높일 수 있다. 이를 위해 전속 시니어 조사원을 두어 직접 웹사이트를 평가한다.

- 웹페이지 https://www.pencil.co.jp
- 시니어 친화적 웹사이트 가이드라인 https://www.pencil.co.jp/rd/20190118_04

트라이벡 브랜드 전략 연구소: 시니어 대상 브랜드 확장

고객사 웹사이트에 대한 시니어 접근성에 주목해 특화된 서비스를 제공한다. 특히 시니어들이 얼마나 원활히 정보를 습득할 수 있는지를 종합적으로 평가해 점수를 부여한다. 웹사이트의 시니어 접근성, 시니어를 위한 배려와 조치 등을 종합적으로 평가해 채점한다. 홈페이지의 정보 전달력, 메뉴 페이지의 정보 탐색성, 상품 페이지의 정보 전달력, 양식 입력 시의 부담 여부, 정보 이해와 가독성, 조작의 단순성 정도 등이 평가기준이다.

- 웹페이지 https://brand.tribeck.jp
- 시니어 접근성 채점표 https://brand.tribeck.jp/research_service/usability_communications/accessibility.html

토판폼즈: 시니어 친화적인 디자인 컨설팅

시니어를 위한 디자인 진단 서비스인 '시니어핏 진단'을 제공한다. 와세다대학교 교수진의 감수 하에 관련 툴을 개발해 기업과 지자체 등에 서비스한다. 특히 인지도나 이해도가 약해지는 시니어가 어려워하는 영역을 파악해 디자인상의 개선점을 제시한다. 유니버설디자인UD 관점, 인지과학 전문가 관점, 과학적 분석 결과를 조합해 시니어를 위한 최적의 디자인을 제안한다.

- 웹페이지 https://www.toppan-f.co.jp
- 보도자료 https://www.toppan-f.co.jp/news/2018/0315.html

··· 에이지 프렌들리 비즈니스 모델 021

노아이솔레이션No Isolation, **https://www.noisolation.com**
고령자 친화적인 소통 제품을 개발한다. 고령자들에게 친화적인 기술을 통해 외로움과 사회적 고립감을 줄여준다. 스마트기기 사용에 익숙하지 않은 고령자들은 소외감을 느낀다. 이들은 이러한 기술 적응에 어려움을 겪는 이들을 위해 원 버튼 컴퓨터를 제공한다. 단순화한 인터페이스로 가족들과 멀티미디어 콘텐츠를 공유할 수 있다.

시니어 시장을 준비하는 기업만이 살아남는다!

전 세계인이 즐기는 코카콜라는 1886년 설립되었다. 현존하는 가장 오래된 거대기업 중 하나다. 이들은 콜라만 만들다가 1980년대 들어 커피, 차, 와인, 오렌지주스 시장에 진출했다. 이는 전 세계 고령화에 대비한 첫 행보였다. 2009년에는 스무디와 채소주스로 유명한 이노센트innocent를 인수했다. 이 역시 시니어 시장을 위한 준비다. 오래 살아남은 만큼 변화를 감지하고 준비하는 능력 또한 뛰어나다.

소비자는 나이 들고 사회는 점점 더 고령화되고 있다. 이는 인류가 처음 겪는 사회현상이다. 그러므로 누구도 정답이라 할 만한 것을 갖고 있지 못하다. 그런데 대체로 최근까지 기업들이 공감하는 것이 하나 있었다. '시니어는 양면성이 있다'는 관점이다. 이들은 나이 들어가는 동시에 늙고 싶어 하지 않는다. 노화로 인한 필요를 충족시켜주는 제품을 원하지만 정작 노인용 제품은 사지 않는다. 따라서 시니어 시장은 실체가 없다고 말하는 이들도 있다. 노인용 제품의 역설이자 시니어들 자신이 겪는 인지부조화의 결과다.

인터넷 서비스나 플랫폼에서 생겨나는 변화는 시니어 시장의 특징을 잘 보여준다. 이 분야에서는 기업이 큰 투자나 전략 선회 없이도 시니어를 위한 상품을 얼마든지 만들 수 있다. 시니어 소비자 역시 자신에게 능동적 선택권이 주어지기 때문에 인지부조화의 모순을 겪지 않는다. 같은 플랫폼이라도 시니어를 배려한 변형 서비스를 시행할 수 있다. 기존 서비스를 쓰고 싶으면 그대로 써도 되고 시니어 맞춤형을 쓰고 싶으면 옵션을 고르면 된다. 이런 방식은 시니어들에게 큰 호평을 받고 있다. 중국과 일본에서 각광 받는 시니어 전용 플랫폼과 인터넷 서비스는 향후 다양한 시니어 상품과 서비스 개발의 교두보 역할을 할 것이다. 그만큼 시도해볼 것도 많고 확장의 폭도 넓다.

중국은 2020년 시니어를 위한 인터넷 서비스와 플랫폼 개선 사업을 대대적으로 시작했다. 알리바바, 텐센트, 디디추싱, 바이두 등이 적극적으로 여기 참여했다. 모두가 사용하는 검색, 전자상거래, 지도, 메신저, 인터넷 전화 등이 본래 브랜드 그대로 시니어 친화적 변신을 시작했다.

일본의 경우 정부 주도는 아니지만 기업이 나서서 시니어 전용 플랫폼 전환을 시작하고 있다. 대표적인 것이 라쿠텐 시니어다. 물론 대다수가 사용하는 서비스를 시니어 버전으로 전환하는 것과 시니어만을 위한 새로운 서비스를 만드는 것은 다르다. 그러므로 시니어 버전부터 시작해 점차 시장을 넓혀가는 단계적 시도가 가능하다.

반면 한국의 경우 많이 뒤처져 있는 게 현실이다. 시니어 전용 상품에 대한 고민은 고사하고 기존 플랫폼의 시니어 편의성을 높이는 것조차 시도되지 않는다. 다만 팬데믹 이후 시니어들의 전자상거래 시장 참여가 급속도로 늘고 있어서 손쉬운 결제방법을 위한 조치들이 속속 나오고 있다. 물론 이 역시 전 세대를 위한 것이지 시니어만을 배려한 것은 아니다. 더 많은 고민과 전략적 행보가 필요하다.

금융은 전통적이고 보수적인 산업으로 꼽힌다. 그런데 2가지 요인으로 인해 그 지형이 크게 흔들리고 있다.

첫째, '핀테크Fin-tech의 등장'이다. 첨단기술을 앞세운 ICT Information & Communication Technology 기업들이 규제를 뚫고 금융 산업에 진입하기 시작했다. 세계 곳곳에서 약 1만 3천여 개 핀테크 기업들이 금융 패러다임을 바꿔놓고 있다. 기존 금융 공룡들 역시 이에 대응하지 않으면 생존하기 힘든 상황임을 인식하고 시스템 전반에 걸친 혁신을 시도하고 있다.

둘째, '시니어 소비자'의 부상이다. 시니어 인구가 폭발적으로 증가하면서 이들을 위해 이전과는 완전히 다른 금융시스템이 필요해졌다. 과거의 금융시스템으로는 이들에게 필요한 것을 만들어줄 수 없기 때문이다.

제2장

부자 노인들은
전혀 새로운
금융서비스를 원한다

I need totally new BANKING!

부자 노인들을 겨냥한 자산관리 전쟁이 시작됐다!

통계청의 2020년 가계금융복지조사 결과를 보면 2020년 3월말 기준 가구당 평균자산은 4억 4,543만원이다. 부채를 제외한 순자산은 3억 5,281만원이며 전체 가구의 62.3퍼센트는 순자산 보유액이 3억 원 미만이다. 순자산이 10억 원 이상인 가구는 7.2퍼센트로 나타났다. 연령대별 순자산액은 50대가 4억 987만원으로 가장 높으며, 그 다음은 60세 이상으로 3억 7,422만원이었다. 50대와 60대가 돈이 가장 많은 세대인 셈이다(출처: 동아일보, 2021년 3월 25일, '우리나라 가구소득 연 5,924만원… 평균자산 4억 원 중반').

삼성증권이 2021년 7월에 발표한 '금융자산 30억 원 이상 초고액 자산가 투자내역' 분석자료 역시 주목할 만하다. 30억 원 이상을 맡긴 개인고객 숫자는 2019년에 비해 66퍼센트 증가한 3,310명이고 이들의 자산은 57퍼센트(39.4조원) 늘어난 108.5조원이었다. 1인당 약 328억 원 규모다. 연령대는 60대 이상이 56.3퍼센트로 가장 많고 그 다음은 50대(819명), 40대(414명) 순이었다.

이 외에도 수많은 데이터들은 금융회사들이 5060세대를 위시로 한 시니어 시장에 주목하는 이유를 잘 설명해준다. 은행, 증권사, 보험사 등은 이미 돈 많은 5060세대의 자산을 유치하기 위한 무한경쟁을 시작했다.

중장년층 이상 시니어 세대는 재테크보다 자산관리에 관심이 더 크다. 이는 금융업계에서 알려진 상식이다. 재테크와 자산관리는 비슷한 것 아니냐고 하겠지만 이 둘은 완전히 다르다. 재테크의 주목적은 자산 증식이다. 단기간에 큰 수익을 목표로 하는 경우가 많다. 자본 소득, 즉 캐피탈 게인capital gain을 얻고자 한다. 반면 자산관리는 목표가 다르다. 설정하는 기간 역시 상대적으로 길다. 재테크는 보유한 자산으로 수익을 창출해내는 데 집중한다. 반면 자산관리는 현재의 수익성뿐 아니라 미래를 위한 안정성과 지속성을 두루 추구한다. 보유자산을 안전하게 관리하는 것, 장기적인 관점에서 꾸준히 수익이 생겨나게 운용하는 것, 생애주기에 맞춘 필요자금 소요 시기와 규모에 따라 다양한 전략을 안배하는 것을 모두 포괄한다. 목돈을 한꺼번에 예치할 것인가 매월 일정 금액을 적립하는 방식으로 할 것인가 등 투자 방식도 다양하다. 안정성과 수익성을 두루 추구하기 위해 투자 포트폴리오를 어떻게 구성할 것인지 매우 섬세하며 체계적인 계획과 전략이 필요하다.

건물주가 되면 노후 걱정 없던 세상은 끝났다!

시니어들은 대체로 위험을 감수하는 재테크에 의한 자산 증식보다는 안정적 자산 유지 쪽에 더 관심을 둬왔다. 벌이가 줄어드는 은퇴 후에도 소비가 가능하려면 자산 손실이 있어선 곤란하기 때문이다. 따라서 전통적으로 이른바 '2대8 가르마'라 불리는 현상이 존재해왔다. 이는 유독 한국에서 더 명확히 나타났다. 즉 가계자산 중 금융자산과 부동산(실물자산 포함)의 비율이 2:8가량을 차지하는 것을 말한다. 특히 부동산 자산이 차지하는 비중은 76.4퍼센트에 달한다.

금융자산 비중은 2013년 25.9퍼센트를 피크로 이후로는 대체로 하향한 것으로 나타났다. 부동산 시장의 활황 정도가 영향을 미치겠지만 대체로 우리나라 국민들의 실물자산 선호도는 매우 높다. 나머지 20퍼센트의 금융자산 역시 수익률이 높은 상품보다는 예·적금 등 이자 수익에 의존하는 경향이 강하다. 위험감수보다 안정지향을 택해왔다는 의미다.

그런데 여기에는 큰 문제점이 있다. 자산 비중의 80퍼센트에 달하는 부동산 자산은 실제 현금창출 기능이 현저히 떨어진다. 통상 상가나 오피스텔 등의 투자수익률은 4퍼센트 전후다. 물가상승률을 감안하면 실질수익률이 거의 없는 경우도 있다. 설상가상으로 부동산 가격이 하락한다면 실질수익률은 마이너스가 된다. 게다가 대다수의 부동산 자산은 임대료 등 수익이 나오지 않는 주거 용도다. 결국 안정적이라는 이유로 선택한 부동산 자산이 은퇴 후 현금흐름의 독이 될 수 있다.

　중장년층들은 원금을 안정적으로 유지하면서도 매월 수입을 만들어 내는 부동산 임대업에 관심을 많이 기울여왔다. 그러나 부동산 시장은 향후 고령화와 인구 감소에 따른 경기흐름, 정부 정책 등에 민감한 영향을 받을 것이다. 앞으로도 꾸준히 안정적이라고 단정할 수 없다. 팬데믹 이후 비대면 경제가 가속화되면서 도시 주요 상권의 상가 공실 문제는 심각해졌다. 실제 부동산 자산가들 중에는 이러한 현실에 불안감을 느끼며 자산 비중을 조절할 필요성을 절감하는 이들이 많아졌다.

・・・　에이지 프렌들리 비즈니스 모델 022

엘레펜드elefend, **https://www.elefend.com**
사기나 스팸 전화를 차단하는 보호 서비스를 제공한다. 스팸 전화를 즉시 식별하고 사기 요소가 감지되면 경고음이 재생되고 전화가 끊긴 후 비상 연락처로 알림을 보낸다. 연락처에 없는 사람과 통화할 때만 소프트웨어가 통화 내용을 분석한다. 사기 요소가 감지되면 고령자만 들을 수 있도록 경고음이 재생되며 개인정보를 누설하지 말라고 경고한다. 즉각적으로 가족이나 친구 등을 통화에 참여시키는 옵션도 있다.

안정 일변도의 퇴직자금 운용으론 미래가 불안하다

은퇴 이후를 위한 금융자산 관리 영역 중 하나인 퇴직연금 운용상품의 경우는 어떨까? 과연 노후의 안정적 생활을 도모할 수 있을 만큼 안정성과 수익성을 동시에 추구하고 있을까? 투자자인 본인의 선택권은 얼마나 주어져 있을까?

흔히 퇴직연금을 제3의 월급이라고 한다. 퇴직금을 연금화 함으로써 은퇴 후에도 생활자금을 꾸준히 보장 받기 위한 장치다. 그런데 우리나라는 퇴직연금의 89퍼센트를 '원금보장형'에 묻어두고 있는 형편이다. 미국의 퇴직연금제도인 401k가 자금의 96퍼센트를 매우 적극적으로 주식 등 투자 상품에 운용하고 있는 것과는 정반대 현상이다.

물론 이는 한국에서 주식 투자는 필패라는 트라우마에 기인한 바 크다. 현금자산의 거의 전부라고 해도 과언이 아닌 퇴직연금에서 원금손실이 발생하면 낭패라는 생각이 지배적이다. 따라서 수익성 높은 상품보다는 단순한 이자 상품이나 이자율이 조금이라도 높은 채권 등에 편중되어 운용된다. 퇴직연금의 운용은 복리의 메커니즘이 적용 받는다. 얼마나 영리하게 수익성을 추구하느냐에 따라 은퇴 시의 자금 규모는 크게 차이가 날 수 있다. 그러나 아직까지 우리나라 연금 운용 시스템은 매우 초보적인 수준에 머물러 있는 것이 현실이다.

은행창구가 아닌 투자은행 개념으로의 전환

선진국 반열에 올라선 나라들은 모두 저금리 정책을 구사한다. 저금리 기조는 꽤 오랜 시간 지속되고 있다. 한국의 경우 1997년 외환위기 이후 연 20퍼센트 이상으로 폭등했던 시장금리가 1999년 이후 한 자리로 안정화됐다. 기준금리는 거의 0에 수렴하는 추세다. 자금 수요처 입장에서는 저금리가 반가울지 모른다. 하지만 공급자 입장에선 답답한 노릇이다. 마땅히 자금을 굴릴 곳이 없기 때문이다.

대체로 최근의 금리 수준은 물가상승률을 반영할 때 실질금리는 마이너스 상태다. 가장 심각성을 체감하는 것은 은행일 것이다. 대다수 국내 은행들은 예대 마진, 즉 예금 이자와 대출 이자의 차이로 인한 수입에 대거 의존한다. 그러니 정기예금 같은 이자 상품의 수익성이 떨어져 고객이 이탈하는 것을 극도로 경계할 수밖에 없다. 하지만 자산가 입장에서는 이런 상품의 매력이 계속 떨어지게 된다. 은행에 목돈을 예치한들 안정적이라는 장점 외에는 아무런 메리트가 없다. 따라서 은행 측에 좀 더 수익성이 높은 투자 상품을 개발하도록 압력을 가하게 된다. 결국 기존 예대 마진 추구와 영업점 운영 중심의 은행 시스템은 전 방위로 투자 상품을 개발하고 수익성을 추구하는 투자은행investment bank으로의 전환을 요구받는다.

금융회사들 역시 이러한 사회현상을 간과하지 않는다. 자산가 유치를 위해 안간힘을 쓰는 동시에 저비용 고효율의 성과를 내기 위해 노력한다. 금융회사로서는 푼돈을 맡기는 MZ세대보다 큰돈을 가진 시니어에게 더 집중할 수밖에 없다. 세부적인 자료는 공개되지 않지만 각 금융사의 고액 자산가 유치를 위한 마케팅은 총성 없는 전쟁을 방불케 한다.

리타이어러블Retirable, **https://retirable.com**

미래의 수입, 지출, 의료 및 라이프스타일 특징 등을 포괄해 시니어 개개인에게 맞춤형 로드맵을 만들어준다. 현재의 금융 현황과 개선해야 할 부분을 이해하기 쉽도록 도식화해서 보여줌으로써 은퇴 이후의 삶에 대비하도록 도와준다. 어드바이저와 함께 포괄적인 은퇴 계획을 세울 수 있으며 더 쉽고 안정적으로 은퇴를 할 수 있는 방법을 요청할 수 있다. 은퇴 후에도 풍요로운 라이프스타일과 자금 유지가 가능하도록 입체적인 계획을 세우는 것을 목표로 한다. 특히 여기에는 사회보장 시스템이나 의료와 같은 요소들이 모두 고려된다. 과거에 부유층만 접근할 수 있었던 포괄적 재무 플랜 서비스를 모두가 향유할 수 있도록 자금관리 서비스를 개선하는 것을 목표로 한다.

금융시장을 뒤흔드는 5060세대와 시니어들

과거에는 은행, 증권, 보험사 간의 사업 영역 구분이 분명했다. 서로 영역을 존중하면서 나름대로의 규칙을 지켜왔다. 굳이 다른 분야를 침범할 필요성을 못 느끼기도 했다. 은행, 증권, 보험사가 각기 다른 수익 구조를 갖고 있었기 때문이다. 그런데 이제 모두 옛 이야기가 되고 말았다.

판도를 바꾸기 시작한 것은 2가지 요인이다. 첫째, 급격히 빨라지는 기술 변화 속도다. 그리고 둘째, 장기화되는 저금리 기조다. 이 둘이 결합하면서 변화의 속도는 걷잡을 수 없이 가속되었다. 이제 가만히 앉아서 고객을 기다리던 시대는 끝났다. 안정성보다 수익성을 추구하는 자산가들의 투자 패턴이 가시화되고 있다. 따라서 금융 산업 내 존재했던 영역은 허물어질 수밖에 없다. 금융 산업을 보호해주던 든든한 울타리가 사라지고 무한 경쟁이 본격화된 것이다.

선진국들의 사례를 보아도 이는 분명한 추세다. 은행과 보험이 결합한 방카슈랑스, 은행과 증권이 융합된 지수연동예금 상품 등이 속속 선보였다. 여기에 인터넷 전문은행까지 가세해 경쟁은 더욱 심화되고 있다. 이 모든 양상은 시니어 타깃의 금융서비스 영역에서도 여지없이 벌어지고 있다.

자산 이동의 본격적인 러시가 시작되었다!

개인형 퇴직연금IRP 시장을 보면 흥미로운 결과를 알 수 있다. 2020년 은행과 보험사의 수익률은 증권사가 거둔 6.17퍼센트의 절반 수준도 안된다. 증권사는 호황을 누린 반면 은행과 보험사는 고전을 면치 못했다. 이미 은행과 보험사들은 자산규모가 가장 큰 50대 이상의 '자산 이동 러시'를 두려워하고 있다는 분석이 나온다.

삼성증권 은퇴연구소 발표를 보면 2020년에 은행과 보험사 연금계좌에서 증권사로 이동한 자산규모는 1조 1,358억 원에 달하는 것으로 나타났다. 은행과 보험사는 잔뜩 긴장하지 않을 수 없다. 이제 시니어들은 다소의 불확실성에 따른 위험을 감수하더라도 높은 수익을 내주는 곳으로 자금을 이동시키고 있다.

은행권은 경계의 목소리를 높이기 시작했다. 은행도 개인형 퇴직연금 운영상품으로 상장지수펀드ETF를 실시간으로 매매할 수 있게 해달라고 공식적으로 금융당국에 요청하기에 이르렀다. 당연히 증권사는 즉각 반발하고 나섰다. 위탁중개는 업무 침해라면서 치열한 공방이 오갔다. 2021년 7월 12일 금융위가 은행권의 요청사항이 자본시장법과 집합투자증권 투자 중개업무 범위에 포함된다고 보기 어렵다고 결론내면서 1차전은 마무리됐다. 그러나 이런 형태의 분쟁은 그 불씨가 분명히 남아 있다고 보아야 한다.

이런 일이 왜 일어날까? 실질적인 수익 창출을 찾아 나선 시니어 소비자들이 지축을 흔들 만한 '자산 이동' 현상을 보이고 있기 때문이다. 자산이 대규모로 이동하면 이탈된 금융회사는 존폐가 갈린다. 생존이 달린 치열한 문제인 것이다. 이제까지의 충돌은 그저 시작일 뿐이다. 시니어 자산가들의 자산 이동은 이제 막 그 걸음마를 시작했기 때문이다. 다년간의 경험과 학습을 통해 시니어들이 주식시장 등 고위험군 투자에 적극적으로 나서기 시작했다.

● ● ●   에이지 프렌들리 비즈니스 모델 024

펜션비PensionBee**, https://www.pensionbee.com**
개인별 맞춤 연금 플랜을 제시함으로써 이용자가 자신에게 맞는 노후 계획을 세울 수 있도록 지원한다. 웹사이트나 모바일 앱의 연금 통합 서비스를 이용해서 곳곳에 흩어져 있던 연금 상품을 결합해 잔액 등을 확인할 수 있다. 소액 가입 내역도 취합해서 인출 가능한지 등을 체크할 수 있다. 보험사, 은행 등에 흩어져 있던 다양한 연금 상품을 한눈에 보고 향후 관리에 필요한 정보도 제공 받는다. 몇 번의 탭으로 자동이체나 은행 송금 등을 설정할 수 있으며 은퇴 플래너 기능으로 저축 자산을 추적할 수 있다. 다양한 목적의 연금 플랜을 기획할 수 있으며, 투자, 은퇴자금 운용 계획 등의 다양한 서비스도 제공한다.

묻지도 따지지도 않는 고령자 보험 상품의 등장

보험은 미래의 위험을 담보하는 상품이다. 따라서 미래에 발생할 위험이 높으면 가입이 어렵다. 불가능한 것까지는 아니어도 매우 까다롭다. 고혈압 등 지병을 가진 사람은 원천적으로 보험 가입이 안 된다. 그런데 중년 이상에서 발생하는 질병 대부분은 생활습관에 기인한다. 고혈압, 당뇨, 고지혈증 등 현대인들의 식습관이나 과도한 업무량, 운동 부족으로 인한 질환이 점점 늘고 있다. 그러다보니 마흔이 넘으면 어지간한 질병 하나씩은 달고 사는 게 당연시되기도 한다.

그동안 보험업계에서 이런 고객은 기피대상이었다. 그런데 이제 이들을 기피하고 나면 남는 고객은 사회초년생뿐이다. MZ세대는 인구비중도 적고 계속 감소 추세에 있다. 따라서 보험업계는 시니어 시장에 승부수를 던질 필요가 있다. 이런 상황에서 출시된 것이 바로 유병자有病者 보험이다. 과거의 보험업계 산술로는 도저히 상품화가 불가능했지만 돈 많은 시니어들을 유치하기 위해 울며 겨자 먹기 식으로 만들어진 상품인 셈이다.

유병자 보험은 질문 몇 가지로 가입 여부가 결정되는 초간편 보험에 해당한다. 질병이 있거나 나이가 많아도 보험 가입을 원하는 수요자를 위해 절차와 제출서류를 간소화한 것이 특징이다. 최근 3개월이나 2년 ~5년 이내 입원, 수술, 추가검사 필요소견 여부를 묻는 정도다. 게다가 갈수록 점점 간편해지는 추세다. 심지어 암 이력만 고지하면 되는 상품까지 나오고 있다. 보험업계 고객은 40~50대가 다수를 차지한다. 특히 장년층은 중도해지 비율이 낮은데 반해 20~30대는 주식시장이나 가상화폐시장 등으로 옮겨가면서 유지비율이 현격히 감소하고 있는 것으로 나타났다.

사실 유병자 보험은 일본에서 이미 시장성이 검증된 상품이다. 의학의 발달로 질병으로 인한 미래 불확실성이 많이 해소되었기 때문에 보험사의 리스크가 상쇄된다. 빅데이터 분석을 통해 얼마든지 위험지수를 낮출 수 있다는 자신감이 쌓였기에 유병자 보험 상품화가 가능했다. 이러한 양태 역시 시니어 소비자가 금융 산업의 큰손이자 대세라는 것을 알 수 있게 해준다(출처: 조선일보, 2021년 4월 13일, '묻지도 따지지도 않는 고령자 보험, 보험료는 2배 비싸').

향후 금융업계 화두는 '월지급식 펀드' 개발

나이가 들면 근로나 사업소득에 의존하는 경향이 확연히 낮아진다. 시니어들은 보유자산에서 나오는 정기적인 수입에 기댈 수밖에 없다. 일반적인 것이 '연금'이다. 연금은 공적연금과 사적연금으로 나뉜다. 공적연금의 대표주자는 국민연금이다. 개인연금신탁, 퇴직연금 등은 사적연금에 해당된다. 공적연금과 사적연금이 공존하는 상품도 있는데 주택연금이나 농지연금이 그런 예다.

은행, 증권, 보험사는 시니어들을 유치하기 위해 매월 안정적 수입을 창출할 수 있는 상품 개발에 몰두하고 있다. 매월 안정적으로 수입이 발생한다는 것은 경제적으로나 정서적으로 큰 버팀목이 되어준다. 정서적 안정은 노년의 건강유지에도 활력소가 된다.

은행의 경우 기존에 월이자 지급식 정기예금이 존재한다. 그런데 문제는 금리다. 실질금리가 마이너스이기 때문에 1년 만기 정기예금 이자율이 1퍼센트 대에 불과하다. 10억 원을 정기예금에 예치해도 세후 월이자가 1백만 원을 조금 넘는 수준이다. 따라서 은행은 신탁업에서 돌파구를 찾으려 하고 있다. 전 재산을 신탁하고 매월 수익을 지급 받는 구조의 상품이다.

증권업계는 어떻게 월지급식 상품을 만들 수 있을까? 시니어들의 보수적 투자패턴을 고려할 때 주식투자 비중을 크게 높이기 힘들다. 채권투자 역시 은행권과 동일하게 저금리 이슈에 발목 잡혀 있다. 대안은 리츠Real Estate Investment Trusts, RIETs 상품이 될 것이다. 수익형 부동산에 투자함으로써 발생시킨 수익을 매월 지급하는 상품이라면 고령자가 호감을 가질 만하다. 기존의 상가나 오피스텔뿐 아니라 물류나 IT 시설 등에 투자하는 다양한 리츠 상품 개발이 이뤄지고 있다.

보험업계에는 이미 출시되고 있는 즉시연금보험 상품이 있다. 보험료를 일시납입한 다음 연금처럼 매월 수령하는 보험 상품이다. 정기예금의 경우 원금은 보장되고 이자를 지급받는다. 하지만 즉시연금보험은 원금과 수익을 안분해 지급하는 방식이기 때문에 수익구조가 부실하면 원금 감액이 커진다. 따라서 자산운용 역량에 따라 보험사에 대한 평가가 갈리게 될 것이다. 퇴직연금의 경우가 그렇게 되듯이 고객들은 수익률을 쫓아 대거 이동할 수밖에 없다.

공격적 영업으로 저축은행에 시중자금이 몰리는 것도 같은 이유 때문이다. 2021년 5월 저축은행 수신 잔액은 4월 대비 2조 2231억 원 증가한 것으로 나타났다. 입출금이 자유로운 통장의 금리를 시중은행보다 상대적으로 높인 전략이 유효했다(출처: 매일경제, 2021년 7월 18일, '저축은행에 한 달 새 2조 원이 몰려들었다'). 자산운용 역량이야말로 향후 금융 산업의 성패를 가를 중요한 화두가 되고 있는 것이다.

⋯ 에이지 프렌들리 비즈니스 모델 025

어슈어드 알리스 Assured Allies, https://www.assuredallies.com
데이터 과학과 인간 중심의 접근방식을 결합한 노후 보장 보험 설계 솔루션. 특허 받은 기술력과 접근방식을 통해 고령화 사회에 걸맞은 보험 상품을 설계해준다. 장수에 따른 리스크 비용을 정밀하게 예측하고 이를 절감할 수 있는 플랫폼 구축을 위해 의료진, 데이터 과학자와 기술자들이 참여하고 있다. 관련 데이터를 수집하고 분석해서 보험계약자의 고령화 과정을 예측한다. 개개인이 어디에서 어떻게 나이 들어가고 싶은지 목표를 설계하고 이를 지원할 수 있는 보험 상품을 구상한다. 은퇴 포트폴리오에 고령화 와중에 발생할 위험을 예측해 선제적으로 관리하는 내용을 통합시킨다.

미국에서 태동한 '시니어들만을 위한 금융서비스'

과학과 의학의 비약적인 발전으로 인간의 수명은 점점 더 늘어나고 있다. 인간 수명 100세 시대를 넘어 120세가 기본이 될 것이라는 예측도 나온다. 이렇듯 장수화가 진행되고 있지만 정작 자산, 취업, 세대 구성 등의 양상은 다변화되고 있다. 따라서 향후 이렇게 될 것이라고 예측 가능한 '모델 세대'가 아예 존재하지 않는다.

금융서비스는 이러한 급변성과 고령화, 다양화에 동시에 대응해야 하는 과제를 안게 되었다. 과거 베이비부머 세대가 성장할 때에는 전 세계 인구가 비슷한 나이에 비슷한 선택을 했다. 비슷한 나이에 학교에 진학하고 졸업하고 직장을 구하고 결혼을 하고 아이를 낳았다. 하지만 이제는 그와 같은 규격이 깨진 지 오래다. 따라서 이제부터는 시니어들이 안심하고 자산을 운용할 수 있는 환경 정비가 급선무가 되고 있다.

미국 금융업계는 다양한 금융 기법에 따른 개인별 맞춤 서비스가 활발히 적용되고 있다. 규제가 상대적으로 적고 당국의 감독을 받는 은행 뿐 아니라 다양한 형태의 자문사나 투자회사들이 활동한다. 금융지식이 많고 자산 운용의 경험이 풍부한 시니어들은 다양한 채널을 통해 자산 증식을 꾀할 수 있다. 그러나 다수의 시니어들은 금융 약자가 되기 쉽다. 정보와 기술의 변화속도를 따라잡지 못해 금융착취의 대상이 되고 있다. 그런 이유로 미국에서는 연방법이나 주법, '노인금융피해방지법' 형태의 특별법을 통해 시니어를 보호하는 조치를 강구하고 있다.

타이요생명太陽生命, **https://www.taiyo-seimei.co.jp/customer/senior_serv ice/bss.html**

시니어 고객 만족도 향상을 위해 베스트 시니어 서비스를 제공하고 있다. 고령자 고객을 적극적으로 돕는 서비스 상품 등을 제공함으로써 신뢰성을 높인다는 전략이다. 계약에서 결제까지 시니어 고객이 안심하고 진행하도록 지원하는 서비스도 제공한다. 화상전화를 활용해 계약내용을 확인하며 시니어 전용 전화상담 창구도 운영한다. 서류는 고령자가 보기 쉽게 큰 글씨로 작성하며 필요한 경우 전문지식을 가진 직원이 고객을 직접 방문해 보험금 결제 등을 돕는다.

시니어들을 위한 안전한 은행, SBFS

노인 금융피해 방지의 일환으로 탄생한 것이 SBFS다. 'Safe Banking For Senior'의 약자로 '시니어들을 위한 안전한 은행'이다. 미국에서 시니어들은 사기로 인해 매년 수십억 달러의 손실을 입는 것으로 나타났다. 나이든 이들을 대상으로 하는 금융착취 범주는 불법 인출, 사기, 심지어 간병인에 의한 무단 인출 등 다양한 방식으로 이루어진다.

미국에서 50세 이상은 전체 인구의 3분의 1에 불과하지만 이들이 보유한 자산규모는 매우 크다. 은행 계좌의 61퍼센트, 예금총액의 70퍼센트를 차지한다. 따라서 노인을 보호하는 적극적인 노력이 곧 은행을 보호하는 것이 되는 셈이다. SBFS는 은행-고객 관계를 활용해 노인 대상 사기를 적발하고 예방하는 활동을 한다. SBFS는 은행이 지역사회와 관계 구축을 하도록 돕는 동시에 노인 대상의 금융착취를 막는 다양한 도구와 지식을 제공한다.

참가자는 SBFS에 매년 1월 참가 등록을 할 수 있으며 비용은 따로 없다. 시니어가 ABA<small>American Bankers Association</small>에 등록하면 24시간 이내에 확인 이메일을 받는다. 이메일에는 프레젠테이션 계획 도구, 수업 계획, 소셜 미디어 가이드 및 은행의 노력을 홍보하는 기타 커뮤니케이션 자료와 액세스할 수 있는 개인 리소스 페이지에 대한 링크가 포함되어 있다.

미국 은행들은 시니어가 처한 문제와 위기상황을 인식하고 이를 개선하기 위해 시니어 교육에 앞장서고 있다. 은행의 업무 중에서 시니어 고객을 보호하고 이들에 대한 금융착취를 방지하기 위한 노력이 큰 비중을 차지한다. 이러한 활동은 은행의 업무윤리를 구성하는 필수요소이자 향후 비즈니스 영위를 위해서도 핵심요소로 받아들여진다. '시니어 고객을 잘 교육하고 사기 예방을 위해 노력하는가?', '시니어 고객을 보호하도록 직원을 잘 훈련시키는가?' 등이 매우 중요한 평가기준이다. 이 분야의 노하우를 쌓은 은행은 고객의 신뢰뿐 아니라 정부 금융기관으로부터 높은 평가를 받는다.

특히 노인 대상의 금융착취와 사기가 빈번해지자 은행은 이 분야를 담당하는 전담직원이 필요하다는 사실을 절감하게 되었다. ABA에 따르면 은행의 62퍼센트가 노인 대상 금융착취와 사기 방지 업무를 맡는 전담직원을 두고 있다고 한다. 은행이 교육에 대한 금융교육과 사회 기여 차원의 다양한 공익활동을 추진하는 금융 리더로서의 역할을 더 많이 수용하고 있는 것이다.

에버세이프EverSafe**, https://www.eversafe.com**

사기 및 신분 도용 방지를 위한 서비스. 고령자와 가족을 위한 전문적인 금융 보호 서비스. 은행, 투자 계좌, 신용카드, 신용 데이터 전반을 모니터링 해서 이상현상이 일어나면 경고 알람을 보내준다. 고령의 고객이 평생에 걸쳐 모으고 절약한 자금을 불의의 사고나 악의적인 사기로 잃지 않도록 추적하는 시스템이다. 고객의 과거 금융 패턴을 데이터화한 다음 일상적인 거래를 분석해 그것에서 벗어난 불규칙한 활동을 식별해낸다. 비정상적인 인출, 예금 누락, 돌발적인 투자 활동, 지출 패턴의 변화, 청구서 연체 등 의심스러운 활동을 찾아서 앱을 통해 알려준다. 믿을 만한 신탁자, 즉 가족이나 변호사 등 전문가나 개인을 지정해 함께 경보를 수신하고 모니터링 할 수도 있다.

시니어를 위한 일간 자금 관리 서비스, DMM

DMM은 'Daily Money Management'의 약자로 일간 자금 관리로 번역할 수 있다. DMM이야말로 시니어를 위한 금융은 어떤 모습이어야 하는지에 대한 오랜 고민의 결과물로 보인다. DMM 프로그램은 자금 관리를 원활히 할 수 없는 고령의 미국인들에게 제공되는 개인 재무 관리 어시스턴트 서비스다. 재무 설계와 관리 서비스를 포괄한다.

재무 설계사는 전문적인 컨설턴트이자 자문으로서 시니어를 위한 재무 계획 전반을 도와준다. 개인의 상황과 재무 목표에 맞춰 세부적인 전략을 제공한다. 재무 설계사는 금융과 관련한 모든 궁금증에 답하고 관련 정보나 조언을 제공해준다. 그 외에도 시니어 고객이 다양한 투자 및 신탁을 포함한 금융 상품에 가입하는 것을 도와주기도 한다. 시니어 고객은 대체로 다음 몇 가지 재무 관련 과제에 직면하게 된다. 재무 설계사는 이 모든 과정을 조력한다. 여기 포함된 재무 관련 과제는 향후 우리나라에서 시니어 금융서비스를 구상할 때에도 유용한 카테고리가 될 것이다.

첫째, 은퇴 준비. 은퇴 시에 경제적 자유를 누릴 수 있도록 401k 등 다양한 퇴직연금 상품의 장단점을 설명해주고 가입을 도와준다.

둘째, 세금 관련. 세금이나 부채를 최소화하고 현금흐름을 확보하도록 돕는다. 고객에게 적합한 세무 대리인을 추천하기도 한다.

셋째, 부동산 관련. 주택, 소유물, 금융자산이나 기타 자산을 형성하고 축적하고 보전하고 분배하는 일체의 계획을 세우도록 돕는다. 특히 상속 관련해서는 사전 혹은 사후로 구분해 유리한 전략을 수립한다.

넷째, 리스크 관리와 보험 관련. 건전한 위험 관리 및 보험 기법을 통해 현금 흐름 위험을 계획하고 관리한다. 질병이나 상해에 대비한 건강보험이나 돌봄이 필요할 경우에 대비한 장기 요양보험이나 기타 여러 준비를 돕는다.

다섯째, 투자 관련. 리스크를 최소화하고 수익을 추구하며 물가인상 등을 고려해 퇴직 후 지출이나 미래 현금흐름을 창출할 수 있는 효과적인 투자 계획을 조력한다.

여섯째, 현금 흐름 및 부채 관리 관련. 돈을 융통하고 효율적으로 사용하는 방법 일체를 조언한다. 특히 부채 관리 및 라이프스타일 조정을 통해 현금흐름을 향상시킬 수 있는 방안을 제시한다.

일곱째, 교육 관련. 자녀나 손자 혹은 여타의 가족 구성원을 위한 미래 계획을 수립하는 것을 돕는다. 529플랜 등 자녀 교육을 위한 저축, 대학교 등록금과 숙식비 적립 등을 포함한다.

⎡ • • •   **에이지 프렌들리 비즈니스 모델 028** ⎤

케어풀Carefull, https://www.getcarefull.com

스마트 금융 계정 보호 서비스. 신원 도용, 신용 정보 및 수입 지출 상황 등을 모니터링 할 수 있는 통합 서비스 시스템. 가족 등 사랑하는 사람의 일일 자금 운용 내역을 확인하고 이상현상이 생겼을 때 체크할 수 있다. 가족 중 원하는 사람을 추가해서 '서클' 안에 포함하면 모든 이들의 지출, 청구서, 계좌 잔고, 각종 지급 관련 일정 등을 파악할 수 있다. 이상이 감지될 경우 문자와 이메일을 통해 알림을 보내주는 모니터링 및 경고 서비스도 제공한다.

금융서비스를 사회복지 시스템으로, 전담 DMM 제도

데일리 머니 매니저, DMM은 청구서 처리나 문서 작성 같은 일상적인 문제에 대처하도록 노인들을 돕는 역할을 한다. 시니어들은 이들에게 간단한 재무 관련 업무를 맡기고 은퇴 생활을 마음껏 즐길 수 있다. DMM은 은행 거래명세서 체크, 은행 계좌와 신용카드 관련 모니터링, 월별 청구서 정리와 지불, 예·결산 가계부 정리 같은 일을 대신 해준다.

고령자들은 여러 방법으로 DMM 서비스를 받을 수 있다.

첫째, 노인복지기관을 통해 가입해 이용할 수 있다. 민간 비영리 노인지원기관 혹은 정부기관 등 상위 조직에서 제공되는 DMM 서비스도 있다. 이들 기관은 청구서 지불 같은 기본 업무에는 자원봉사자를 활용하기도 한다. DMM 서비스를 제공해주는 노인지원기관은 지역 AAA_{Area Agency on Aging}에 문의해 확인할 수 있다.

둘째, 독립형 비영리 DMM 프로그램을 이용할 수도 있다. DMM 서비스만 제공하는 비영리 조직들이 있는데, 일례로 미국은퇴자협회의 자금 관리 프로그램은 자원봉사자를 통해 저소득층 노인들을 위해 청구서 지불, 가계부 서비스 등을 제공한다.

셋째, 영리기업의 DMM 서비스를 이용하는 방법도 있다. 지난 10년간 수많은 영리기업이 유료 DMM 서비스를 제공하기 시작했다. 비용은 지역에 따라 조금씩 다르지만 대개 시간당 25~100달러 사이다. 조사에 따르면 대다수 소비자들은 월 4시간 정도의 서비스면 충분하다고 답했다. 물론 필요한 서비스의 범위나 이용자의 재무 현황의 복잡성 등에 따라 소요시간과 난이도는 달라질 것이다.

· · · 　　　　　에이지 프렌들리 비즈니스 모델 029

실버빌스SilverBills, https://silverbills.com

각종 청구를 안전하게 관리해 고객이 품격 있는 노후생활을 하는 것을 돕는다. 계정 관리자에게 전화, 이메일, 문자, 우편으로 소통한다. 관리자가 고객이 의뢰한 청구서를 처리한다. 필요할 때마다 추가로 청구서 처리를 요청할 수 있다. 그때마다 관리자는 고객을 대신해서 청구서를 수신하고 검토하고 저장한 다음 지불처리 한다. 예산 대비 실제 지출액을 금액, 날짜, 지불방식 등을 명기해 일목요연한 월별 명세서 형태로 보고한다.

고령화 심화로 고민이 깊어진 일본의 금융 산업

고령화가 심화되면서 노인학이 주목받고 있다. 일찍이 2016년 게이오 기주쿠Keio 대학교는 파이낸셜제론톨로지Financial Gerontology 연구센터를 설립했다. 경제활동을 뜻하는 파이낸셜과 노인학을 의미하는 제론톨로지를 결합한 것이다. 즉 고령자의 경제활동이나 자산 선택 등 고령화에 따라 발생하는 경제적 과제를 관련 분야와 연계해 해결하는 새로운 연구 영역이다. 센터는 경제학뿐만이 아니라 의학 등을 포함한 종합적인 견지에서 연구를 진행한다.

고령화로 인한 인지기능 저하는 자산 선택에 영향을 미친다. 즉 시니어 개인의 자산 운용 전반에 영향을 미치게 된다는 의미다. 이 문제는 매우 심각한 사회문제로까지 발전할 수 있다. 예컨대 방대한 개인 자산이 정상적으로 운용되지 않고 순환이 저해된다면 경제성장의 족쇄가 될 가능성까지 있다.

일본 금융청은 2018년 7월 '고령사회에서 금융서비스 본연의 자세에 대하여'라는 제목의 중간보고서를 발표했다. 보고서에 의하면 가계 금융자산의 약 3분의 2를 60세 이상이 보유하고 있다. 2035년에 이르면 유가증권 보유자 중 70세 이상이 절반을 차지하게 된다. 65세 이상 3명 중 1명은 치매에 걸릴 가능성이 있고 결국 유가증권의 15퍼센트를 치매 환자가 보유하게 된다는 의미다.

물론 치매에 걸렸을 때에 대비한 성년후견제도가 마련되어 있다. 대부분의 선진국이 준비해놓고 있는 제도다. 자신을 대신해 재산이나 권리를 지킬 주체를 설정해 법적으로 스스로를 보호하는 제도다. 하지만 고령화가 많이 진행된 일본에서조차 이 제도를 이용하는 인구는 20만 명 수준에 불과하다. 특히 현행 제도가 이용하기 어렵다고 지적하는 목소리가 높아지고 있다.

100세 시대에서 기회를 찾는 일본 보험업계

일본 보험업계는 치매 관련 보험 상품 개발과 시장 진입이 활발하다. 치매 보험은 보험 대상을 치매로 한정함으로써 보상은 높이고 보험료를 낮추는 장점을 지녔다. 기존 보험은 사망이나 질병에 의한 입원 등을 폭넓게 보장하는 것이 일반적이고 보험료도 상대적으로 높다. 치매에 한정해서 고령화 문제를 바라볼 때에는 지나치게 방만하다는 인상을 준다.

　치매 보험을 처음으로 판매하기 시작한 곳은 타이요생명보험이다.

아사히생명보험, 부국생명보험 등 중견 생명보험사들도 이 상품을 보유하고 있다. 2018년 12월에는 생명보험 대기업인 제일생명보험이 치매보험을 판매하기 시작했다.

한편으로 장수 리스크에 대비하는 보험 상품도 있다. 톤틴tontine 연금이 그것이다. 톤틴연금은 다수의 가입자를 한 조로 묶어 연금 개시일 이전에는 사망하거나 해약해도 돈을 받을 수 없다. 심지어 해약 시 위약금을 물어야 하는 경우도 있다. 이렇게 조성된 기금으로 오래 살아서 연금을 받게 된 가입자가 더 많이 받도록 설계된 상품이다. 초저금리 시대에다 장수를 대비할 만한 충분한 자산 형성이 어려워지는 시대다. 톤틴연금의 구조에 대해서 잔인하다는 평도 있다. 하지만 노후 자금 확보에 관심이 높은 시니어들의 가입이 늘고 있는 추세다.

보험이 아닌 서비스를 통해 시니어들의 관심을 끌고 가입자를 확보하려는 움직임도 활발하다. 생명보험 최대기업인 일본생명보험은 고령 가입자의 신원 보증, 생활 지원, 사후 장의와 유품 정리 등을 종합적으로 패키지화한 유상 서비스를 제공하기 시작했다. 고령화와 더불어 미혼이나 1인 가구도 증가하고 있기 때문에 의지할 자녀나 친지가 없는 이들이 주요 대상이다. 이 서비스를 실제로 제공하는 회사는 비영리법인이지만 보험사는 자사 보험계약자와 서비스를 중개해준다. 고령자를 대상으로 한 다양한 신종 서비스가 보험업계에서도 주목을 받게 될 것이다.

트루링크True Link, **https://www.truelinkfinancial.com**
사랑하는 사람이나 가족을 금융 위험으로부터 보호해주는 서비스. 가입된 선불카드를 온라인
으로 맞춤화함으로써 필요한 곳에서만 사용할 수 있고 부적합한 곳에서는 사용을 차단한다.
예를 들어 식료품점과 주유소에서는 사용할 수 있지만 텔레마케팅 업체나 주류 판매점에서는
사용할 수 없다. 가족이나 전문가가 고령의 고객을 금융사기 등으로부터 보호하기 위해 활용
할 수 있으며 이용자인 시니어의 독립성과 삶의 질을 침해하지 않는다.

일본에서 본격화된 치매 대비 금융시스템

부모가 치매에 걸렸을 때 자녀는 부모 명의의 자산을 마음대로 건드릴
수 없다. 다른 나라들처럼 일본 역시 그렇다. 부모 명의의 은행 계좌에
서 함부로 예금을 인출하는 것조차 불가능하다.

　물론 방법이 없는 것은 아니다. 치매로 인해 정상적인 인지와 판단이
불가능하다고 판단되면 가정법원에 신청해 성년후견인을 선임해 재산
을 관리할 수 있다. 이때 후견인은 가족이 될 수도 있고 변호사나 법무
사 등 제3자를 선임할 수도 있다. 그런데 여기에는 불편한 점이 많다.
후견인 권한을 가진 재산 관리자가 가족이나 환자 자신의 의향을 반영
해 집행한다고 장담할 수 없다. 후견인 신청을 할 때 비용이 들기도 하
고 제3의 전문가에게는 보수도 지불해야 한다. 이런 사정 때문인지 성
년후견제도는 그다지 활발하게 이용되지 않고 있다.

　일본은 한국보다 먼저 고령사회에 도달한 국가다. 고령사회에 대해

서 더 많은 고민을 했을 것으로 추정된다. 특히 부모가 치매나 인지장애를 앓게 되었을 때를 대비한 금융시스템을 도입한 바 있다. 자산승계신탁이 그것이다.

자산승계신탁이란 만일의 사태를 대비해 자금을 은행 등에 예입한 다음 미리 설정한 조건하에서 본인이나 가족이 인출할 수 있도록 하는 서비스다. 자산승계신탁을 체결해두면 치매 등으로 인해 본인이 예금을 인출할 수 없게 되었을 때 미리 지정한 가족이 대신해서 의료나 간호비용 등의 용도로 출금할 수 있다. 수취인을 사전에 지정해서 본인이 사망했을 때 상속 절차 없이도 자금을 받을 수 있다. 장례비용 등의 갑작스러운 지불에 대응할 수 있는 것이다.

최근에 일본 전국은행협회는 그동안 은행들이 각기 다른 기준으로 설정한 자산승계신탁 상품에 대해 처음으로 지침을 정리해 제공했다. 이제껏 통일된 지침이 없어 일선 현장이나 이용자들 모두 불만이 쌓여왔기 때문이다. 성년후견제도는 2000년 4월 1일에 시행되어 20년이 경과했다. 그 사이 제도의 결함과 불편함이 여실히 드러났다. 일본 후생노동성이 발표한 데이터에 따르면 그동안 성년후견제도를 이용한 이들의 약 90퍼센트가 예·적금 관리와 해약 등을 위해서 어쩔 수 없이 선택했다고 한다. 단순히 예·적금 관리나 해약의 목적 때문에 은행이 절차도 복잡하고 부담도 많은 성년후견제도를 고객에게 강요할 수는 없는 노릇이다.

전국은행협회의 새로운 지침은 한마디로 '예금 인출을 위해 성년후견인은 불필요하다'는 취지다. 즉 치매 환자의 가족이라면 성년후견인이 아니라도 창구에서 예금 인출을 할 수 있어야 한다. 물론 여기에는 일정한 요건이 있다. 치매 환자의 예금(재산) 관리에 관한 법률상으로는 성년후견제도를 이용하는 것이 원칙이기에 성년후견제도를 우선적으로 고려해달라는 전제는 바뀌지 않았다.

요건 중 첫째는 환자 자신의 판단 능력이 쇠퇴했다는 증명이다. 가정법원에서 성년후견제도를 이용하는 경우에도 같은 증빙이 필요하므로 특별히 까다로운 절차는 아니다. 진단서 제출 등으로 빠르게 증빙을 할 수 있다. 요건 중 둘째는 인출하는 예금의 용도에 제한이 있다는 점이다. '환자 자신의 이익에 부합하다는 것이 분명한 경우'에만 허용된다. 대표적으로 의료나 간호에 소요된 비용, 통상적인 생활비가 해당된다. 요건 중 셋째는 일정한 조건을 갖춘 친족만 청구할 수 있다는 것이다. 치매가 아니라도 거동이 불편한 경우 '재산관리 계약'을 체결하면 가족이 계좌 잔고를 관리할 수 있다.

미즈호신탁은행은 '선택할 수 있는 안심 신탁'에 해지 제한 기능을 도입했다. 자산을 온전히 보전하고 상속하는 것을 기본 기능으로 하되 외부 기업과 제휴해서 생활 지원 서비스를 제공한다. 이 신탁 상품은 고객이 맡긴 자산을 원금 보전 방식으로 운용하면서 자신의 라이프스타일에 맞춰 필요한 금융기능을 골라서 이용할 수 있다. 신탁자산에서 생활비를 정해진 날에 정해진 금액으로 받는 기능, 사기와 치매 대비를 위해 본인도 해약할 수 없는 기능, 매년 일정 금액을 증여하는 기능 등이다.

최소 신탁 금액은 3천만 엔(약 3억 원)이다.

미쓰이스미토모신탁은행 역시 신탁자산을 맡긴 다음 매달 생활비 등을 정기적으로 받을 수 있는 '시큐리티 신탁'을 제공한다. 신탁자금은 미리 지정한 가족 등의 동의가 있어야 지급된다. 가족 등 믿을 만한 이들이 확인할 수 있어 금융착취를 미연에 방지하는 효과를 기대할 수 있다.

미쓰비시UFJ신탁은행의 '미래 지킴이'는 유료 양로원 등 시설의 입주 일시금이나 건당 10만 엔 이상의 의료비 지급만 가능하다. 신탁 금액은 천만 엔 이상이며 상한선은 없다. 가입자는 치매 관련 정보, 양로원 추천, 후견인 후보가 될 법무사 추천 같은 서비스도 활용할 수 있다.

• • •　　　에이지 프렌들리 비즈니스 모델 032

실버_{silvur}, **https://www.silvur.com**

사회보장 혜택을 계산해서 가입된 의료보험을 평가하고 재무 계획을 알려주는 서비스. 소속된 재무 전문가들이 어려운 관련 용어 대신 알기 쉬운 표현으로 사회보장, 의료보험 상품, 세금 관련 옵션 등을 명확히 하는 데 도움이 되는 200개 이상의 간결하고 필수적인 강좌를 제공한다. 특허 출원 중인 소프트웨어는 라이프스타일에 따라 은퇴 후에 잔고가 얼마나 오래 지속될지 연도와 월까지 정확히 알아낸다. 은퇴 계산기를 통해 사회 보장, 메디케어, 세금 및 생활비 등 시니어들의 궁금증에 대해 가이드를 제공해준다.

우리 금융시장의 시니어 관련 상품은 어떤 수준인가?

시니어를 위한 금융시스템의 변화는 이제 막 첫 단추를 채웠을 뿐이다. 한국보다 일찍 고령사회에 진입한 일본도 지난 몇 년간 시행착오를 겪으며 겨우 자리를 잡아가고 있는 듯 보인다. 성년후견제도가 있었지만 제도 자체가 유명무실한 상태였다. 따라서 은행들은 스스로 이 문제에 대처해야 한다는 문제의식을 안기 시작했다. 미국 역시 마찬가지다. SBFS와 DMM의 경우에서 보듯이 시니어들이 안전한 생활을 할 수 있도록 지원하는 데 초점이 맞춰져 있다.

하지만 한국 금융 산업이 시니어를 바라보는 관점은 다분히 '돈 많은 타깃'이라는 인식에서 아직 벗어나지 못하고 있는 것으로 보인다. 좀 더 안전한 금융서비스를 받을 수 있고 치매에 걸리거나 인지능력에 장애가 왔을 때 대응할 수 있는 효과적인 시스템을 만드는 데에는 소홀한 것이 현실이다.

한국에서도 2022년 초반 고령층 대상의 금융착취 방지를 위한 법안 제정을 추진할 것으로 보인다. 금융위는 미국의 '시니어세이프Seniorsafe 특별법'의 한국형 모델로 노인을 대상으로 한 금융착취를 방지하는 가칭 '노인금융피해방지법'을 추진 중이다. 고령층을 대상으로 한 금융상품 불완전판매, 보이스피싱, 금융사기 등을 방지하는 취지다. 또한 보호자나 지인이 노인의 재산을 편취하는 것을 막고 치매 노인의 후견인 역할을 지원하는 '치매 신탁'도 활성화한다는 방침이다.

시니어들이 원하는 수익성과 안정성을 동시에 확보하는 효율적인 투자 상품의 개발, 고령화에 발맞춘 저렴하면서도 구체적 혜택이 설계된 보험 상품, 일상의 편리함과 안전을 담보해줄 수 있는 다양하고 손쉬운 금융서비스들이 속속 선보여야 할 것이다. 시니어의 자산을 지켜줄 수 있는 믿을 만한 파트너가 되는 일. 지금 우리 금융 산업이 안고 있는 과제라 할 수 있다.

바야흐로 운동 권하는 시대다. 그중에서도 최근 거세지기 시작한 걷기 열풍의 주역은 단연 중장년층이다. 젊을 때에는 바쁜 일과와 업무에 쫓겨 엄두도 내지 못했던 '내 몸 돌보기' 습관이 새롭게 자리 잡기 시작하는 것이다.

시니어들 사이에는 '누죽걸산'이라는 신조어가 통용된다. '누우면 죽고 걸으면 산다'는 뜻이다. 시니어들에게 걷고 자기 몸을 움직이는 것의 중요성은 그만큼 더 크게 다가온다. 걷기와 트래킹으로 시작해 웨이트와 익스트림 스포츠로 점점 더 강도를 높이며 운동하는 즐거움을 찾아가는 시니어들이 늘고 있다. 걷기와 중년 이후 여러 형태의 운동 열풍에 대해 짚어보면서 그 안에 어떤 비즈니스 기회가 있을지 알아본다.

나이가 들면서
운동과 취미에
빠져든다

I'm a Walkaholic, I like Workout!

나이가 들어도 몸은 젊게 유지할 수 있다!

노화는 피할 수 없는 현실이다. 나이가 들면 자연히 몸도 노쇠해진다. 그러나 그 와중에도 건강하게 나이 들 방법이 있다면 좋지 않을까? 아마도 모두의 바람이자 소원일 것이다. 나이 들어 피할 수 없는 고충 중 하나는 질병이다. 그래서 노년에 들어서면 경제적 여유만이 아니라 '건강'을 행복의 핵심 요건으로 꼽게 된다. 그만큼 몸의 건강은 노인의 삶에서 중요한 요소다.

우리 시대의 5060세대는 액티브 시니어라 불리며 매우 왕성한 활동을 즐긴다. '해야 하는 일'에서 '하고 싶은 일'로 삶의 방향이 바뀌는 시기다. 그 전환의 마중물은 바로 건강이다. 건강이 허락되지 않으면 하고 싶은 일도 마음껏 할 수 없다. 이 시기에 권장되는 것이 걷기다. 건강 유지라는 거시적 목표를 충족시키면서 고혈압, 당뇨병 등 생활습관 병을 예방하고 치매를 억제하는 등 예방적 효과도 뛰어나다. 따라서 보건 관련 정부 기관과 지자체, 여러 민간단체들이 걷기, 트래킹, 산행 등을 권장하며 다양한 프로그램을 만들고 있다.

코어 기능이 약해지면 낙상 등 고령 건강에 적신호

물론 시니어들은 걷기 외에도 노화를 늦추고 건강을 유지하기 위해 다양한 전략을 활용한다. 고령층들은 젊은이들 못지않게 자기 적성에 맞는 운동을 찾는 데 열심이다. 남에게 보여주기 위해서가 아니라 충실한 일상을 유지하기 위해 노력한다.

나이가 들면 무엇보다 근감소증sarcopenia에 유의해야 한다. 근감소증이란 노화에 따라 근육 양, 근력, 근 기능 등이 전반적으로 감소하는 현상이다. 일반적으로 근육은 30대부터 약화되기 시작해 70대에 이르면 전성기의 절반 수준으로 줄어드는 것으로 알려져 있다. 근육이 줄면 운동능력이 떨어지고 관절에 무리가 가게 되어 노인 특유의 구부정한 체형과 근골격계 질환의 원인이 된다.

반면 나이가 들어서도 근력 운동을 충분히 하면 근육을 어느 정도 유지할 수 있다. 미디어에는 60~70대에도 놀라운 근력을 보유하고 젊은이들 못지않은 몸매를 자랑하는 이들이 종종 소개된다. 생활습관이 노화 속도를 늦출 뿐 아니라 젊음을 유지해줄 수 있다는 사실 때문에 노년의 운동 인구는 점점 증가 추세에 있다. 그만큼 건강하게 나이 들고 싶은 갈망이 크다는 증거이기도 하다.

65세 이상 고령자가 전체 인구의 16퍼센트를 훌쩍 뛰어넘은 요즈음에는 주변의 어르신들로부터 '기력이 없다'는 말을 어렵지 않게 들을 수 있다. 이는 팔 다리의 근육 양이 감소하는 근감소증으로 노년기 건강 악화의 중대한 신호다. 특히 척추건강을 위협하는 매우 위험한 요인 중 하나다. 척추는 모든 활동의 중심축이다. 코어 근육이 약한 고령자는 앉고 일어서고 걷는 일상의 동작을 힘겨워하며 낙상 위험도 커진다. 노년기에 낙상은 그저 넘어지는 데서 그치지 않고 골절 등 치명적인 결과로 이어진다. 골절 등으로 아파서 누워 지내는 동안 근육은 더욱 퇴화해서 악순환이 반복된다. 그만큼 코어 근육은 노년의 일상에서 차지하는 비중이 매우 크다. 척추가 약해진다는 것은 건강하게 늙는 데 가장 큰 장애 요인이 된다.

• • • 에이지 프렌들리 비즈니스 모델 033

님블Nymbl, https://nymblscience.com
낙상 예방 프로그램으로 노인들의 밸런스 능력을 강화해 삶의 질을 향상시켜준다. 능력에 따라 개인화된 프로그램으로 재미있고 매력적이며 효과가 입증된 일상에서의 간편한 운동법을 제시한다. 하루 10분 이내로 빠르고 간단하고 누구나 쉽게 따라 할 수 있다. 고령자를 위한 정부 프로젝트의 일환으로 다양한 의학 전문가와 운동과학자들의 참여로 개발되었다. 이 프로그램은 미국 노인들을 대상으로 100만 회의 낙상 방지 효과를 거둔 것으로 평가된다.

지브리오ZIBRIO, https://www.zibrio.com
신체 균형상태를 분석하고 효과적인 균형 운동과 특화된 트레이닝 코스를 제공한다. 밸런스 저울을 활용해 신체 균형상태를 분석하는데 60초 동안 가만히 서 있으면 균형 정도를 검사할 수 있다. 무료 앱을 사용해 자신의 균형상태에 대한 분석 정보를 얻을 수 있다. 질문에 답하면서 개인별 맞춤 조언을 받고 필요한 운동 플랜을 작성할 수 있다. 밸런스 저울은 사용자가 향후 12개월 내에 낙상할 가능성이 있는지를 예측해준다. 이 회사의 특허 받은 브리오케어 기술은 미 항공우주국 프로그램의 일환으로 개발되었다.

노화의 기준은 근육량, 근력 키우는 운동에도 관심

고령자에게는 하체 근력이나 쇠약해진 근육을 강화해주는 코어 강화 운동이 최고의 건강지킴이가 되어준다. 코어 근육은 몸의 중심을 지탱해주고 바르게 서고 걸을 수 있도록 균형과 안정성을 책임지는 막중한 역할을 한다. 척추, 골반, 복부에 해당되는 근육이 바로 코어 근육이다.

노년에는 심미적인 목적의 무리한 근력 운동은 자칫 부상의 위험이 있으므로 조심해야 한다. 단, 코어 근육을 강화시키는 근력 운동은 누구에게나 필수적이다. 누웠다 일어나는 것, 앉았다 일어서는 것, 똑바로 서서 걷는 것…. 젊은이들에게는 쉬운 동작들이 근력이 약해지면 점점 수행하기 어려워진다. 뿐만 아니라 중심을 잡지 못하고 휘청거리거나 넘어지거나 쓰러지는 등 골절의 원인이 되기도 한다.

노년기에 적합한 대표적인 근력 운동은 브리지와 플랭크 등이 있다.

등과 복부, 허리와 허벅지에 이르는 코어 근육을 강하게 해주는 운동이다. 움직이며 하는 과격한 운동이 아닌 동작을 최소화하며 멈춘 상태에서 근육에 힘을 가해 강화해주는 아이소메트릭스isometrics 운동이 노년기 근력 운동으로 적합하다.

이전까지 노인을 위한 권장 활동으로 산책 등 걷기나 요가, 수영 등 유산소 운동이 꼽혔다. 그런데 근력에 대한 관심이 높아지면서 시니어들 중에서도 코어를 강화하거나 근력을 높이는 데 필요한 헬스 등을 하고자 하는 욕구가 커지기 시작했다.

최근에는 유명 스포츠용품 기업인 나이키 등을 위시로 아이소메트릭스 운동을 비롯해 다양한 헬스 관련 정보를 제공하는 곳이 많아졌다. 유튜브 등에서도 부상을 예방하고 통증을 줄여주는 다양한 운동 요법이 소개된다. 특히 과거에는 젊은 층들만을 대상으로 했던 이들 콘텐츠들이 이제는 시니어 계층을 대상으로 더 활발하게 제작된다. 이 시장이 커지고 있는 방증이다.

아이소메트릭스 동작은 도구 없이도 집에서 간편하게 할 수 있으며 긴 시간이 필요 없이 틈나는 대로 할 수 있다. 단지 하고자 하는 의지만 있으면 된다. 요즘에는 운동 습관을 기르는 데 도움이 되는 애플리케이션 등도 많이 나와 있다. 자신이 좋아하는 음악을 듣거나 TV를 보면서 간편하게 운동을 할 수 있는 다양한 프로그램이 있다. 이들은 각기 시니어 소비자들을 만족시키기 위해 저마다 독특한 특징으로 어필한다.

아너HONOR, https://www.hihonor.com/cn/shop/index.html
중국 화웨이가 만든 휴대전화 및 태블릿 브랜드. 고령자가 건강하게 운동하는 것을 돕는 웨어러블 기기와 단말기를 결합한 과학적 운동 모니터링 프로그램을 제공한다. 실제 운동 관련 데이터에 대한 전문적인 분석이 제공되므로 고령자의 건강을 종합적으로 증진시켜준다. 고령자에 맞는 대화면에 자체 개발한 프로그램이 24시간 자동으로 심박을 측정해주고 이상 징후가 발견되면 즉시 이용자에게 긴급 경보를 보내준다. 이용자는 병원 내원이나 원격 상담 등 자신이 원하는 방식을 선택해 신속히 대처할 수 있다.

심박 기능을 강화해주는 조깅 등 유산소 인터벌 운동

고령층에게 필요한 운동 중 하나로 달리기를 비롯한 유산소 인터벌 운동이 있다. 달리기는 대표적으로 오해 받는 운동 중 하나다. 그러나 달리기의 실상은 우리가 흔히 알고 있는 것과는 많이 다르다.

공영방송 KBS는 2018년 5월 〈생로병사의 비밀〉 '달리기에 대한 오해와 진실, 제대로 배워 제대로 달리자' 편을 방영했다. 해당 방송은 60대 이상 노년층에게 달리기 운동법을 활용한 건강관리의 중요성을 집중 소개했다. 정리하자면 '건강한 달리기는 오히려 건강한 노년을 보장해준다'는 것이다. 실제 주 2~3회 정도 6킬로미터 미만으로 달리기를 한 고령자는 그렇지 않은 대조군에 비해 노화를 촉진하는 백혈구 텔로미어telomere의 길이가 더 길었다. 텔로미어란 노화의 비밀을 간직한 염색체 말단의 염기서열로 이 길이가 짧아질수록 노화가 가속되는 것으로 연구됐다. 달리기를 한 실험군의 텔로미어 길이가 더 길었다는 것은 달리기가 어느 정도 노화 속도를 늦춰준다는 의미로 해석된다.

달리기 전문가들은 제대로 달리는 법을 체계적으로 배운 다음 달리기를 하면 절대 해가 되지 않는다고 강조한다. 특히 달리기를 많이 하면 무릎 관절이 닳는다는 식의 통념은 잘못된 상식이라고 한다. 많은 연구는 달리기가 무릎 골관절염의 위험성을 증가시키지 않는다는 것을 알려준다. 달리기는 건강을 유지해주고 노화의 속도를 늦추는 장점이 뛰어난 운동이다. 다만 무작정 뛰기만 해선 안 되고 제대로 뛰어야 한다. 또한 무조건 많이 오래 뛰는 것 역시 중요하지 않다. 자신의 체력에 맞춰 올바른 자세로 뛰는 것이 노년층에게도 보약과 같은 효과를 낸다는 것을 다양한 사례가 보여주고 있다.

· · · 에이지 프렌들리 비즈니스 모델 036

스피로100 spiro100, **https://spiro100.com**
고령자를 위한 비디오 스트리밍 피트니스 수업을 제공한다. 전문적으로 설계된 낙상 예방 아카데미를 통해 고령자의 낙상 위험을 줄일 수 있다. 100개 이상의 각 클래스에는 각기 다른 레벨의 전신운동과 명상 등이 포함되어 있다. 효과적인 피트니스 결과를 제공하기 위해 전국적으로 인정받는 수석 웰빙 전문가가 프로그램을 기획하고 진행한다. 부피가 큰 장비가 필요 없어 비용부담 없이 운동을 할 수 있다.

유산소와 근력 운동을 함께, 자전거 등 전신운동

노년에는 자전거 운동도 무릎 관절에 무리를 주지 않으면서 하체근력을 강화해주기에 매우 유용하다. 동시에 유산소 운동으로 심폐기능이 좋아지고 모세혈관을 강화하는 데도 도움이 된다. 요즘에는 한강 둔치뿐 아니라 전국 자전거 도로에서 자전거를 타는 머리칼이 희끗희끗한 노인을 찾는 게 어려운 일이 아니다. 자전거는 건강지킴이자 동반자로 역할을 톡톡히 하고 있다. 자전거 타기는 탁 트인 경관을 보며 하는 운동으로 스트레스 해소 기능도 하기에 정서적으로도 도움이 된다.

자전거는 크게 산악자전거와 자전거도로용으로 구분된다. 산악자전거는 운동량도 많고 사고 가능성도 높아 노년에는 권장할 만한 운동이 아니다. 우리나라는 둘레길 만큼이나 자전거도로도 잘 조성되어 있다. 자신의 체력에 맞는 속도와 거리를 유지하면서 자전거를 탄다면 생활습관 병 예방과 치료에도 적합하다. 다만 한 가지 유의할 점이 있다. 어떤 운동이라도 음주 상태에서 해서는 안 된다. 하지만 특히 자전거 음주 운행은 도로교통법 위반 사항이므로 절대 해서는 안 된다. 넘어지거나 충돌 사고 빈도를 높여 큰 피해로 이어질 수 있다는 점을 꼭 인지해야 한다.

노년의 질환은 대부분 생활습관 병이다. 건강하고 활기찬 노후생활을 위해서는 생활습관을 개선할 필요가 있다. 바로 라이프스타일의 '새로 고침'F5인 것이다. 통계청 발표에 따르면 성인들의 유병有病 기간은 평균 약 17년이라고 한다. 절대 짧은 기간이 아니다. 평균수명은 증가했지만 그에 동반해 유병 기간도 길어지고 있는 게 현실이다. 생활습관을 '새로 고침' 함으로써 노년의 질병을 상당수 예방할 수 있다. 많은 연구를 통해 확인된 사실이다. 자신에게 맞는 운동을 찾아 꾸준히 하는 것이야 말로 건강하게 나이 드는 최선의 방법이다.

시니어 소비자를 대상으로 하는 기업 역시 이러한 현실에 입각해 다양한 상품개발 아이디어를 낼 필요가 있다. 똑같은 제품이라도 시니어들이 흥미를 느끼고 꾸준히 이용할 수 있게 고안해야 한다. 시니어들 사이에서 좋다는 입소문이 나기 시작한다면 성과는 크게 차이가 날 것이다.

・・・ 에이지 프렌들리 비즈니스 모델 037

모티테크MOTITECH, https://motitech.co.uk
시니어나 치매 환자가 신체, 정신, 사회적으로 풍성한 생활을 하도록 동기부여 해주는 프로그램을 제공한다. 실내 운동용 자전거에 비디오와 사운드를 적용해 어린 시절 추억의 자전거 여행을 체험하게 해준다. 밸런스 능력을 키워 낙상을 예방해주고 재활에도 도움이 된다. 회상 기능으로 효능감과 사회적 상호작용이 향상된다.

나이가 들어서 비로소 다시 걷기 시작했다!

보통 성인들은 하루 3킬로미터 내외를 걷는다고 한다. 성인이 걷는 속도는 보통 시간당 4~6킬로미터이므로 하루 채 1시간도 안 걷는다는 계산이 나온다. 자가용으로 이동하거나 책상에 앉아서 일하는 시간이 긴

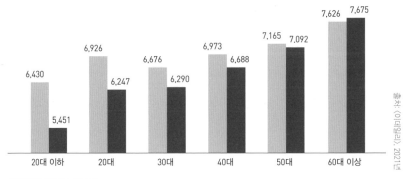

출처: 〈이데일리〉, 2021년

■ 2010년 ■ 2020년

연령대별 일평균 걸음 수

직장인의 걸음 수는 이보다 훨씬 적을 것이다. 심지어 하루 500보도 걷지 않는 이들이 많다는 조사 결과도 있다.

걷기 열풍은 매우 조용하면서도 광범위하게 일어났다. 유명인사가 책을 써서도 아니고 굴지의 신발 제조사가 캠페인을 벌여서도 아니다. 사람들이 많이 걷다보니 자연스레 둘레길이 조성되고 걷기 대회가 열리고 관련 자격증까지 나왔다. 한때 마라톤 대회나 철인3종 경기가 풍미했던 영역에서 이제는 걷기 대회가 더 널리 큰 인기를 끌고 있다.

부산에서는 '힐링부산 1530 건강걷기 사업'이 성황리에 열렸다. 부산광역시 주최의 이 행사에는 협력병원들과 언론사 등 기관들이 합세하고 1천여 명이 참가했다. 이 자리에서 '1530 건강걷기' 캠페인이 발족했다. 1530은 1주 5일 하루 30분씩 걷자는 의미다. 캠페인에는 부산광역시 내 17개 보건소가 동참했다. 시민들의 건강을 증진하기 위해 참석자 출

제3장

석카드를 만들어 보건소가 출석을 체크한다. 여기서 더 나아간 것이 '힐링부산 1530 건강걷기 사업'이다. 참가자들은 3개월 동안 1530을 실천한다. 참가자뿐 아니라 참여기관도 실천한 도보 숫자에 맞춰 마일리지를 적립해 소외계층에 기부한다. 걷기를 넘어 사랑을 나누는 사회운동으로 발전한 것이다. 이 사업은 2003년부터 시작됐는데 2018년까지 약 1억 5천만 원의 워킹 마일리지가 기부되었다고 한다. 5개 참여 의료기관은 2억 원 이상의 기부금으로 204명의 의료 취약계층에 건강검진과 수술비를 지원했다. 2020년부터는 코로나 팬데믹으로 인해 집합행사가 어려워지자 워크온walkON 앱을 활용한 캠페인을 지속적으로 진행해오고 있다.

걷기 관련 책들도 수없이 출간되었다. 이들 책이 전달하고자 하는 핵심은 '아프지 않기 위해서는 걸어야 한다'는 것이다. 설령 질병이 있어도 걷는 것으로 치료 효과를 거둘 수 있다고 주장한다. 어떤 이들은 걷기의 기적을 말하기도 하고 어떤 이들은 맨발걷기를 권장하기도 한다. 내용은 조금씩 다르지만 이들이 강조하는 것은 하나다. '걸어야 산다!'는 것이다.

· · ·　　　　　　　　　　에이지 프렌들리 비즈니스 모델 038

볼드BOLD, https://www.agebold.com
개인별 맞춤 피트니스 프로그램을 자신의 거실에서 세계 최고의 트레이너들로부터 배울 수 있다. 테스트와 간단한 설문, 체력 검사를 통해 피트니스 레벨과 목표를 조사하고 맞춤형 운동 프로그램을 제공한다. 소속된 전문 트레이너가 짧은 영상을 통해 각 테스트를 안내한다. 평가를 완료한 후 점수를 저장하고 프로필을 만들 수 있다. 본격적으로 주간 가이드 운동 수업을 받고 운동 진행 상황을 확인할 수 있으며 전담 코치와 문자로 연락할 수 있다. 최신 낙상 예방 연구에 기반을 둔 운동 프로그램을 제공하며 고령자의 독립적인 생활을 돕는다.

다양한 걷기 운동, 노르딕워킹과 맨발걷기

걷는 것에도 종류가 많다. 베이비부머 세대들에게 걷기는 그저 가장 느린 이동수단에 불과했다. 그러나 건강을 위해 걷기 시작한 이후로는 그 지향점이 달라졌다. 건강을 위한 걷기에서는 크게 2가지 형태가 눈에 띈다.

첫째, 노르딕워킹이 있다. 동계스포츠 종목인 크로스컨트리에서 그 유래를 찾을 수 있다. 특징은 빠르게 걷는 것이다. 빠르게 걷는 일반 걷기보다 에너지 소비를 높이고 혈액순환을 도와준다. 심박도 13퍼센트 이상 증가한다. 상·하체 모든 근육을 사용하기 때문에 시간당 400칼로리 이상 소비하는 효과도 있다. 스틱을 사용하면 넓은 보폭으로 골반 중심의 하체근육을 더 많이 움직이는 등 전체 근육의 90퍼센트 이상을 사용할 수 있다. 척추교정과 올바른 자세 유지, 성인병 예방과 치유에도 효과가 있다고 알려져 있다. 노르딕워킹은 2005년 무렵 한국에 도입되었다. 2007년 사단법인 한국노르딕워킹연맹이 설립되면서 본격적인 교육이 시작됐다. 국내 도입을 기준으로 하면 비교적 짧은 역사를 갖고 있는 셈이다.

둘째, 맨발 걷기가 있다. 맨발로 걸으면 발바닥을 자극해 오감을 깨우고 다이어트와 명상에도 도움이 되며 뇌 기능 활성화에도 기여하는 것으로 알려져 있다. 지압reflexology과 접지earthing 효과를 내기 때문이다. 지압은 발바닥에 자극을 주어 혈류를 원활히 하고 혈액의 펌핑 작용을 강화한다. 지압의 원리는 중국과 이집트 등지에서 유래되었고 1913년 윌리엄 피츠제럴드 박사의 연구로 본격화되었다고 한다. 맨발걷기시민운동본부는 맨발걷기의 지압 효과로 혈액순환 활성화, 면역체계 강화, 용천혈의 혈액 펌핑, 근골격계 통증 해소를 꼽는다. 접지는 흙으로 덮인 지표면에 흐르는 음전하를 맨발로 접해 양전하 상태의 몸을 중성화해주는 효과다. 이러한 중성화가 평소에 쌓였던 활성산소를 배출해준다고 한다. 맨발운동시민걷기본부가 정리한 맨발걷기의 접지 효과는 활성산소 배출, 혈류 촉진, 에너지대사 핵심물질인 아데노신삼인산ATP 생성, 스트레스 호르몬인 코르티솔 안정화 등이다. 맨발걷기시민운동본부는 매주 토요일 오후 3시부터 6시까지 서울 대모산에서 맨발걷기 숲길 힐링스쿨을 무료로 개최해왔다. 팬데믹 이후에는 온라인으로 맨발걷기를 소개하고 있다.

∙ ∙ ∙ 에이지 프렌들리 비즈니스 모델 039

와이즈핏Wysefit, https://wysefit.com
피트니스 목표를 확인하고 계획하고 달성하는 데 도움을 준다. 개인이 원하는 건강 효과를 거두기 위해 필요한 과학적 운동 계획을 세운다. 고도로 숙련된 피트니스 전문가와 의료 전문가가 설계한 과학적 기반의 프로그램이다. 코치와 일대일로 채팅하거나 사용자 커뮤니티로부터 지속적인 운동을 위한 도움과 격려와 조언을 얻을 수 있다. 목표를 선택하면 빠른 시간 안에 목표를 달성할 수 있도록 맞춤형 피트니스 계획을 제안한다. 필요한 운동 분야에 관한 교육 비디오가 제공되면 이를 시청하면서 운동을 실행한다. 피트니스 과정을 안내해줄 라이브 코치에게 언제든지 연락해 궁금증을 문의할 수 있다.

시니어를 위한 걷기 좋은 길: 치유의 숲과 자연휴양림

걷기를 시작하기로 했다면 어디로 가야 할까? 집 주변부터 시작해도 좋다. 걷기에 대해 관심을 두고 시야를 넓히면 새로운 장소들이 눈에 들어온다. 우리 주변의 숲과 둘레길 등 시니어들이 걷기를 즐길 장소는 매우 다양하다.

특히 최근 들어 국립공원을 비롯한 여러 숲에서 다양한 치유 프로그램이 운영되고 있다. '숲 치유 프로그램'은 시니어들이 면역력을 키우고 건강을 챙길 수 있는 아주 좋은 기회다. 산림청 산하 한국산림복지진흥원이 운영하는 '산림치유원'과 '치유의 숲'이 다양한 메뉴를 구성해 시니어들을 기다리고 있다.

산림치유는 수목을 매개로 심신 질환을 예방하고 치료하는 것을 목적으로 한다. 산림을 이용한 치유의 역사는 오래되었지만 효과가 과학적으로 증명된 것은 1927년 무렵이다. 스파라고 불리는 입욕치료spa therapy 역시 오랫동안 많은 이들의 사랑을 받았지만 의학적 효과가 인정된 것은 최근의 일이다. 체계적인 연구와 더불어 비즈니스의 관점으로 접근할 수 있는 토대가 이제야 겨우 마련되었다. 산림치유 역시 마찬가지다.

한국에서는 국립산림치유원이 2015년 비로소 설립되었다. 자연과 더불어 마음 편히 걸을 수 있는 공간을 제공하기 위함이다. 정보통신기술과 의료산업의 발달로 국가가 해결해야 할 의제 중 하나로 '건강장수'가 꼽히게 되었다는 방증이기도 하다. 이제 건강증진은 개인의 몫을 넘어 공공의 역할로 받아들여지고 있다. 국립산림치유원은 면역력 향상, 항암 및 노화 지연, 당뇨와 고혈압 등 성인병 예방, 우울증과 고혈압 치유 등을 시니어를 위한 산림치유의 효과라고 설명한다.

국립산림치유원이 운영하는 '치유의 숲'은 총 7개(양평, 대관령, 대운산, 김천, 제천, 예산, 곡성)다. 가장 빨리 완공된 곳은 양평과 대관령 치유의 숲이다. 아직 숫자가 많지는 않지만 산과 숲이 많은 우리 땅의 특성과 필요성을 생각해볼 때 향후 빠르게 늘어날 것으로 전망된다. 치유의 숲에 대한 접근성이 낮아질수록 국민 건강증진에 도움이 될 것이다. 국립 양평 치유의 숲은 명상, 치유 공예 등 '슬로우드 테라피', 웃음 치유, 건강 측정 및 걷기와 치유 명상 등 '하늘숲 테라피', 시니어 대상의 웃음 치유, 걷기와 와식 명상, 아로마 치유 등을 진행하는 '숲속 실버학교' 등을 운영하고 있다.

자연휴양림은 더 활발히 운영 중이다. 전체 161곳으로 국립이 43곳, 공립이 108곳, 사립이 10곳에 이른다. 전국적으로 골고루 분포되어 있기 때문에 접근성과 편의성이 높다. 치유의 숲과 자연휴양림은 모두 삼림욕을 즐기면서 산책할 수 있는 코스를 다양하게 조성해놓았다. 맨발

걷기가 가능한 곳도 많고 명상 공간도 마련되어 있다. 자연휴양림 내 숙박 및 캠핑은 온라인 예약을 통해 손쉽게 이용할 수 있다.

• • • 에이지 프렌들리 비즈니스 모델 040

시니어들의 인지능력 저하를 예방해주는 서비스들

• **딘서**Dynseo, https://www.dynseo.com/en
두뇌 훈련 앱. 어린이와 성인을 위한 30개 이상의 인지 게임을 제공한다. 알츠하이머, 파킨슨병, 신경퇴행성 질환을 앓는 이들을 위해 기억력 게임도 제공한다.

• **브레인HQ**Brain HQ from Posit Science, https://www.brainhq.com
신경과학과 의학 전문가들이 설계한 두뇌 훈련 프로그램. 기억력, 주의력, 두뇌 속도, 대인 관계 기술, 지능 개선 등의 훈련이 가능하다.

• **멘티아**Mentia, https://www.mentia.me
치매 환자를 위한 치료 콘텐츠. 치매 환자들과 공동 설계한 프로그램은 경미한 인지장애에서 심각한 단계에 이르기까지 환자들을 지원한다.

• **윈터라이트랩스**Winterlight Labs, https://winterlightlabs.com
언어 분석으로 치매 및 인지 장애를 감지한다. 수백 가지 언어 신호와 음성 바이오 마커를 분석해 82~100퍼센트 정확도로 알츠하이머나 기타 질환을 진단한다.

• **마인드메이트**Mindmate, https://www.mindmate-app.com
몸과 마음을 건강하게 유지하기 위한 정보와 활동을 제공한다. 운동법, 맛있고 건강한 요리법, 뇌기능을 계속 유지하기 위한 게임, 활동 등에 대한 자료들을 제공한다. 문제 해결, 속도, 기억력, 주의력 4가지 핵심 인지영역에 도전하도록 게임이 설계되었다.

• **맵해빗**MapHabit, https://www.maphabit.com
인지능력을 향상시키고 일상 습관을 강화하는 케어 관리 플랫폼. 매일 3개의 고유한 콘텐츠를 제공해 고령자의 인지 기능을 확장하고 유용한 활동을 제공한다. 인지능력을 자극하는 게임, 스트레스를 줄여주는 스트레칭, 정서적으로 지원하는 콘텐츠가 있다.

• **세이보닉스**Savonix, https://savonix.com
게임 형태로 신경인지 테스트를 하고 인지능력을 평가한다. 치매 발병을 예측하고 우울증이나 당뇨병 등으로 인한 기억이나 실행 기능의 전조증상을 추적한다.

• **싱핏**SingFit, https://www.singfit.com
음악 치료사가 제작한 고령자 커뮤니티를 위한 음악 프로그램. 인지 저하, 알츠하이머, 치매, 실어증, 파킨슨병 등의 고령자에게 노래, 동작, 퀴즈 등의 온라인 교육을 제공한다.

• **디멘티아카페**Dementia Cafe Network, https://dementiacafe.ie
치매를 앓는 이들이 월 1회 이상 모이는 커뮤니티 활동. 치매 환자, 가족이나 친구, 의료 전문가, 치매 포용 커뮤니티 지원에 관심이 있는 모든 사람들이 참여할 수 있다.

시니어를 위한 걷기 좋은 길: 둘레길

한국은 둘레길 천국이다. 제주도 올레길이 대성공을 거둔 이래 걷기 좋은 장소를 국가와 지자체들이 경쟁하듯 둘레길로 조성하고 있다. 역사, 문화, 생태 등 지역자원을 체험하고자 하는 요구들에 힘입어 탄생한 둘레길은 전국적 인프라를 구성하며 매력적인 공간이 되었다.

둘레길 중 가장 긴 곳은 '해파랑길'로 부산에서 강원도 고성까지 해안 절경을 따라 약 750킬로미터에 달하는 친환경 탐방로다. 정부는 둘레길을 관리하는 공공기관인 한국등산·트레킹지원센터를 만들었다. 이 기관은 국립공원부터 둘레길 등 등산과 트레킹 현장을 모두 관장한다. 등산과 트레킹이 일부 계층만의 취미가 아닌 전 국민의 여가활동으로 자리 잡았기 때문이다.

지원센터가 위탁운영을 맡은 숲길은 서울 둘레길, DMZ 펀치볼 둘레길, 백두대간 트레일, 대관령 숲길, 속리산 둘레길, 지리산 둘레길, 울진 금강소나무 숲길, 한라산 둘레길 등 다양하다(한국등산·트레킹지원센터,

2021년, https://mediahub.seoul.go.kr/archives/967663 참조). 또한 정부 기관과 지자체, 사단법인이 이들 둘레길을 효과적으로 활용할 수 있는 다양한 웹사이트와 스마트폰 애플리케이션을 운영 중이다.

에이지 프렌들리 비즈니스 모델 041

둘레길과 숲길 걷기 정보와 건강·관광 상품 연계

- **두루누비**, https://www.durunubi.kr
문화체육관광부와 한국관광공사가 만든 시스템으로 걷기와 자전거 여행에 적합한 코스 정보와 주변 관광정보를 종합해 제공하는 통합여행정보 서비스.

- **서울두드림길**, https://gil.seoul.go.kr
서울의 걷기 길 관련 정보 서비스. 서울 둘레길 8개 코스별 지도, 소요시간과 난이도, 진입로 교통정보, 주변 볼거리 등을 제공한다.

- **강화나들길**, https://www.nadeulgil.org
사단법인 강화나들길 운영 사이트로 20개 코스에 달하는 강화도, 교동도, 석모도, 불음도, 주문도 등의 나들길 안내.

- **강릉바우길**, https://www.baugil.org
사단법인 강릉바우길 운영 사이트로 백두대간에서 경포, 정동진 등 산맥과 바다를 함께 걷는 코스를 안내. 코스 안내 및 구간별 완주 인증 등 서비스.

- **지리산둘레길**, https://jirisantrail.kr
사단법인 숲길 운영 사이트로 전북, 전남, 경남의 남원, 구례, 하동, 산청, 함양 등 22개 구간의 지도, 거리, 시간, 난이도 및 연락처, 길동무 서비스 제공.

- **해파랑길**, https://haeparanggil.com/services/index
부산 오륙도 해맞이공원에서 강원도 고성 통일전망대에 이르는 걷기 길 관련 정보 제공.

- **제주올레길**, https://www.jejuolle.org
425킬로미터, 26개 코스의 올레길 걷기 준비부터 즐길 수 있는 모든 정보 제공.

제3장

시니어 걷기 시장: 자격증과 일자리 늘어난다

자격증은 크게 국가자격증과 민간자격증으로 구분된다. 국가자격증은 기술자격과 전문자격으로 나뉘는데 국가기술자격은 2020년 말 기준 총 10개 기관 546개 종목이 시행되고 있다. 민간자격증 역시 등록과 공인으로 구분되는데 2021년 5월 기준 총 10,786개 기관 42,056개 종목이 운용되고 있다. 2014년을 기점으로 민간자격증 등록은 큰 폭으로 증가했다. 2013년 약 3천 개 종목이 신규 등록한 반면 2014년부터는 연간 6천 개 이상 종목이 신규로 등록되었다. 반면 등록폐지 종목도 매년 1~2천 종목 내외에 달한다.

걷기 관련 자격증은 공인이 아닌 등록 범주에 들어간다. 공인이란 국가가 인정한 자격증으로 정부가 공신력을 높이기 위해 일정 기준을 제시하고 자격정책심의회 심의를 거친다. 걷기 관련 자격증은 아직까지 민간자격증에 국한되어 있다. 이 자격증은 2021년 5월 기준 총 82종목으로 전체 민간자격증(42,056종목)의 0.19퍼센트를 차지하는 미미한 수준이다.

걷기 관련 자격증 증가 현상은 모두 인구 고령화와 밀접한 연관성을 가진다. 걷기 자격증은 우리 사회 고령화 속도와 동일하게 증가했다. 2018년부터 크게 증가하는 추세인데 이는 걷기 열풍과 무관하지 않다. 고령화로 인해 건강에 대한 관심이 높아지고 아울러 시니어들의 은퇴 후 직업 차원으로 고려되고 있다고 해석할 수 있다. 걷기 관련 자격증은

2016년까지 18건, 2017년 8건, 2018년 16건, 2019년 18건, 2020년 9건, 2021년에도 9월까지 총 12건이 등록되었다.

걷기의 주요 교육대상은 고령자들로 시니어, 노인, 실버를 대상으로 한정한 자격증이 12종목으로 24.5퍼센트를 차지한다. 또한 워킹 관련 자격증은 밸런스나 노르딕과 연관되며 6종목(26.1퍼센트)에 해당한다.

아직까지 시장은 무르익지 않았지만 걷기 관련 자격증은 새로운 일자리 창출의 기회로 활용될 수 있을 것으로 보인다. 걷기를 하더라도 바르게 제대로 걸어야 한다. 잘못된 걸음걸이는 오히려 건강에 도움이 되지 않기 때문이다. 잘못된 걷기 습관을 교정하는 것은 전신운동인 걷기를 통해 건강을 추구하고자 하는 시니어들에게 필요한 과정이다.

치유의 숲과 자연휴양림 역시 시니어들의 일터로서 활용될 수 있다. 대표적인 것이 숲 해설가와 산림치유사다. 숲 해설가는 이미 많은 이들이 관심을 갖고 자격증을 취득하는 분야다. 산림치유사의 경우 국가자격증으로 등급에 따라 취득 과정이 어렵다고 알려져 있다. 아직까지 치유의 숲이나 자연휴양림 숫자가 적고 프로그램이 많이 개발되지 못한 것이 현실이다. 하지만 향후 시니어 시장의 확대와 더불어 자신의 건강도 챙기면서 일을 통한 보람도 찾을 수 있는 다양한 일자리가 만들어질 것으로 기대된다.

카마니오케어CamanioCare, **https://www.camanio.com/en**
디지털 홈 케어 솔루션을 개발하는 복지 기술 회사다. 디지털 케어와 물리적 케어를 결합해 제공한다. VR 기기와 결합된 디지털 자전거 바이크어라운드는 추억의 장소나 가고 싶은 여행지를 방문할 수 있게 해준다. 핸들, 페달, 구글 스트리트뷰를 이용해 전 세계를 누빌 수 있다. 언제 멈추고 움직일지를 스스로 결정할 수 있기 때문에 실제 자전거를 타는 것과 같은 감각을 제공한다. 손이나 팔이 불편한 고령자를 위한 식사 보조 장치 베스틱은 숟가락의 높이와 입까지의 거리를 설정해 혼자서 식사를 할 수 있도록 보조한다.

걷기를 권장하며 돈도 벌게 해주는 다양한 상품들

걸으면서 건강도 챙기고 돈도 벌 수 있는 상품들도 많이 나와 있다. 걷기 열풍과 더불어 금융권을 비롯한 관련 산업에서 적립 포인트 제도를 선보이고 있다. 걷는 데는 특별한 장비도 필요 없고 비용도 들지 않는다. 걸을 준비만 되었다면 소소한 수입까지 챙길 기회가 있다.

신한, 국민, 하나 등 금융회사는 걷기와 금융상품을 결합한 상품을 이미 선보였다. 일정 수준 이상 걸으면 마일리지 포인트를 적립해주는 형태다. 캐시워크, 워크온 등 걷기와 보상을 결합한 애플리케이션도 많이 나와 있다. 챌린저스 같은 기상, 독서, 운동, 공부 등 다양한 주제에 돈을 걸고 목표를 달성하면 상금을 받는 동기부여 서비스도 등장했다.

기업들의 걷기 관련 캠페인은 광의적으로 해석하면 ESG(환경, 사회,

지배구조) 경영 트렌드와도 관련되어 있다. 탄소 배출이 일어나지 않는 걷기를 통해 고객이 건강을 추구하도록 돕고 친환경이라는 취지도 만족시킨다. 덧붙여 매년 진료비의 43.1퍼센트를 차지하는 노년층의 진료비를 절감하도록 고객의 건강지킴이를 자처한 것이라고도 볼 수 있다.

· · · 에이지 프렌들리 비즈니스 모델 043

걷기로 돈도 벌고 의미도 찾게 해주는 다양한 플랫폼 서비스

• **캐시워크**, https://www.cashwalk.me

만보기 기능에 덧붙여 걸음 수에 따라 포인트를 제공한다. 적립한 포인트는 제휴업체에서 사용할 수 있는 쿠폰이나 상품권으로 교환할 수 있다.

• **빅워크**, https://www.bigwalk.co.kr

걷기로 포인트를 쌓아 기부할 수 있는 서비스. 10미터 당 1눈noon이 적립되며 시속 15킬로미터로 제한속도가 있어 걷기만 카운트된다. 발자국 기록에서 자신의 이동 거리와 시간을 확인할 수 있다.

• **트랭글**, https://www.tranggle.com

걷기뿐 아니라 조깅, 마라톤, 자전거 등 운동 이력을 저장해주는 서비스. 등산 내비게이션 기능도 제공한다. 전국 5,500여 개 산 정상에 도착하면 인증 배지를 발급해주며 랭킹 기능도 있어 흥미를 유발한다.

시니어들의 취미 시장, 잠재력 큰 새로운 산업

오래 건강한 라이프스타일을 즐기려면 신체적 건강과 정신적 건강을 조화롭게 추구해야 한다. 이것이 바로 헬스테크health tech이자 웰니스wellness다. 웰니스란 웰빙wellbeing과 행복happiness 혹은 건강fitness과의 합성어로 신체·정신·사회적으로 조화를 이룬 최상의 상태를 말한다.

나이가 들면 근심 걱정이 많아진다. 경제적 어려움과 더불어 외로움도 큰 문제다. 통계청의 2021년 고령자 통계에 따르면 고령자 1인 가구는 166만 가구로 전체 가구의 35.1퍼센트에 달한다. 이들 중 스트레스에 시달린다고 응답한 사람은 38.5퍼센트다. 노후 대비에 관한 질문에 대해 67퍼센트나 '준비되어 있지 않다'고 답했다. 노인 고립 현상은 사회적 돌봄과 의료 부담의 가중으로 이어진다. 시니어들에게는 외로움을 얼마나 잘 달랠 수 있느냐가 매우 중대한 문제다.

자원봉사나 여가활동을 즐기면서 사회적 관계를 유지하면 자기만족도가 높아지고 정서적 안정도 꾀할 수 있는 것으로 알려져 있다. 나이가 들면 타임 푸어time time에서 타임 리치time rich가 된다. 경제적으로는 빠듯할지 몰라도 시간적 여유만큼은 많아진다. 그러므로 나이가 들수록 물질만능주의에서 벗어나 인생을 조금 여유 있는 템포로 설계해보는 것이 좋다. 팬데믹 이후 보편화된 사회적 거리두기 문화는 자칫 관계의 단절로 이어질 수도 있다. 관계가 단절되면 고독해지고 고독은 질병의 원인이 될 수 있다. 노년 고독이야말로 사회적 해결과제인 것이다.

헬프풀Help-Full, **http://help-full.com**

집 주변이나 이동 시에 도움을 제공하는 고령자 케어 서비스. 재능을 공유하거나 기술을 배우는 일 등을 할 수 있다. 같은 관심사를 가진 이들과 활동을 즐긴다. 약속 장소에 태워다주기, 집안일 돕기, 특별한 기술 제공하기, 함께 좋아하는 활동을 하도록 제안하기 등 다양한 제안사항을 게시한다. 회원들은 프로필을 검색하고 마음에 드는 도움을 서로 주고받는다. 도움을 제공하고 시간토큰을 획득하면 타인의 도움을 받고 그것으로 비용을 지불한다.

광장에 모여 노는 중국, 섬세한 취미에 빠져드는 일본

ECNEconomist Corporate Network 보고서에 따르면 중국에서는 전국에 걸쳐 8천만~1억 명에 달하는 고령자들이 광장댄스에 열광하고 있다고 한다. 중국에서 광장댄스는 고령자들에게 삶의 활력소다. 광장댄스 관련 행사나 사업도 활발하다. 광장댄스 관련 앱이 이미 58개나 나와 인기를 끌고 있다(https://www.ecosports.cn/Home/Newsflash/show/id/1825.html).

탕또우糖豆, sugar beans 광장댄스는 실시간으로 춤 비디오와 음악을 제공하는 서비스다. 슬로모션 기능과 원터치로 작동하는 간편성 때문에 고령자도 조작이 용이하고 자신의 춤추는 모습을 녹화해 공유할 수 있다. 췐민全民 광장댄스는 광고가 없으며 매일 최신 비디오와 음악을 업데이트한다. 이용자는 주변의 댄스 팀을 검색해 참여할 수 있고 집에서도 쉽게 광장댄스를 배울 수 있다.

일본의 경우 총무성 통계국에 따르면 고령자들의 주요 취미활동이 원예, 정원 가꾸기, 가드닝 등인 것으로 집계됐다. 특히 여성 고령자들의 여가활동으로 두드러졌으며 65세 이상이 즐기는 취미 1위 자리를 굳건히 지키고 있다. 남성의 경우 사진 촬영이 우위를 점하는 것으로 나타났다(https://www.stat.go.jp/data/topics/topi1030.html).

히타치HITACHI, **https://www.hitachi.com.cn**
다양한 고령자들의 필요를 충족하기 위해 지역 커뮤니티와 함께 인터넷과 커뮤니티를 결합한 홈 케어 플랫폼을 제공한다. 서예, 체스, 요리, 재활 등 취미 활동과 건강 관련 서비스를 간편하게 예약할 수 있다. 스마트 건강 양로 서비스 플랫폼을 만들어 자녀와 고령자를 연결한다. 의료가 필요한 고령자에게 의료와 간호 서비스 플랫폼을 구축해 의료 자원을 실시간으로 제공한다. 고령자가 집을 떠나지 않아도 정기적으로 최고의 가정 의료서비스를 받을 수 있다.

하고 싶은 게 많은 한국 고령자들, 취미 시장 커진다

사람마다 취향에 따라 여가활동은 다양할 수밖에 없다. 특히 대중적으로 인기를 끄는 것을 꼽자면 악기 배우기, 요가, 명상, 글쓰기, 여행, 사진 등이 눈에 띈다. 우리나라의 경우 나이가 들어서 악기를 배우려는 사람들이 많은데 특유의 흥이 많은 기질 덕인 듯하다. 지자체 문화센터 프로그램만 보아도 노래, 음악, 춤, 악기 관련 니즈가 높다는 것을 알 수 있다. 특히 노년층에게는 기타, 색소폰, 드럼 등이 선호도가 높은 것으로 나타났다.

베이비부머 세대에게 통기타는 추억의 악기다. 학창시절부터 통기타 하나 들고 함께 노는 문화에 익숙했다. 젊은 시절 즐겼던 음악도 포크음악이 압도적이었다. 다른 악기보다 상대적으로 배우기 쉽고 흔히 접할 수 있다는 점도 인기의 이유인 듯하다. 색소폰 역시 고령자에게 인기가 높다. 다양한 사람들과 어울리며 공감대를 형성하고 남들 앞에서도 멋들어진 모습을 연출할 수 있다. 폐활량을 최대로 이용하고 악보를 보며 손가락을 움직여 두뇌를 활성화하기에 치매 예방에도 도움이 된다.

또 하나 급속도로 부상하는 여가활동으로 글쓰기가 있다. 누구의 삶이든 펼쳐보면 한 편의 소설이다. 나이가 들면서 자기 삶을 자신의 손으로 정리해보고 싶은 욕망이 생긴다. 자서전 쓰기는 많은 이들의 버킷리스트 중 하나다. 글쓰기를 배우려는 니즈도 커지고 있다. 삶을 회고하는 것은 추억 여행이자 마음 치유 과정이기도 하다. 덧붙여 자신이 관심 가진 분야의 책을 집필해 출판까지 할 수 있다면 금상첨화일 것이다. 다양한 지자체 문화교실에서 글쓰기 강좌가 활발히 운영되고 있으며 글쓰기 관련 책도 인기를 끈다. 집필 경력자가 운영하는 고가의 글쓰기 교실에도 많은 이들이 모여드는 상황이다.

동서양을 막론하고 은퇴 후 가장 하고 싶은 여가활동으로 여행이 꼽힌다. 여행 상품의 주요 고객들은 시니어 소비자들이다. 대구광역시는 '꿈꾸는 시니어 여행자 교육과정'을 운영한다. '60세는 여행을 시작할 나이'라는 콘셉트로 교육비가 전액 무료이며 여행경비 일부도 지원한다. 여행전문가의 이론 강의를 시작으로 멘토링, 소그룹 실습여행 등이 진

행된다. 여가활동을 넘어 자아실현과 보람을 만끽하는 여행을 즐기는
법을 알려주는 것이다. 여행으로 식견과 노하우를 쌓은 액티브 시니어
라면 적극적인 여행 컨설턴트로 새로운 커리어를 설계할 수도 있을 것
이다.

걷기 좋아하는 시니어를 유혹하는 첨단기술 시장

나이 들어서 비로소 다시 걷기 시작하는 이들이 늘었다. 단 몇 년 만에
만들어지고 금세 시들해질 트렌드가 아니다. 시니어 인구 비중이 늘고
편히 걸을 수 있는 숲과 길이 많이 조성될수록 그 인기는 더해갈 것이
다. 물론 골프, 등산, 익스트림 스포츠를 비롯한 레저를 즐기는 시니어
들도 많다. 하지만 모두 재정과 체력적 여유가 있을 때 가능한 활동이
다. 부상의 우려 없이 편안히 즐길 수 있는 여가 중에서는 걷기가 압도
적으로 매력적이다.

앞서 살펴보았듯이 걷기 좋은 숲길과 자연휴양림, 둘레길 등이 더 활
발히 조성되는 추세다. 걷기 관련 자격증도 빠르게 늘어나고 자격을 취
득한 강사들이 걷기 학원이나 치료센터를 만들어 운영하고 있다. 그 외
에도 걷기 관련 산업의 움직임은 활발하다. 걷기를 편하게 해주는 애슬
레저룩이나 신발도 다양하게 선보이고 있다. 그 외에도 걷기 활동과 관
련된 다양한 산업 트렌드에 주목할 필요가 있다.

언제든 편하고 안전하게 걷는다, 걷기 전용 머신

걷기 전용 트레드밀은 이 분야에서 주목할 만한 상품이다. 트레드밀treadmill이란 넓은 벨트로 된 바닥이 모터의 힘으로 회전하고 그 위를 걷거나 뛰도록 고안된 장치다. 흔히 러닝머신이라고 불리는 트레드밀은 밟다tread와 방아mill의 합성어다.

트레드밀은 지금으로부터 200여 년 전 영국에서 죄수를 고문하기 위해 처음 고안되었다고 한다. 물레방아 형태의 고문 도구로 죄수가 디딤틀을 힘겹게 밟아 거대한 바퀴를 돌리게 했다. 이후 산업화와 환경 변화에 의해 독일에서 체력 단련 기구로 재탄생시켰다.

트레드밀은 어떤 기상상황에서도 운동할 수 있다는 장점을 지녔다. 자연지형과 달리 오르막이나 내리막, 거친 바닥면에 구애 받지 않고 남녀노소 누구나 이용할 수 있다. 반면 가정에 비치하기엔 가격이 비싸고 때로 층간소음의 원인이 된다. 공간도 많이 차지한다.

그런데 최근에 상대적으로 저렴하고 설치도 간편한 걷기 전용 트레드밀이 등장하기 시작했다. 최고속도가 6킬로미터 이내로 제한되기에 그 이상 빨리 걷거나 뛰고 싶어도 그럴 수 없다. 날씨와 상관없이 걷기를 하고 싶은 시니어들에게는 큰 인기를 끌 것으로 보인다.

굿브레인GoodBrain, **https://goodbrain.jp/seniors**

고령자 시설에 VR 레크리에이션을 제공한다. VR 여행을 테마로 새로운 풍경과 추억의 장면을 VR을 통해 체험할 수 있다. 눈앞에 펼쳐지는 풍경을 통해 과거의 추억을 되새겨 다른 이들과 대화를 나누고 간단한 운동도 할 수 있다. 1세트 1시간 프로그램으로 VR 체험을 즐길 수 있다. 시설 거주자와 간병인과의 대화를 유도해 시설에 잘 적응하게 해준다. 몸을 비틀거나 시청 장치를 양손으로 동작시키는 등 가벼운 운동효과도 있다.

가상현실 기술을 접목해 흥미를 높인 걷기 장치들

걷기에 가상현실Virtual Reality, VR 기술을 접목한 장치들도 속속 개발되고 있다. 대표적인 기업은 미국의 버추익스Virtuix와 중국의 항저우 버추얼 테크놀로지Hangzhou Virtual Technology다. 이들은 각각 옴니Omni 시리즈와 캣KAT VR을 선보이고 있다.

트레드밀과 VR을 결합한 캣 VR은 2015년 킥스타터에 출품하면서 15만 달러의 투자금을 유치하는 데 성공했다. 캣 워크 시리즈는 이미 시판을 시작했다. 버추익스 역시 트레드밀과 VR을 결합한 상용버전인 옴니 프로와 옴니 아레나, 옴니 원 등을 내놓고 있다. 이 회사는 값비싼 기기 가격(보급형이 2천 달러 내외)에 부담을 느낄 소비자를 위해 임대 모델도 시도할 것으로 보인다.

이들 VR 기기는 실감나는 게임을 실현해주는 도구로서의 역할이 우선이다. 걷기뿐 아니라 달리기, 뒷걸음질, 무릎 꿇기, 스쿼트 자세, 던지기 등 사용자의 여러 자세들이 게임에 구현되도록 하는 것이 목표다. 핵심 타깃은 열광적인 게이머들이다.

그러나 향후 가장 혁신적인 보행 솔루션의 역할을 할 수도 있다. 밋밋한 트레드밀과 달리 역동적인 화면을 즐기면서 활동력을 높여주기에 시

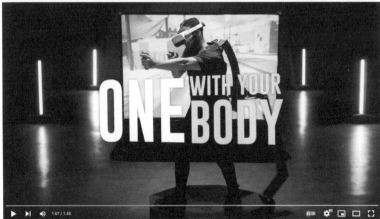

출처: https://www.kickstarter.com/projects/katvr/kat-walk-a-new-virtual-reality-locomotion-device, https://youtu.be/a0YHg8qdxTE.

킥스타터에 출품된 캣 VR 활용 모습(위)과 버추익스 사의 옴니 원 홍보 화면(아래)

제3장

니어들에게도 흥미를 돋울 수 있다.

아직까지 대중적으로 보급되기에는 다소 시간이 소요될 것으로 보인다. 그러나 단순히 개인별 구매를 넘어 치료와 복지 차원의 거시적인 접근도 가능하다. 노인들의 운동능력을 높이고 밸런스를 유지하고 낙상의 위험 없이 신체활동을 활발히 하는 데 도움이 되는 기기다. 따라서 노인 쉼터나 시설을 운용하는 지자체나 데이케어 센터 차원에서 도입할 수도 있다. 이런 장치들이 더욱 고도화된다면 주변에서 자주 보게 될 날도 멀지 않은 것으로 보인다.

··· 에이지 프렌들리 비즈니스 모델 047

실버 어드벤처 SilVR Adventures, **https://silvradventures.com.au**
시니어를 위한 가상현실 체험 및 활동 제공 서비스. 서로 다른 곳에 있는 최대 40명의 참가자를 연결해 동참시킬 수 있다. 어렸을 때 살던 집, 결혼식장 등을 다시 찾아 행복한 추억을 떠올리며 기억을 자극할 수 있고 가상투어에 참여해 세계에서 가장 아름다운 장소를 둘러볼 수도 있다. 콘서트나 연주 무대 감상도 가능하다. 대면하지 않고도 다양한 장소를 체험하며 사교를 할 수 있다. 가상공간 속에서 함께 이야기하고 콘텐츠와 게임도 즐길 수 있다. 모바일 장치로 영화, 콘서트, 스포츠 등을 선택하면 모두가 자신의 집에 편안히 앉아서 여럿이 어울려 감상하듯 이벤트를 공유할 수 있다.

증강현실 기술을 활용한 시니어 운동능력 개선

2016년에 포켓몬고 열풍으로 서울 발 속초행 버스가 연일 매진을 기록하기도 했다. 이때부터 증강현실Augmented Reality, AR이 많은 이들의 관심을 받기 시작했다. 증강현실이란 현실세계와 가상정보를 실시간으로 결합해 보여주는 기술이다. 스마트폰 기술력이 발전하면서 디스플레이, 위치정보시스템, 센서, 카메라 등 인프라는 충분히 갖춰져 있다. 시니어들도 스마트폰만 있으면 얼마든지 증강현실을 이용할 수 있다.

가상현실은 이용자가 살아온 배경이나 환경과 무관한 가상의 이미지다. 하지만 증강현실은 현실세계에 가상 이미지를 겹치기 때문에 현실감을 더 높일 수 있다. 일종의 오버레이 홀로그램과 같은 효과다. 효과적으로 활용하기만 한다면 시니어들이 흥미를 갖고 접근할 좋은 매체가 될 수 있다.

예를 들어 시니어들이 즐겨 찾는 공원이나 숲길, 둘레길 같은 곳과 증강현실을 접목함으로써 흥미와 재미요소를 끌어들일 수 있다. 잊고 지냈던 추억 속 장난감이나 캐릭터, 동물 등을 등장시키고 시니어들의 기억과 추억을 소환할 수 있는 구성도 할 수 있다. 그렇게 되면 이 자체로 또 다른 취미와 여가활동이 된다. 그를 위해서는 시니어들이 참여하는 다양한 개발 연구 프로젝트가 진행되어야 할 것이다.

아직까지는 공공시설이나 커뮤니티 설계 등에 시니어들을 참여시키거나 증강현실을 활용한 사례와 연구는 거의 전무하다. 증강현실이 사용자와 보행이나 밸런스 능력 등에 미치는 영향 등이 재평가되어야 한다. 가상현실과 덧붙여 증강현실을 이용해 시니어들의 질병을 예방하고 신체능력을 유지·개선할 수 있는 다양한 방법이 도출되어야 한다. 보행과 밸런스 능력을 높이면 낙상 위험이 현저히 줄어든다는 연구 결과들이 많이 나와 있다. 비단 캠페인 차원을 넘어서 시니어 복지와 상품 개발로 연계할 수 있다면 흥미로운 아이디어가 나올 수 있을 것이다.

낙상이나 질병이 발생한 후에 이에 대응하려면 막대한 사회적 자원이 든다. 그러나 시니어들이 평소에 더 건강하게 생활할 수 있도록 돕는 방식으로 예방적 대응을 하면 그보다 훨씬 적은 자원으로도 얼마든지 서비스를 제공할 수 있다. 이제 시니어 복지를 고려할 때에도 더 선제적이고 예방적인 접근법이 절실하다. 지자체 등의 연구와 준비가 더 활발해져야 한다.

2021년 현재 인류는 5개 세대가 공존하고 있다. 베이비부머 세대, X세대, Y세대, 밀레니얼 세대, 알파 세대가 그것이다. 인류 역사상 5개 세대가 공존하는 것은 처음 겪는 일이다. 기술의 발달로 인해 인간 수명이 그만큼 길어졌다는 방증이기도 하다.

다양한 세대가 혼재된 만큼 시니어들의 주거 형태도 빠르게 변하고 있다. 전통적으로 남녀가 결혼해 아이를 낳고 그들이 결혼해 다시 아이를 낳으며 부모 세대와 동거하거나 부양해왔다. 하지만 그런 양태가 점점 사라지고 있다.

무엇보다 시니어들 스스로 독립적인 삶을 원한다. 혼자 살든 공동체를 이뤄 생활하든 젊은 세대를 포용하며 살든 가족에게 간섭 받고 싶어 하지 않는다. 이러한 시니어들의 라이프스타일이 향후 어떤 산업과 비즈니스를 만들어내게 될지 조망해본다.

혼자도 좋아,
내가 원하는 방식으로
살고 싶다

I need No one in my life!

3인 가족은 옛말, 1인 가구가 폭증한다

통계청에 의하면 2020년 65세 이상 고령인구는 전체의 15.7퍼센트인 812만 5천 명으로 조사됐다. 고령인구 비중은 계속 증가해 2025년에는 20.3퍼센트로 초고령사회에 진입할 것으로 예상된다. 인구 5명 중 1명은 65세 이상인 것이다. 고령인구는 계속 증가해 2036년에는 30퍼센트를 넘기고 2060년에는 43.9퍼센트에 달하게 된다. 대략 2명 중 1명은 65세 이상이 된다는 뜻이다.

그렇다면 이들 늘어나는 시니어는 어떤 주거 형태를 보일까? 결론부터 말하면 1인 가구가 대폭 늘게 된다. 2020년과 2030년의 주인공 가구는 드라마틱하게 바뀐다. 지금까지 시장이 가장 주목한 가구 유형은

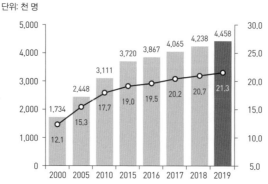

출처: 통계청 '인구총조사'

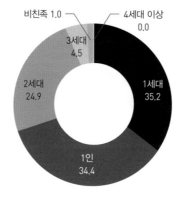

노인 가구 수 증가추이(위)와 2019년 노인 가구 구성비(아래)

3인 이상의 다인 가구였다. 주택 설계에서부터 입고 먹고 즐기는 상품의 타깃이 3인 가족이었다. 하지만 앞으로 '3인 이상 가구'의 시장 세그먼트는 크게 줄어든다. 그리고 2030년부터는 그 자리를 1인 가구가 차지하게 된다.

소비재는 물론 주거 형태, 식재료 등이 모두 1인 가구를 겨냥해 바뀌고 있다. 실제 1인 가구가 소비의 주체가 되면서 이 현상은 더 가속화될 것이다. 특히 그중 시니어들의 1인 가구 비중 역시 크게 높아질 전망이다.

결혼 피하는 시대, 더 늘어나는 시니어 1인 가구

시니어에서만 1인 가구가 증가하는 것은 아니다. Z세대, 밀레니얼 세대, 젊은 X세대 중에도 1인 가구는 늘어난다. 그들의 라이프스타일이 이전과 달라졌기 때문이다. 10년 전부터 혼인과 출산을 미뤄온 X세대와 현재의 청년인 다수의 밀레니얼 세대는 인생에서 결혼과 출산을 배제하고 있다. 2015년까지 매년 30만 건의 성혼이 이뤄졌다. 그런데 2017년과 2018년 매해 6퍼센트씩 줄더니 2019년엔 무려 7.2퍼센트가 줄어 24만 건에 그쳤다. 2020년에는 팬데믹까지 겹쳐 21만 4천 건에 불과했다. 앞으로도 이 추이가 회복되기는 어려워 보인다.

인구 통계를 보더라도 상황은 자명하다. 2030년대에는 지금의 초저출산 세대가 핵심 부모 연령에 진입한다. 2002년부터 15년간 매년 약 45만 명씩이 태어난 이들이 부모세대로 진입하기 시작한다. 이들은 지금보다 더 결혼과 출산을 기피할 가능성이 크다. 결과적으로 1인 가구는 더 늘어난다. 베이비부머, X세대, Z세대 모두에서 골고루 1인 가구가 늘어나는 것이다. 이른바 1인 가구 적층현상이다. 1인 가구 증가라는 대세는 꺾이지 않고 가속화된다.

네스터리Nesterly**, https://www.nesterly.com**

집을 공유하기 위해 믿을 만한 세입자와 집주인을 연결시켜주는 플랫폼. 하우스 쉐어링은 세대 간 교류를 통해 고령자가 겪는 고독감을 해소해줄 수 있다. 신분이 인증된 사람과 메시지와 화상통화로 소통하는데 계약 전까지는 익명성을 유지할 수 있다. 온라인 예약 시스템으로 비대면으로 모든 계약을 처리한다. 체류기간은 1개월에서 1년까지 원하는 대로 선택할 수 있으며 미리 통보해 단축하거나 연장할 수 있다. 플랫폼을 통해 공유 주택 거주 관련 규칙들을 파악할 수 있고 비용 역시 손쉽게 지불하고 관리할 수 있다.

시니어 1인 가구 증가와 동반할 사회현상들

그렇다면 우리는 왜 시니어의 1인 가구 증가 현상에 주목해야 할까? 통계청이 발표한 '2020년 한국의 사회지표'에 의하면 2019년 65세 이상이 가구주인 노인 가구는 전년 대비 22만 늘어 445만 8천 가구가 되었다. 전체 가구의 21.3퍼센트다. 그중 1인 가구는 34.4퍼센트로 노인 가구의 3분의 1에 해당한다. 3세대 이상 가구의 비중은 2000년 이래 줄곧 감소했으며 4세대 이상 가구는 2019년 현재 0퍼센트가 되었다.

2021년 6월 7일 보건복지부는 '2020년 노인 실태조사' 결과를 발표했다. 여기에는 1인 가구의 증가의 원인으로 추정할 만한 요소들이 다수 나타났다. 보건복지부는 2008년부터 3년 주기로 노인들의 사회, 경제적 활동, 생활환경, 가치관 등에 대한 실태조사를 벌이고 있다. 이 조사는 고령자들의 삶의 현실을 잘 보여준다. 2021년 조사 결과에 따르면 홀로 생활하거나 노인 부부만 생활하는 이른바 '노인 단독 가구' 비율은 78.2퍼센트(2008년 66.8퍼센트)로 크게 늘었다.

흔히 노인들이 자녀와 함께 살기를 바란다고 생각하지만 실제로는 그렇지 않다. 자녀와 살고 싶다고 한 노인 비율은 2008년 32.5퍼센트에서 2011년 27.6퍼센트, 2014년 19.1퍼센트, 2017년 15.2퍼센트, 2020년 12.8퍼센트로 지속적으로 낮아지는 추세다. 2023년에는 더 떨어질 것으로 예상된다.

실제 자녀와 동거하는 비율은 2017년 23.7퍼센트에서 2020년 20.1퍼센트로 줄었다. 노인 단독 가구로 사는 이유에 대해서 응답자의 62.0퍼센트는 건강과 경제적 안정 등 자립을 원하기 때문이라고 답했다. 기혼 자녀와 동거하는 노인의 경우 외로움을 피하고 돌봄을 받기 위해서라고 답한 비율이 48퍼센트를 차지했다. 반면 미혼 자녀와 동거하는 노인의 경우 당연히 같이 살아야 해서라고 답한 비율이 38.8퍼센트였다. 자녀가 필요로 해서라고 답한 비율 역시 34퍼센트에 달했다. 결국 노인 자신의 필요가 아니라 자녀가 생활편의를 위해서 부모와 동거하기를 원한다고 해석할 수 있다. 돌봄이 꼭 필요해지면 모르겠지만 자식 뒤치다꺼리나 하며 살고 싶지 않다는 노인들의 희망사항이 엿보인다.

따로 사는 자녀들과의 연락 빈도도 줄었다. 주 1회 이상 연락한다는 답변은 2017년 81.0퍼센트에서 2020년 63.5퍼센트로 줄었다. 그보다는 친구나 이웃과 연락 빈도가 오히려 2017년 64.2퍼센트에서 2020년 71.0퍼센트로 더 높아졌다. 주 1회 이상 자녀와 왕래한다는 답변 역시

16.9퍼센트에 그쳤다. 결국 노인들이 자녀와 동거하지도 않고 자주 연락하거나 방문하지도 않는 양상으로 변해간다는 말이다. 긍정적으로 해석하면 독립적인 노인 가구가 느는 것이고 부정적으로 해석하면 고독한 노인이 많아진다는 의미다. 모든 것을 노인 가구 스스로 해결해야 하고 대처해야 한다. 최후의 순간까지도 도움 받지 않고 자립적으로 살고 싶다는 것이 많은 노인들의 열망이기도 하다.

· · · 　에이지 프렌들리 비즈니스 모델 049

고령자의 1인 독립생활을 가능하게 해주는 케어 프로그램들

- **얼럿1**Alert1, **https://www.alert-1.com**
GPS 시스템을 이용해 고령자의 건강상태 체크, 낙상 감지, 의료 경보 시스템 기능 등을 제공한다. 의료 경보 버튼을 누르면 연중무휴 24시간 관리센터로 연결된다. 경고 버튼을 목걸이나 팔찌 형태로 착용할 수 있다.

- **라이프 얼럿**Life Alert, **http://www.lifealert.com**
의료, 낙상, 샤워 등 가정 내 응급상황 발생 시 신속하게 도움을 보낸다. 헬프 버튼은 샤워기, 욕조, 욕실, 침실 등 어디든 부착할 수 있다. 침입자가 있을 경우 직원이 시스템을 통해 큰소리를 내거나 녹음 중임을 알려 쫓아낼 수 있다. 필요할 경우 경찰에도 대신 연락한다.

- **메디컬 얼럿**Medical Alert, **https://www.medicalalert.com**
고령자의 안전하고 독립적 생활을 보장하기 위해 개발된 의료 경보 시스템. 140개 언어를 지원한다. 비상버튼을 누르면 상태를 즉시 확인하고 긴급 상황엔 직원을 급파한다.

- **에코케어**EchoCare Technologies, **http://www.echocare-tech.com**
집안에 설치된 센서와 웹 기반 간호 호출 시스템으로 위급상황 경고나 중요한 의료 관련 데이터를 원격 의료인에게 전송한다. 카메라가 없어 프라이버시를 지킬 수 있다.

- **하우즈**howz, **https://howz.com**
7일 동안의 활동 패턴을 기록해 사용자의 일상을 한눈에 파악할 수 있다. 일상의 변화를 감지하여 건강상태를 가족과 공유한다. 온도를 감지하는 키트, 전열기구 사용을 감지하는 키트, 문 열림을 감지하는 키트 등을 선택할 수 있다.

- **에센스 스마트케어**essence smartcare, https://www.essencesmartcare.com
웨어러블 장치로 일상 활동과 수면, 외출 등을 모니터링 한다. 실내나 실외에서 무선 낙상 감지 센서가 어두운 상황에서도 낙상을 감지한다.

- **유날리웨어**UnaliWear, https://www.unaliwear.com
음성 제어 스마트 낙상 감지 시계. 누르거나 말할 수 없는 때에도 연락처 등 개인정보를 인지한 교환원에게 즉시 연결된다. 담당자가 구급 서비스, 소방서, 경찰, 가족 등에 연락해 필요한 조치를 취한다.

- **피플파워패밀리**People Power Family, https://www.peoplepowerfamily.com
센서로 위험신호를 감지해 친구나 가족에게 알려준다. 출입을 체크하는 센서, 약품 캐비닛, 냉장고, 전자레인지 상태도 체크할 수 있다. 주방, 복도, 거실용 모션 센서로 낙상, 수면 문제 등을 감지한다.

- **센서콜**SensorsCall, https://sensorscall.com
인공지능 센서가 동작, 온도, 습도, 공기상태, 조명과 소리 등 집안 환경을 모니터링 한다. 침실, 욕실, 주방, 거실 등에 설치할 수 있으며 알람 기능도 제공한다. 음성 통화도 할 수 있다.

- **케어프리딕트**CarePridict, https://www.carepredict.com
센서는 고령자의 일상 활동과 행동을 인식하고 추적해 낙상이나 자외선 노출 등을 감지한다. 주방, 침실, 화장실에서 보내는 시간을 체크해 건강 문제를 파악한다.

- **노비**nobi, https://nobi.life
스마트 램프로 낙상을 감지하고 필요한 경우 가족이나 간병인에게 신속하게 연락한다. 생활 패턴을 인식해 예상치 못한 움직임이 감지되면 즉시 알림을 보낸다. 침입 감지와 화재 신고 기능도 있다.

- **바야홈**Vayyar Home, https://vayyarhome.com
센서가 자동으로 낙상을 감지하고 배변, 취침 상황, 야간 배회 등의 데이터를 제공한다. 24시간 실내를 모니터링 하고 양방향 음성 통화가 가능하며 벽이나 천장에 설치할 수 있다.

- **칩프**chirp, https://mychirp.com
클라우드 연결 센서로 "헬프"help라고 말을 해 도움을 요청할 수 있다. 레이더와 열 감지로 프라이버시를 침해하지 않는다. 12시간 동안의 변동사항을 타임라인으로 요약해주고 문제가 발생하면 신속하게 파악할 수 있다.

- 세이플리유Safely You, https://www.safely-you.com
낙상 감지 및 예방 AI 기술. 낙상이 감지될 때만 녹화해 영상을 저장한다. 화면의 정보에 따라 무슨 일이 일어났는지 정확히 알 수 있어 가족이나 간병인이 조치를 취할 수 있다.
- 버디Buddi, https://www.buddi.co.uk
낙상을 감지해 비상 연락처에 알림을 전송한다. GPS 기술로 위치를 보고하고 안전 구역과 위험 구역을 설정해 집을 나가거나 안전하지 않은 위치에 들어갈 때 알림을 받을 수 있다.
- 딜리dele, https://delehealth.com
낙상을 관리하고 예측하는 기술을 개발한다. 첨단 소프트웨어와 실내 센서 장치를 통해 빠르고 정확하게 낙상을 감지한다. 예측 시스템을 포함해 실시간으로 경고해준다.

나이 들어서는 가급적 혼자 살고 싶다!

'시니어 1인 가구'라는 현상은 확실한 트렌드로 자리 잡을 것으로 보인다. 다만 현상과 변화 이면에 치명적인 반작용이 발생할 수 있다. 우리보다 앞서 시니어 1인 가구의 빠른 증가를 경험한 일본의 경우를 보자. 일본은 이제 대표적인 핵가족 사회가 되었다. 폐를 끼치지 않겠다는 특유의 의식이 작용했으리라 추정할 수 있다. 나이든 부모는 자녀에게 부담을 주고 싶어 하지 않는다. 자녀 역시 부모에게 짐이 되고 싶어 하지 않는다. 이 둘이 동시에 작용해서 시니어 1인 가구의 폭발적 증가로 이어졌다.

업사이드홈UpsideHom**, https://www.upsidehom.com**

고령자를 위한 완전 관리형 개인 아파트. 플로리다, 템파, 잭슨빌, 애틀랜타 등 미국에서 시니어들이 살고 싶어 하는 지역 중 선택해 입주할 수 있다. 자신의 집에서 다양한 연령대의 사람들과 활발히 교류하면서도 주택을 소유하는 번거로움 없이 원하는 라이프스타일을 추구할 수 있다. 가구와 소지품을 갖고 입주할 수도 있고 편안함과 안전성과 이동성 등을 고려한 자체 인테리어 팀이 디자인한 맞춤형 가구 패키지를 선택할 수도 있다. 자체 소셜 네트워크가 공통 관심사를 가진 이들과 연결해준다. 커뮤니티센터 내 생활편의시설을 합리적인 가격에 이용할 수 있다.

반케그룹万科集团**, https://www.bjvankeyl.com**

'이웃형' 요양 시스템 개념으로 고급 요양시설과 의료재활을 제공한다. 자신의 집에서 생활하면서 전문가로부터 활동 보조를 받을 수도 있다. 병동 형식의 요양병원에서 좀 더 집중적인 케어를 받을 수도 있다. 또한 개별 아파트 형태로 된 요양시설에서 의료진과 서비스 인력의 조력을 받으며 생활할 수도 있다. 신체, 저작, 언어, 인지능력 등에 따라 맞춤 재활을 제공함으로써 고령자 스스로 일상생활을 할 수 있도록 도와준다.

푸싱건강FosunCare**, http://www.sungin.com.cn**

고령자가 지속적으로 이용할 수 있는 다양한 건강과 의료서비스를 제공한다. 장기 요양과 간호가 필요할 경우 고급 요양병원에서 재활과 건강관리를 도와준다. 고령자가 자신이 익숙한 환경에서 다양한 지원을 받을 수 있는 단기 체류 서비스나 단기 요양, 재택 서비스 등도 제공한다. 노인 요양 사업, 재활 사업, 지역사회 사업 등을 핵심 축으로 40여 개 도시에 5천 개 이상의 병상을 보유하고 있다.

은둔하는 노인, 외로운 노인의 등장

2014년 4월 후생노동성 산하 국립사회보장인구문제연구소는 일본 1인 가구 비율이 32.4퍼센트이며 2035년에 37.2퍼센트로 증가할 것이라고 예측했다. 10가구 중 4가구는 혼자 산다는 말이다. 고령인구 증가 추이도 급격하다. 2010년 고령세대 비율이 31.2퍼센트였지만 2035년에는 40.8퍼센트로 예상된다. 고령인구와 1인 가구 증가는 궤를 같이한다. 2035년에 이르면 일본의 독거 고령세대는 전체 가구의 37.7퍼센트에 달할 것으로 전망된다.

문제는 시니어 1인 가구와 함께 이른바 은둔형 외톨이 즉 히키코모리ひきこもり 고령자도 늘어난다는 점이다. 일본 내각부는 2019년 3월 자택에 반년 이상 틀어박혀 사는 40~64세 히키코모리가 전국에 걸쳐 61만 3천 명에 달한다는 조사 결과를 발표했다. 이 중 70퍼센트 이상이 남성이며 절반 이상은 은둔 기간이 7년을 넘었다. 젊은이만 히키코모리가 존재한다고 생각하기 쉽지만 고령사회에서는 시니어들이 대거 포함되기 시작했다.

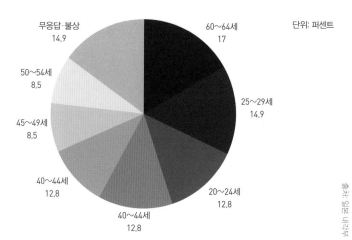

은둔 생활을 시작한 나이 분포

일본 내각부는 방이나 집에서 거의 나오지 않는 것에 더해 근처 편의점 외에 외출하지 않는 상태가 6개월 이상 계속되는 경우도 은둔형 외톨이에 포함했다. 이전에는 전업주부를 조사 대상에 포함시키지 않았지만 가족 말고는 거의 접촉이 없는 경우도 포함시켰다. 이들 고독한 사람들은 큰 사회문제로 받아들여진다. 2015년 미국에서 5,800명의 고령자를 대상으로 조사한 결과가 있다. 집밖에 나가지 않고 운동도 거의 하지 않는 고령자들의 텔로미어는 다른 이들에 비해 확연히 짧다. 건강하며 사교적이고 활발한 노후를 보내는 이들과 무려 9년이라는 격차를 보였다.

2018년 도쿄 건강장수의료센터연구소 연구에 따르면 일상생활에 지장이 없는 고령자라고 해도 고립과 칩거 성향이 있는 이들의 경우 사망률이 현저히 증가한다. 연구팀은 동거가족 외 대면과 비대면(전화, 우편 등) 커뮤니케이션 빈도를 모두 합쳐 주 1회 미만이면 '사회적 고립 상태'로 규정한다. 쇼핑, 산책, 병원 방문 등 일상적인 외출 빈도가 2~3일에 1회 이하이면 '칩거 경향 상태'다. 연구팀은 이 2개 집단의 건강 양상을 6년간 추적 조사했다. 결과는 충격적이었다. 사회적 고립과 칩거 경향이 있는 이들의 사망률은 6년 후 일반인의 2.2배에 달했다. 연구팀은 추가조사도 진행했다. 건강에 큰 문제가 없어도 사회적 고립 상태로 방치될수록 신체 기능 저하, 우울증, 간병이 필요한 상태가 될 위험이 높아지는 것으로 나타났다.

따로 또 같이, 시니어 쉐어하우스가 뜬다

시니어가 혼자 사는 것을 가족이나 주변 사람들은 불안해한다. 특히 혼자 지내다가 낙상하거나 아프면 큰 걱정이다. 혼자 대응하기 어렵고 그렇다고 간병인을 쓰기엔 부담스럽다. 이런 이유로 자연스럽게 공동주택, 이른바 시니어 쉐어하우스의 필요성이 부각될 수밖에 없다.

한국뿐 아니라 해외에서도 시니어 쉐어하우스에 대한 관심이 높다. 시니어들의 니즈를 충족시켜주기 때문이다. 무엇보다 장점이 분명하다. 시니어 쉐어하우스 입주자들은 갈등상황이 생겨도 지혜롭게 타개책을 찾아내는 것으로 나타났다. 또한 이전에는 몰랐던 함께 사는 행복감을 느끼게 된다. 시니어 쉐어하우스 입주를 고려하는 이들에게 희망적인 메시지다.

시니어 쉐어하우스는 2가지로 나뉜다. 세대통합형과 코하우징co-housing이 그것이다. 세대통합형 쉐어하우스는 대개 시니어의 주택의 일부를 청년에게 임차하는 방식으로 구성된다. 시니어와 청년이 함께 살면서 서로 경제적 유익함을 누린다. 노년층의 고립감을 줄이고 청년층의 사회적응력을 높인다. 코하우징은 시니어들이 일종의 커뮤니티를 이뤄 함께 거주하면서 교류하는 방식이다. 거주 자체보다 공통의 취미를 공유하고 커뮤니티를 활성화하는 데 더 큰 가치를 둔다.

시니어 쉐어하우스는 주거문제 해결만을 위한 것이 아니다. 시니어의 고립감을 줄이고 노년의 삶을 더욱 풍성하고 긍정적으로 변화시키는 것이 주된 목적이다.

••• 에이지 프렌들리 비즈니스 모델 053

카스파 AICASPAR.AI, https://caspar.ai
입주민을 배려하는 지능형 아파트. 은퇴 거주자에게 안전하고 건강하며 참여적인 생활 경험을 제공한다. 소유주와 운영자 모두 운영비를 절감하며 더 양질의 케어를 제공할 수 있다. 거주자 활동은 자동으로 보고서로 작성되어 가족에게 보고되므로 안심할 수 있다. 지능형 홈 컨트롤 기능으로 거주자에게 적합한 라이프스타일에 맞는 혜택을 제공한다. 연중무휴 원격으로 사고 알림, 자동 체크인, 건물 관리를 하기 때문에 운영비가 절감된다. 조명, 음악, 온도 등을 음성으로 제어하는 기능을 갖춰 편리함을 제공한다.

나의 공간은 존중 받고 어려운 일은 함께 해결한다

시니어들이 쉐어하우스를 지향하는 데에는 주된 이유가 있다.

첫째, 식사 문제다. 나이가 들면 평생 식사 준비에 골몰해왔던 일상에서 자유로워지고 싶다. 게다가 혼자 먹는 밥은 맛도 없게 느껴진다. 동일한 노동도 여럿이 나눠 하면 부담을 덜 수 있고 소속감도 강해진다.

둘째, 시니어들이 서로 소통하는 자발적 커뮤니티의 형성이다. 시니어들은 쉐어하우스를 통해 관심이 맞는 사람들과 소통하고 대화하고 활동할 수 있다. 요양원에서도 가능하지 않느냐고 반문할 수 있다. 하지만 시니어들 대다수는 요양원 같은 주거형태를 선호하지 않는다. 몸이 아프거나 자녀가 권해 억지로 들어갈 뿐이다. 요양시설에선 외출의 자유가 없고 개인공간도 부족하다. 반면 쉐어하우스는 원하는 대로 출입할 수 있고 공유공간만 다른 이들과 나눠 쓴다. 커뮤니티 활동에 참여할지 여부도 거주자 선택에 달려 있다.

셋째, 시니어들을 배려한 공간 설계가 가능하다. 쉐어하우스는 통상 각자의 공간은 줄이고 공유공간을 늘리는 방식으로 설계된다. 그래야 비용을 절감할 수 있기 때문이다. 하지만 시니어들의 다양한 요구에 따라 쉐어하우스의 구성도 다양해지고 있다.

혼자 사는 고충은 해결해주고 함께 사는 즐거움을 더해주는 쉐어하우스에 대한 철학과 고민이 더 무르익어야 할 것이다.

도말리스Domalys, https://www.domalys.com

고령의 시설 거주자의 일상생활을 돕고 의료진의 수고를 덜어주는 다양한 상품을 판매한다. 낙상 감지 장치, 근골격계 통증을 완화해주는 의자, 높이와 기울기를 조절할 수 있는 이동식 거치대 겸 테이블 등 다양한 제품이 있다.

가장 먼저 쉐어하우스를 시작한 북유럽 선진국들

북유럽은 복지국가답게 일찌감치 시니어를 위한 다양한 쉐어하우스를 선보였다. 이들의 형태와 지향을 알아봄으로써 향후 시니어 쉐어하우스가 나아가야 할 길을 짚어볼 수 있다.

고령자를 위한 쉐어하우스의 원조는 덴마크다. 코펜하겐 북쪽에 위치한 미드고즈그루펜Midgardsgruppen 시니어 코하우징은 1984년부터 1987년까지 건설되어 1987년 6월 첫 입주를 시작했다. 5층짜리 아파트 단지에 16개의 개인 거주공간과 1층의 공동주거시설인 커먼하우스로 구성되어 있다. 공용공간으로 공동거실, 식당, 회의실, 부엌, 창고가 마련되어 있다. 외출했다가 들어오면 반드시 공용공간을 거쳐야 자신의 거주지로 들어갈 수 있다. 자연스레 거주민들 간의 소통을 원활하게 만든 구조다.

스웨덴 스톡홀롬에 위치한 페르드크네펜Fardknappen 역시 흥미로운 시니어 쉐어하우스로 꼽힌다. '인생의 마지막 한 잔'이라는 뜻의 이 공동주택은 매우 다양한 목적의 공용공간이 있어 입주자들이 지루하지 않게 생활할 수 있다. 정원, 파티장, 취미공간 등이 다양하게 마련되어 있다. 입주자들은 원하는 만큼 자유롭게 공동식사를 하며 취사와 청소 등을 돌아가며 담당한다.

핀란드 헬싱키에 있는 로푸키리Loppukiri 역시 주목할 만하다. '마지막 전력질주'라는 뜻의 이 공동주택은 복지 선진국인 핀란드에서도 신선한 모델로 꼽힌다. 입주자 평균연령이 68세로 이들은 자신이 살 공간을 직접 설계하고 디자인했다. 또한 식사, 청소, 빨래, 건물 관리 등 일상생활에 필요한 모든 일은 협동해서 자력으로 해결한다. 함께 사는 것을 넘어 합창단이나 요가클럽 등 15개 클럽 활동을 활발히 한다. 체육관에서 운동도 하고 겨울엔 스키여행도 가고 함께 책도 출판한다. 내 집처럼 편안하게 거주하면서도 공동체로부터 필요한 조력을 받을 수 있다는 점이 입주자들에게 안정감을 준다. 어떤 의미로는 보람 있고 매일이 신선한 새로운 삶이 시작되었다고도 볼 수 있다.

북유럽의 쉐어하우스는 급증하는 고령자 돌봄 비용과 사회복지 지출에 비해 고령자의 만족도는 떨어지는 현실에서 출발했다. 고령자라고 해서 무조건 전적인 돌봄을 원하는 것이 아니다. 오히려 최대한 독립적 삶을 유지하면서 어느 정도 조력을 받는 라이프스타일을 원한다. 쉐어하우스야말로 요양원의 대안이 될 수 있다는 것이 한결같은 결론이다.

제4장

온핸드onHand, **https://www.beonhand.co.uk**
지역 커뮤니티를 위한 봉사활동 플랫폼. 기후 변화, 청소년 멘토링, 음식물 쓰레기 처리, 노숙자 지원 등의 활동에 참여할 수 있다. 단독으로도 팀으로도 참여가 가능하다. 나무를 심는 활동 등 글로벌 기후 변화에 대처하는 책임 있는 비즈니스 목표를 지원한다.

프랑스, 미국, 일본의 실용적인 쉐어하우스들

프랑스는 시니어와 청년층이 함께 거주하는 세대통합형 쉐어하우스가 많이 발달해 있다. 통상 학생과 시니어가 함께 생활한다. 이들은 입주 전에 코디네이터 서비스 회사에 연회비를 납부하고 심층 인터뷰를 통해 연결된다. 시니어가 자기 집의 남는 방을 제공하고 입주 청년은 일상생활에 필요한 간단한 노동력을 제공한다. 서로 다른 세대가 서로 돕는 방식으로 운영된다.

미국의 경우 코하우징이 더 발달되어 있다. 1개 주택 내에서 공간을 나눠 쓰는 방식이 아니라 여러 개의 개별 가구가 '커뮤니티'를 구성하고 편의시설을 공유한다. 하이킹, 요가 등 커뮤니티를 개설할 때에는 모두의 의사를 모아서 합의 형태로 결정한다. 독립성을 중시하는 미국인들 특유의 기질에 맞추면서도 민주주의 시스템에 따라 의사결정을 한다.

일본의 경우 특별히 콜렉티브collective 하우스라는 특화된 명칭으로 불린다. 비슷한 유형의 사람들이 모여서 공공시설을 공유하면서 가사를 분담한다. 이런 방식으로 1인 가구의 고독감을 해결하고 노동력을 아낄 수 있다.

한국에도 다양한 선진국의 사례를 벤치마킹한 시니어 쉐어하우스를 고안하고 있다. 서울 금천구의 두레주택은 서울시가 공급한 65세 이상의 독거 고령자를 위한 공동주택이다. 쉐어하우스라는 개념을 우리 식으로 바꾸면 두레주택이 된다.

각 국가별 쉐어하우스의 특징에 대해 좀 더 자세히 살펴보자.

> ### • • • 에이지 프렌들리 비즈니스 모델 056
>
> **하이얼**Haier, **https://www.haier.com/cn**
> 고령 가정이 안전하고 편안한 일상생활을 영위할 수 있도록 사고 예방과 대응 시스템을 제공한다. 화재, 가스누출, 누수 같은 사고 발생 시에 연기감지기, 가스감지기, 침수감지 센서를 통해 신속하게 비상경보를 울려준다. 비상상황을 미리 연결되어 있던 보호자에게 알리고 스마트 알람과 함께 가스밸브와 수도를 자동으로 차단하고 창문과 배기구를 열어준다. 침실에 비상버튼을 설치하면 고령자의 낙상 등에 대응할 수 있으며 바람과 비를 감지해 창문을 자동으로 열고 닫아주는 센서 기능도 설치할 수 있다.

프랑스: 청년과 시니어의 홈 쉐어링을 장려

프랑스에서는 2003년 기록적인 폭염으로 인해 혼자 살던 노약자 1만 5천 명이 사망하는 일이 발생했다. 이 사건을 계기로 고령 1인 가구를 지원하는 다양한 대안들이 모색되었다. 그중 가장 보편화된 것이 바로 홈 쉐어링이다. 홈 쉐어링 매칭을 목적으로 설립된 민간단체인 에스데스ESDES는 2004년 설립되었다. 지금까지 천여 명의 학생들을 시니어 가구와 연결시켜 500여 개 이상의 홈 쉐어링을 성사시켰다. 프랑스 정부는 이러한 민간단체에 정부 보조금을 지급하며 활동을 장려한다.

홈 쉐어링 프로그램에 참여하려면 협회에 가입해 계약서를 작성하고 연회비를 납부해야 한다. 협회 담당자가 시니어의 주택을 방문해 주택 상태를 확인하고 신청자들을 인터뷰해서 연결해준다. 계약 유형은 3가지 정도로 나뉜다. 첫째, 임대료가 없는 대신 입주자인 대학생이 저녁 7시까지 집에 귀가해 생활서비스를 제공하는 경우다. 둘째, 시세보다 저렴한 임대료를 지불하고 필요할 때마다 시니어에게 생활서비스를 제공하는 경우다. 셋째, 적정 임대료를 지불하고 생활서비스는 제공하지 않는 경우다.

시니어와 청년 홈 쉐어링 연결 서비스 스투데빠

실버네스트Silvernest, **https://www.silvernest.com**

노년층을 위한 홈 쉐어링 서비스로 주택 소유자와 하우스메이트를 연결해주는 상업 플랫폼이다. 주택 공유는 교류를 촉진하는 동시에 양자 모두의 재정적 이득을 제공하며 원하는 곳에서 원하는 방식으로 살 수 있는 기회가 된다. 동거인을 선택하기 전에 비공개 처리된 보안 메시지로 연락하면서 서로를 알아갈 수 있다. 개인 취향과 성향 등을 입력하면 그에 맞는 동거인을 추천해준다. 플랫폼에서는 임대료 결정, 보험 적용 등 계약 전반을 돕는다. 매월 선택한 날짜에 임대료를 자동으로 지불할 수 있도록 시스템을 구축했기 때문에 거주자들끼리 스트레스 받지 않고 임대 관련 업무를 처리할 수 있다.

미국: 다양한 상업 플랫폼을 통한 하우스 쉐어링

임대료가 높기로 악명 높은 뉴욕 같은 도시에서 하우스 쉐어링은 이미 매우 보편화된 현상이 되었다. 뉴욕에는 시니어재단의 하우스 쉐어링 프로그램을 비롯해 주택공유의 모델이 많이 나와 있다. 시니어재단은 1981년 설립되어 5개 자치구의 시니어들을 지원하는 프로그램을 진행하는 비영리재단이다. 이들은 설립 당시부터 공유주택 프로그램을 시작했으며 최근까지 약 2천여 명의 참가자들을 연결시켰다.

이혼 등의 이유로 혼자 사는 여성이나 시니어들이 점점 늘고 있다. 하우스 쉐어링은 이들의 고독감을 해소하고 집을 필요로 하는 학생이나 직장인의 수요도 해결한다. 특히 치안 등의 이유로 혼자 사는 데 부담을 느끼는 고령자들이 이러한 동거를 반갑게 받아들인다. 쉐어링하우징닷컴sharinghousing.com, 크레이그리스트carigslist.com 등에도 남는 방을 공유하는 다양한 수요들이 많다.

　시니어재단의 하우스 쉐어링 프로그램에는 반드시 1인의 60세 이상 고령자가 참여해야 한다. 입주자는 임대료 대신 생활비를 분담하거나 무료나 저렴한 보수로 가사 서비스를 제공해야 한다는 단서조항도 있다. 필요한 경우 신청한 집주인과 입주자 모두 적합성을 판단하기 위해 사회복지사가 심층 인터뷰를 진행하기도 한다.

일본: 주택기업의 신규 시장, 시니어 콜렉티브 하우스

일본은 콜렉티브 하우스 천국이라고 해도 과언이 아닐 정도다. 비슷한 취미를 가진 시니어들이 모여서 거실, 주방, 욕실 등을 공동으로 사용하고 가사를 분담한다. 본래 독거노인의 고독감을 해소하기 위해 노인과 청소년층이 함께 사는 세대공동형 주택 개념으로 출발했다. 하지만 점차 시니어들 스스로 소득원인 월세 수입을 얻기 위해 다양한 용도로 쉐어하우스를 만들어 분양하기 시작했다. 관련 리모델링이나 건축 역시 활발해지고 있다.

　일본은 아파트 같은 공동주택보다 단독주택의 수요가 더 많다. 따라서 전통적인 주택 건설 분야 1, 2위 기업들이 모두 시니어 쉐어하우스 공급 분야에서 두각을 나타내고 있다. 세키스이Sekisui 하우스는 단열과 에너지 절약에 특화된 단독 주택을 공급하는 1위 업체로 쉐어하우스 리모델링 업무도 활발히 한다. 또한 주택 공급업체 2위인 다이와Daiwa 하우스도 시니어 쉐어하우스 공급의 대표주자로 꼽힌다. 여기에 파나소닉

이 출자한 파나홈, 일본 최대의 임대주택 전문회사인 다이토 켄타쿠 등이 이 분야에 활발히 진출하고 있다.

이들이 지향하는 바는 단순한 주택 공급을 넘어서 시니어 주택에 필요한 서비스 전반을 제공하는 것이다. 식사, 교육과 취미활동, 보안서비스 등 서비스 경쟁이 치열하다. 일본에서 시니어 쉐어하우스는 노인 복지 차원을 넘어 새로운 삶의 양태로 자리 잡기 시작한 것이다.

· · ·　　　　에이지 프렌들리 비즈니스 모델 058

미데아Midea **스마트홈, https://msmart.midea.com**
혼자 사는 고령자를 위해 AI 기술과 보안 기술을 활용해 안전, 건강, 요리, 편의, 개성 등 5가지 니즈를 만족시키는 주거 서비스를 제공한다. 스마트 보안, 스마트 조명, 건강한 물, 건강한 공기, 스마트 환경, 건강한 음식, 스마트 센터, 스마트 오디오와 비디오, 건강한 외출이라는 9가지 측면을 고려한 제품 시스템을 구축했다. 거실, 침실, 주방, 욕실, 베란다 등 공간별로 고령자가 편하게 생활할 수 있도록 도와준다. 고령자가 첨단기술을 즐기면서 편안한 삶을 유지할 수 있다.

주거를 넘어서 제2의 인생 즐기는 터전으로

시니어 인구가 늘면서 그들이 원하는 다양한 삶의 방식에 맞춰 다양한 라이프스타일을 제공하는 주거 모델이 선보이고 있다. 극단의 럭셔리를 지향하는 곳부터 어린 시절로 돌아간 듯 추억을 상기시키는 공간도 있다. 지금 세계 곳곳에서는 상상을 넘어선 다양한 시도가 일어나고 있다. 그 배경에는 시니어 1인 가구의 폭발적인 증가라는 현상이 있다.

흔히 많은 기업들이 팽창하는 1인 가구 시장의 기회가 MZ세대들에게 있다고 착각한다. 물론 그들은 새로운 수요자이며 신선한 유행과 시각을 대변한다. 미디어에 선보이는 많은 문화상품과 패션의 타깃이 이들에게 집중되어 있는 것도 사실이다.

그러나 시니어 1인 가구가 늘면 이들의 다양한 요구가 이전보다 더 비약적으로 증가하게 된다. 게다가 이들은 남다른 자금력을 보유하고 있다. 이 시장이 빠르게 성장할 수밖에 없는 이유다.

마음 맞는 친구들과 인근에 모여 산다, 각자 세븐

일본에서 등장한 매우 독특한 시니어 주거모델이 있다. 누구나 한번쯤은 상상해본 형태일 것이다. 나이가 들면 죽이 맞는 친구들과 모여 살고 싶다는 욕망이 있다. 그런데 이를 진짜로 실현한 이들이 있다. 2008년부터 함께 모여 살고 있는 7명의 노인 여성들이 주인공이다.

이들은 일본 효고현에서 인근에 모여 살아간다. 본래 모두 학창시절 친구였다. 장년 이후에 정기적으로 식사모임을 하면서 더 가까워졌고 결국 모여 살기로 결정했다. 그런데 한 집에 사는 것은 아니다. 도보로 방문할 수 있는 곳에 인접해서 산다. 2008년부터 시작된 인접생활은 13년째 이어오고 있다. 부모 간병 문제로 2명이 탈퇴했지만 이들 역시 비교적 가까운 지역에 살면서 교류 중이다.

이들은 중요한 코드를 공유하는데 바로 '자립과 공생'이다. 서로를 지켜주지만 간병은 하지 않는 등의 규칙을 정해두었다. 독립적이지만 서로 의지하며 살아가기로 한 것이다. 월 1회 이벤트를 갖고 생일파티를 열어주고 주 1회는 만난다. 수시로 이메일로 소통하며 함께 여행도 한다. 하지만 의무사항은 아니다. 적당한 거리감을 두고 따로 함께 살아가는 것이 이들의 스타일이다.

여기에 그친다면 친한 이웃과 다를 것이 없을 것이다. 특이할 점은 유언장, 치매에 대비한 후견계약, 장례식 등에 대한 사무위임 계약을 공동으로 체결했다는 점이다. 늙고 죽는 과정에서 생길 모든 일에 함께 대비해놓았다. 또한 자신들만의 결속을 위한 행사뿐 아니라 주제를 정해 전문 강사나 지역주민을 초청해 행사를 연다. 토요살롱이라는 이 이벤트는 지역 명물이 되었다.

동거하는 이들과 사소한 일 때문에 번거로움을 겪는다. 가족이나 사랑하는 사람, 친구도 예외는 아니다. 하지만 혼자 사는 외로움보다는 번거로움을 택하겠다는 사람도 있다. 누군가와 함께 하는 일은 안정감을 준다. 반면 거추장스러운 감정의 찌꺼기도 생기고 때로 충돌도 일어난다. 이런 식으로 서로 자주 안부를 묻고 문제가 생기면 달려올 수 있는 사람, 늙어 병들거나 죽고 나서도 뒷일을 맡길 수 있는 사람이 있다면 든든할 것이다. 물론 이렇게 마음 맞는 사람을 만나는 일이 쉬운 것은 아니다.

일본에서는 자발적인 시니어 공동체가 다수 만들어지고 있다. 정부나 지자체의 정책이나 상업적 목적으로 추진된 것이 아니다. 시니어들 스스로 만든 자구책이자 대안이다. 이것만 보아도 지금의 시니어들은 과거의 노인들과는 다른 것을 원한다는 것을 알 수 있다. 나이가 들면 당연히 자녀의 보살핌을 받아야 한다고 생각하지 않는다. 그보다 오히려 자신이 원하는 삶을 적극적으로 찾아가려는 의지가 강하다.

··· 에이지 프렌들리 비즈니스 모델 059

파나소닉Panasonic **스마트홈, https://panasonic.cn/cna/wellness-smart-town**
웰니스 스마트 타운 콘셉트의 기술력을 이용한 주거환경 컨트롤 시스템. 일상생활에 필요한 공기, 물, 빛을 최적화해서 거주자에게 안전하고 안심할 수 있고 편안한 환경을 제공한다. 조명, 레인지후드, 가스스토브, 식기세척기, 세탁기, 싱크대, 수도꼭지, 사물함, TV, 냉장고 등 일상생활가전 및 용품과 독자 기술력을 갖춘 에어 컨디셔닝 시스템으로 박테리아, 바이러스, 곰팡이, 전자파 등을 제거해 최적의 공기와 물을 만들어준다. 걷는 로봇, 보행 보조제품, 전동휠체어 등 낙상 방지 제품도 제공하고 있다.

부유한 노인들의 럭셔리 실버타운, 더빌리지스

미국에는 무려 12만 명이 넘는 거주민들이 사는 '시니어 천국'이 있다. 미국 플로리다 중부에 위치한 더빌리지스The Villages가 그곳이다. 83평방킬로미터(약 2,510만 평) 넓이로 여의도 면적의 28배나 된다. 세계에서 가장 규모가 큰 시니어 커뮤니티로 모든 주택은 55세 이상에게만 분양된다. 가족은 연간 30일 이내로만 방문할 수 있다. 1992년에는 8천여 명이 처음 거주를 시작했지만 인원이 점점 늘고 규모와 시설도 커졌다.

이곳의 가장 큰 자랑거리는 골프를 마음껏 즐길 수 있다는 점이다. 9홀 코스 40개가 무료로 개방되어 있고 18홀과 27홀 코스 12개는 저렴한 요금으로 이용할 수 있다. 마을 어디서든 골프카트를 마음껏 몰 수 있다. 자동차 없이도 생활이 가능하다. 골프 외의 사교활동이나 레크리에이션도 주 2천 회 이상 열린다. 밤마다 곳곳에서 파티가 열리고 지역 양조장과 수송관이 연결되어 있어서 레스토랑에서는 맥주를 물처럼 마실 수 있다.

무엇보다 이곳의 장점은 저렴한 월 이용료다. 주택 타입에 따라 월 180달러(약 20만 원)부터 600달러(약 70만 원)의 이용료를 내면 헬스클럽, 수영장, 낚시장 등 시설 대부분을 무료로 이용할 수 있다(https://www.thevillages.com/our-homes). 물론 집값은 저렴하지 않다. 침실 2개짜리 주택이 30만 달러(약 3억 5천만 원) 내외, 침실 3~4개짜리 주택이 90만 달러(약 10억 원) 내외를 호가하므로 같은 지역의 다른 주택들보다 비싼 편이다.

더빌리지스에서는 매일 다채로운 일상이 펼쳐진다. 시니어들만의 마을이지만 요양원 같은 분위기는 나지 않는다. 이채로운 것은 거주민 대부분이 백인이라는 점이다. 또한 세상과 격리되어 있고 매우 폐쇄적인 성격을 띤다는 특징도 있다. 저소득층은 애초에 접근이 불가능하다. 그러나 여러 잡음에도 불구하고 은퇴한 시니어들에게는 천국 같은 곳임에는 분명해 보인다. 여유로운 삶을 즐기며 레저도 마음껏 즐길 수 있다.

주 정부로부터 세제혜택을 받기 때문에 이용료가 상대적으로 저렴하다. 그런 이유로 이곳으로의 인구 유입은 계속 늘고 있다.

· · ·   **에이지 프렌들리 비즈니스 모델 060**

터치타운touchtown, https://www.touchtown.com

애플리케이션을 통해 공동주택 커뮤니티에서 손쉽게 정보를 공유할 수 있게 해주는 서비스. 고령자들의 개성과 의사소통 방식을 고려해 편리하게 구성했다. 클라우드 서버에 손쉽게 저장해 콘텐츠를 생성, 편집, 전송할 수 있다. 앱을 통해 공동주택 거주자인 고령자와 가족들 모두 커뮤니티 공지를 확인할 수 있고 이벤트에 등록할 수도 있다. 직원은 앱을 중앙 허브로 정보를 공유하고 거주자를 관리한다. 객실 내 TV를 통해 커뮤니티 거주자들에게 이벤트를 알리고 참여를 독려할 수 있다. 커뮤니티 내의 TV 모니터로 식사 메뉴, 일정, 공지사항, 비디오 메시지 등을 알릴 수 있다. 아마존 음성비서 시스템 알렉사와도 연동된다.

고령사회 시니어 주거환경은 어떠해야 할까?

100세 시대에 걸맞은 주택의 모습은 무엇일까? 한국에서는 흔히 고령자들의 주거지 하면 요양원이나 요양병원이 가장 익숙할 것이다. 부유층을 대상으로 한 실버타운이나 시니어 아파트가 없는 것은 아니다. 서울 광진구의 더클래식500, 경기도 용인의 삼성노블카운티, 서울 강남구의 더시그넘하우스, 인천 서구의 마리스텔라, 서울 성북구의 노블레스타워, 용인 동백의 스프링카운티자이, 수지 광교의 아이파크나 두산위브 등이 대표적인 시니어 럭셔리 아파트로 꼽힌다.

고령사회가 코앞까지 와 있지만 아직까지 우리나라의 노인 복지주택은 매우 미비한 것이 현실이다. 2010년 4,746가구, 2019년 7,684가구로 소량 늘고 있지만 급격히 증가하는 시니어 인구를 고려하면 턱없이 부족한 수준이다. 게다가 이미 만들어진 민간 노인 복지주택 대부분은 고소득층을 겨냥한 것들이다. 중산층이나 저소득층들이 선택하기는 힘들다.

그렇다면 한국 시니어들은 현재의 주거공간에 만족하고 있을까? 보건복지부는 2020년 한국보건사회연구원에 의뢰해 전국 65세 이상의 시니어들을 대상으로 조사를 벌였다. 그에 따르면 응답자 10명 중 2명(24.4퍼센트)이 '현재 사는 집에 만족하지 않는다'고 토로했다. 다수의 고령자들은 생활의 거점이자 안식처여야 할 집에서 위험과 차별을 겪는다고 답했다. 응답자 중 32.3퍼센트는 '주방, 화장실, 욕실이 사용하기 불편하다'고 호소했다. '일상생활을 하기에 공간이 좁다'(19.4퍼센트), '주택 출입구, 계단 이용이 불편하다'(10.2퍼센트) 등의 의견도 많았다.

집에서 다치는 노인 숫자도 적지 않다. 한국소비자보호원이 2017년부터 2019년까지 접수한 60세 이상 고령자 안전사고 통계가 그것을 증명한다. 자신의 집, 그중 화장실이나 욕실에서 낙상한 사례가 1,003건(19.6퍼센트)으로 가장 많았다. 그중 47.2퍼센트는 바닥재가 미끄러워 넘어져 다친 경우였다. 안전 손잡이, 미끄럼 방지 바닥재 등 편의설비를 갖춘 집에서 사는 노인은 10명 중 2명(19.8퍼센트) 정도에 불과했다.

노인의 질병과 상해로 인한 사회적 비용은 어마어마하게 크다. 그러나 우리는 그 모든 것을 여전히 고령자 본인 혹은 가족의 몫으로 방치하고 있다. 선진국들이 경험한 시행착오를 반복할 필요는 없다. 그들이 어떤 이유로 다양한 대안적 시니어 주거 형태를 선택하게 되었는지에 관해 연구해야 한다. 또한 적극적으로 벤치마킹함으로써 시니어 주거환경을 개선하고자 하는 노력을 시작해야 한다.

⋯ 에이지 프렌들리 비즈니스 모델 061

리스토어RESTORE, https://restoreskills.com

게임 등 수백 가지 맞춤형 스킬 향상 프로그램으로 고령자가 활동적이고 건강한 삶을 유지하도록 동기부여 해준다. 커뮤니티 거주민, 가족, 전문 요양시설 입주자 등이 실시간으로 전국적인 게임 토너먼트에 원격으로 참여할 수 있다. 공간과 시간적 제약을 받지 않고 참여 가능한 활동, 시설이나 주택 어디서든 고령자의 활동을 모니터링 할 수 있고 여러 사람이 동시 접속할 수 있다. 웹캠으로 고령자의 모든 움직임을 식별해서 데이터를 기반으로 맞춤형 치료 프로토콜도 제공한다. 다양한 활동으로 두뇌의 유연성과 파워를 길러준다.

시니어 1인 가구가 만드는 새로운 비즈니스

시니어 1인 가구 증가와 더불어 유관 서비스 산업도 급격히 성장하고 있다. 보안업체, 소형 가전, 도시락, 소셜 커뮤니티 등이 대표적이다.

1인 가구는 이제 가장 흔한 주거 형태로 자리 잡게 되었다. 유행어들이 그것을 증명한다. 몇 해 전부터 혼밥, 혼술이라는 용어가 널리 퍼지더니 이제는 1코노미1conomy 라는 개념이 등장했다. 1인과 이코노미의 합성어로 '1인 경제'가 뜬다는 의미다. 가전이나 가구 등 가정용품을 만드는 기업들은 이미 1인 가구를 겨냥한 다양한 제품과 서비스를 선보이고 있다. 보안업계, 편의점이나 배달업 등의 서비스도 1인 가구를 타깃으로 삼아 왕성히 비즈니스 모델을 개발 중이다.

시니어 1인 가구 비즈니스를 설계하기 위해서는 이들에 대한 다각도의 분석이 선행되어야 한다. 서울시 산하 서울연구원에 따르면 1인 가구는 총 4가지 유형이 있다고 한다. 제1유형은 전문직으로 독신을 즐기는 '골드족'이다. 제2유형은 구직 중이거나 이직을 위해 준비하는 상태의 '산업예비군'이다. 제3유형은 이혼 등의 사유로 중장년 연배에 독신이 된 '불안한 독신자들'이다. 그리고 제4유형은 고령 1인 가구 즉 '시니어 1인 가구'다.

고령 1인 가구를 위한 가정 보안 시스템 산업

보안 서비스는 대표적인 고령사회 유망산업으로 꼽힌다. 시장조사기관 리서치앤드마켓Research and Markets 보고서에 따르면 세계 홈 보안 시장은 2017년부터 연평균 9.2퍼센트씩 성장하고 있다. 2022년이면 515억 달러(약 60조 원) 시장으로 크게 확대될 것으로 보인다. 우리나라도 1인 가구 특히 독거노인 가구가 늘면서 보안에 더 많은 관심을 갖게 되었다. 이 분야에서 ADT캡스, 에스원, KT텔레캅 등 여러 기업이 각축전을 벌이고 있다.

ADT캡스는 가정용 보안 서비스인 캡스홈을 새로이 선보였다. 캡스

홈은 한국의 인구 통계적 특성과 공동주택 중심의 주거환경을 면밀히 분석해서 주거 보안에 최적화해 개발된 서비스다. 24시간 현관문과 창문을 통한 침입 감지 서비스를 제공한다. 이상이 생기면 상황실로 통보해 최단거리의 출동대원이 신속히 현장으로 출동한다. 현관 앞을 배회하는 사람을 실시간으로 감지해 고객에게 알려주는 보디가드 서비스와 홈 CCTV 뷰가드 미니 등의 서비스도 제공한다.

에스원은 일찌감치 자가 방범용 IP 카메라인 세콤이지 서비스를 선보였다. IoT 기술 기반으로 홈 CCTV에 레이더 센서를 결합한 일체형 보안상품이다. 일반적인 홈 CCTV와 달리 경비 기능을 강화했다. 프라이버시 모드, 펫 모니터링 같은 1인 가구에 맞춘 기능을 강화한 것도 특징이다. 에스원은 세콤이지를 통해 1인 가구에 특화된 부가서비스를 지속적으로 제공하겠다는 전략이다.

KT텔레캅도 대표적인 1인 가구용 서비스 홈가드를 앞세워 홈 보안 시장 공략에 뛰어들었다. 가입하면 제공되는 무선감지기로 외부침입을 감지하고 중계 장치에서 경고방송과 사이렌이 울린다. 또한 지정된 휴대폰 번호로 통보해준다. 전용 스마트폰 앱으로 원격으로 쉽게 여러 기능을 제어할 수도 있다.

보건복지부는 독거노인이나 취약계층의 주거환경을 개선하고 의료적인 지원과 돌봄 서비스를 제공함으로써 시니어들의 삶의 질을 높이기 위한 5개년 계획을 개시했다. 3년에 걸쳐 1,800억 원을 투입해 응급안전 안심서비스를 구현하겠다는 청사진이다. ADT캡스가 여기에 협약을 맺고 구체적인 사업을 준비 중이다. 이 사업에는 SK텔레콤의 멘탈 케어 프로그램, IoT 헬스케어, 두뇌톡톡 같은 서비스도 포함되었다.

시니어 인구가 많은 일본의 경우는 어떨까? 대표적인 보안서비스 회사 CSP는 '지켜보는 행복'이라는 서비스를 개시했다. 2가지 서비스가 여기 포함된다. 첫째, 긴급통보 서비스다. 고령자가 갑자기 몸이 아프거나 다쳤을 때 긴급버튼을 누르면 자동으로 통보된다. 둘째, 라이프 리듬 서비스다. 자택에 설치한 센서에 일정시간 이상 생활반응이 확인되지 않으면 자동으로 통보된다. 둘 다 시니어 1인 가구로부터 큰 호응을 얻고 있다고 한다.

⬤ ⬤ ⬤   에이지 프렌들리 비즈니스 모델 062

고고그랜드페어런트GoGoGrandparent**, https://gogograndparent.com**
교통, 식료품 배달, 재택 서비스 같은 1인 고령자를 위한 서비스 제공 플랫폼. 잔디 관리, 집 청소, 배수로 청소, 전구 수리, 눈 치우기 같은 집안일을 의뢰하면 배경 확인과 심사를 거친 공급업체를 연결해준다. 안전과 신뢰성이 검증된 운전자와 선호하는 차량 크기 등을 검색해 연결해주고 픽업 상태 및 운전자 운행현황 등을 체크한다. 숙련된 도우미가 시니어의 질병이나 생활습관에 맞는 식료품을 구매해주고 식당에 연락해 배달 및 포장 서비스를 대행해준다. 스마트폰이 없어도 차량공유 우버, 배달대행 도어대시 같은 서비스를 의뢰할 수도 있다.

가볍고 쓰기 좋은 소형 가전 시장의 확대

1인 가구를 위한 소형 가전 시장 역시 연일 확대일로에 있다. 가전업체는 기존 제품의 성능을 유지하면서도 부피나 무게를 크게 줄인 초소형 가전 출시를 확대하는 중이다. 이 시장에 먼저 진출한 회사가 바로 다이슨Dyson이다. 이들은 2020년 7월 세계 최초로 한국에서 2킬로미터 미만 무게인 옴니-글라이드 무선청소기를 출시했다. 사용법도 간단하지만 무엇보다 가벼워서 1인 시니어 가구에게 큰 인기다. 삼성전자 역시 기존 무선청소기보다 크기와 무게를 줄인 비스포크 제트앤드슬림을 출시했다. 청소 도중에도 잠깐 세워둘 수 있고 원터치로 먼지통을 비우는 등 간편하게 설계됐다.

파세코는 1인 가구에 맞춘 초소형 창문형 에어컨을 출시했다. 기존 모델보다 크기를 20퍼센트 줄였는데도 성능이나 에너지소비효율은 그대로라고 한다. 창문이 작은 원룸이나 기존 에어컨 설치가 힘든 방에도 설치할 수 있기에 시장을 확대할 수 있다고 보았다. 이들은 접이식 서큘레이터, 선풍기 등을 출시하는 등 초소형 가전 개발에 주력하고 있다.

일본 역시 이런 현상이 오래 되었다. 도시바 라이프스타일은 손가락으로 가볍게 누르면 열리는 원터치 개폐 냉장고 베지터VEGETA를 시판했다. 팔 힘이 없는 시니어들의 요구로 나온 상품이라고 한다. 샤프는 녹차 추출기 '헬시오 차 프레스'를 시판 중인데 시니어들이 편리하게 녹차를 즐길 수 있도록 한 제품이다. 히타치의 신제품 밥솥 철솥 미니밥상은 2~3인분 이하 소량의 밥을 맛있게 지을 수 있다. 내부 뚜껑과 증기구를 통째로 세척할 수 있어 위생적이며 본체를 떼어서 식탁에 바로 올려놓을 수 있다.

크기를 줄인 냉장고, 냉동고, 개수대 옆에 별도의 기기 없이 간편하게 설치할 수 있는 소형 정수기, 1인용 그릴과 인스턴트팟 등 다양한 영역의 소형 가전 아이디어 상품들도 쏟아진다.

··· 에이지 프렌들리 비즈니스 모델 063

토치테크Tochtech Technologies, **https://www.tochtech.com**
안전한 요리가 가능하게 해주는 지능형 스토브 손잡이. 전원이 켜지면 센서가 스토브 사용자의 움직임을 모니터링 한다. 스토브를 장기간 방치하면 알람으로 사용자에게 경고한다. 원격으로 육성 메시지를 녹음하고 예약할 수 있는 가정 내 알림 장치로 예약된 시간에 자동으로 미리 정해둔 알람을 재생한다. 침대 내·외부 상태, 심박, 호흡수, 수면의 질을 파악해 실시간 정보를 제공하는 혁신적인 침대 센서인 슬립센스 등 다양한 제품이 있다.

소포장 반조리 식재료, 전문 프랜차이즈 성황

식자재 역시 소포장 제품이 인기리에 판매되고 있다. 혼자서 한 끼 분량으로 조리할 수 있고 음식물쓰레기도 많이 나오지 않도록 소분된 식자재다. 요리에 필요한 모든 재료가 들어 있는 반조리 제품인 밀키트나 간편식HMR 시장도 확장세에 있다. 이렇듯 기업들은 늘어나는 1인 가구 수요에 따라 맞춤 제품을 공급하고 있다.

밀키트 생산 판매 1위 업체인 CJ프레시지, 이마트의 밀키트 브랜드인 피코크, 롯데마트의 가정간편식 요리하다 등의 상품 수와 매출은 꾸준히 늘고 있다. GS리테일, 현대백화점 등 유통업체들도 밀키트 시장에 활발히 진출 중이다.

최근 들어서는 마트뿐 아니라 거리에서도 밀키트 전문 매장을 어렵지 않게 만날 수 있다. 특히 24시간 무인 판매 프랜차이즈가 대폭 늘었다. 원셰프의 행복식탁, 담꾹, 이맛이지, 식사준비, 이지쿡, 홈즈앤쿡, 요리비책 등 다양한 업체들이 군웅할거 중이다.

한국농촌경제연구원 조사에 따르면 2020년 밀키트 시장은 전년도의 2배인 2천억 원 규모로 성장했다. 팬데믹을 겪으며 비대면 문화가 확산되고 집에 있는 시간이 늘면서 1인 가구 등이 손쉽게 조리할 수 있는 제품이 각광을 받게 되었다. 연구원의 전망에 의하면 이 시장은 2021년 3천억 원, 2024년엔 7천억 원 규모로 성장할 것으로 보인다.

1인 가구를 위한 지역사회 커뮤니티 서비스

서울 동대문구에는 1인 가구를 위한 지원센터가 있다. 2020년 4월 '서울특별시 동대문구 1인 가구 지원 조례'가 만들어지면서 생겨났다. 관내 1인 가구의 공동체 강화와 사회적 가족도시 구현을 목적으로 한다. 센터는 1인 가구 간의 교류, 심리 상담 등에 중점을 둔 프로그램을 운영한다.

1인 가구 대부분은 사회적 관계 부재, 외로움과 고립감 같은 심리·정서적 어려움을 호소한다. 연령에 따라서 진로나 이직에 관한 고민, 신체적 활력 저하 등 다양한 도움을 요청한다고 한다. 이런 요구에 응대하기 위해 지역사회 커뮤니티는 응급상황 대처 및 범죄예방 등 사회안전망 구축을 통한 돌봄 서비스, 건강관리를 위한 건강 지원과 식생활 지원,

문화·여가 프로그램을 통한 문화·여가 생활 지원, 1인 가구의 복지 향상과 안정적 생활 기반 구축, 커뮤니티 지원 등을 추진한다.

··· 에이지 프렌들리 비즈니스 모델 064

파파papa, https://www.joinpapa.com

일상적인 협력과 지원을 제공하는 파파친구를 연결해주는 서비스다. 파파친구는 심부름을 해주거나 스마트폰 사용법을 알려주는 등 일상생활에서 도움을 주고 소정의 수고비를 지급받는다. 시니어는 전화만 하면 관리팀이 무료로 가입을 도와주며 전화나 앱으로 일정을 잡을 수 있다. 파파친구는 여가시간을 활용해 고령자의 일상 활동을 돕는 동시에 수입도 얻을 수 있다.

··· 에이지 프렌들리 비즈니스 모델 065

네이버포스naborforce, https://naborforce.com

고령자를 네트워크에 연결해 심부름, 이동 등의 서비스를 제공한다. 고령자는 온라인이나 전화로 등록할 수 있다. 예약을 하면 믿을 수 있는 네이버와 연결해준다. 네이버는 주로 노인을 돕고자 하는 이웃이나 활동적인 은퇴자, 학생 등인데 프로필에서 이들의 정보와 사진을 받을 수 있다.

시니어에 특화된 도시락 산업

시니어 도시락 산업도 활발해지고 있다. 도시락 산업이라고 하면 규모가 미미할 것 같지만 전혀 그렇지 않다. 2011년 5,104억 규모였던 시니어 푸드 시장은 2020년 2조 원 규모로 성장했다.

현대백화점 계열의 종합식품기업인 현대그린푸드는 백화점 식품관에 반찬 매장인 '그리팅 영양사의 반찬가게'를 오픈하고 전용 온라인몰도 구축했다. 이들은 입점 매장 수를 늘리고 오프라인 매장을 중심으로 지역 맞춤형 콘텐츠를 개발하겠다는 계획이다.

CJ프레시웨이 역시 시니어 케어 전문 기업인 비지팅엔젤스코리아와의 협업으로 시니어 전용 간식과 '엔젤키트'라는 식사 제품을 개발했다. 프레시웨이가 막강한 전국유통망을 무기로 신선재료로 확보해 식사를 만든다. 이를 비지팅엔젤스코리아가 자신들이 관리 중인 시니어 고객에게 전달하는 비즈니스 모델이다. 국내에서 재가 방문 요양센터에서 시니어 맞춤 케어푸드를 제공하는 것은 이것이 처음이다.

중소기업들도 시니어 푸드 시장에 대거 진입하고 있다. 시니어 식품 전문 강소기업인 ㈜사랑과선행은 시니어 도시락 배달 전문 브랜드 효도쿡을 신설했다. 효도쿡은 시니어를 위한 고영양 식단을 시니어 전문가인 '효집사'가 직접 배달하는 모델이다.

시니어 도시락은 장점이 많다. 시니어들로서는 영양 밸런스가 잡힌 식단을 직접 받음으로써 식사 준비에 들어가는 노력을 절약할 수 있다. 매일 규칙적으로 식사할 수 있다는 장점도 있다. 일본에서는 이미 크게 성장한 시장이기도 하다. 저염식, 저당식, 건강식 등 6개 코스를 선택할 수 있는 웰니스다이닝(https://www.wellness-dining.com), 냉동식품과 신선식품을 모두 배달하는 식탁편(https://shokutakubin.com/shop/default.aspx), 유동식을 단계별로 제공하는 부드러운 다이닝(https://yawaraka-dining.com), 일식, 중식, 양식 세트 요리를 제공하는 오마카세 건강 삼채(https://www.kenkosansai.net) 등의 배달 도시락 전문 업체가 성황리에 영업 중이다.

⋯ 에이지 프렌들리 비즈니스 모델 066

시니어들의 일상생활을 돕는 신종 서비스들

• **케어십**careship, https://www.careship.de
도우미 파견 서비스. 요리, 쇼핑, 세탁, 청소 등 집안일과 여가시간을 함께 보내며 정서적 케어를 돕는 일까지 제공한다. 요구사항을 지정해 조건에 맞는 도우미를 선택할 수 있다. 정기 혹은 비정기로 도움을 받을 수 있다.

• **실버라이드**Silver Ride, https://www.silverride.com
고령자 전용 차량 호출 서비스. 의료 픽업 서비스는 적절한 안전장구를 구비해 이동한다. 수술이나 입원 후에 퇴원하는 고령자를 드라이버가 도와준다.

• **홉스킵드라이브**HopSkipDrive, https://www.hopskipdrive.com
5년 이상 간병 경험이 있는 검증된 케어 드라이버를 제공하는 자동차 호출 서비스. 앱을 통해 단발 혹은 정기 예약을 할 수 있다. 앱에서 첫 호출을 설정한 다음 '반복'으로 설정하기만 하면 매일, 매주, 매월 같은 시간에 호출할 수 있다.

• **크루즈**Cruise, https://getcruise.com
전기 자율주행 차량으로 월마트와 협업해서 식료품 배달을 해준다. 고령자 대신 마트에서 식료품과 생필품을 구매하고 집안에까지 배달해준다. 향후 완전 자율주행 차량을 이용한 택시, 배송, 다중 탑승 서비스 등으로 확장할 계획이다.

• **온워드**Onward, https://www.onwardrides.com
고령자, 간병인, 환자를 위한 보조 교통수단을 제공한다. 앱, 웹사이트, 전화로 예약할 수 있다. 병원 진료 승차 서비스는 대기실에서 기다렸다가 환자를 안전하고 편안하게 집으로 모신다.

시니어가 살고 싶은 곳을 적극적으로 창조하라!

시니어 중에는 경제적 빈곤을 겪는 이들도 많다. 주거환경과 건강상태 모두 좋을 리 없다. 이들에 대한 사회적 돌봄은 마지못해 막다른 길에 도달했을 때 어쩔 수 없이 수용하는 것을 넘어서야 한다. 사전에 질병과 상해의 위험을 줄이면서 독립적이고 인간적인 노후생활이 가능하도록 해야 한다. 그래야만 훗날 사회가 감당할 사회적 비용을 줄일 수 있다.

은퇴한 시니어는 사회적 관계가 취약해지고 고독감에 시달린다. 그런데 이들 다수는 과거의 노인들처럼 수동적이지 않다. 이제껏 이루지 못했던 자신만의 삶을 스스로 찾아 나서고자 한다. 혼자 살기, 마음 맞는 친구들과 모여 살기, 삶의 지향과 취미가 같은 사람과의 연대와 커뮤니케이션, 더 적극적이고 윤택한 삶의 추구, 커다란 공동체를 이뤄 살고 싶은 욕망…. 이 모든 다양한 삶의 방식과 그에 따른 주거양태가 1인 시니어 가구의 선택에 포함된다. 바로 여기에 기회가 있다.

이제껏 기업들은 시니어를 위한 제품이나 서비스 개발에 미온적이었다. 하지만 우리가 조사한 바에 따르면 다수의 기업들이 시제품과 서비스 구축까지 해놓고 시장이 무르익기를 기다리고 있다. 이제는 비로소 적극적으로 사업을 도모할 시점이다. 향후 20년 동안 시니어의 숫자는 계속 늘어나기만 할 것이기 때문이다.

시니어들은 그 어느 세대보다 유튜브를 왕성히 활용한다. 5060과 7080세대 모두 이 새로운 매체를 적극적으로 활용한다. 과거 미디어 기업에게는 고령자가 열외의 대상이었다. 그러나 이제는 공략해야 할 핵심 타깃으로 받아들여진다.

유튜브와 SNS에서 활발히 활동하는 시니어들은 더 이상 과거의 꼰대가 아니다. 무엇이 이들을 이렇게 만들었을까? 이런 현상은 일시적인 유행일까 지속적인 트렌드일까? 그것을 알아보려면 시니어들을 움직이는 동력이 무엇인지 세밀한 추적조사가 필요하다. 그 결과에 따라 향후 기업의 대응책과 해법도 찾아내야 한다. 여기서는 특별한 '시니어 팬덤' 현상에 주목해 살펴보고자 한다.

제5장

시니어 팬덤 시대, 영향력 있는 팬이고 싶다

I am a Never-ending Fan!

유튜브, 너 딱 내 스타일이야!

심리학자 배리 슈워츠Barry Schwartz는 《선택의 역설》에서 복잡한 선택권이 오히려 소비자를 무력하게 만들고 혼란을 야기한다고 지적했다. 흔히 선택권이 많으면 많을수록 좋다고 생각한다. 그러나 너무 많은 선택권이 주어지면 오히려 선택하기가 더 어려워진다. 소비자가 행복한 선택을 하게 하려면 가능한 적은 선택지를 제공해야 한다.

선택의 역설을 설명하는 실험으로 스탠퍼드대학교 마크 레퍼Mark R. Lepper와 콜롬비아대학교 쉬나 아이엔거Sheena S. Iyengar의 실험도 있다. 슈퍼마켓에 시식대를 설치하고 각각 6종류 잼과 24종류 잼을 올려놓았다. 고객은 어느 쪽 시식대를 선호할까? 예상대로 고객의 60퍼센트는 24종류 시식대에 머물고 40퍼센트는 6종류 시식대에 머물렀다. 하지만 구매 결과는 판이하게 달랐다. 24종류의 잼의 구매율은 3퍼센트에 불과한 반면, 6종류 잼의 구매율은 30퍼센트였다.

유튜브는 바로 이런 고객의 취향을 잘 겨냥한 미디어다. 전 세계 인터넷 사용자의 95퍼센트가 유튜브에 접속하는 것으로 조사됐다. 1분마다 500시간 이상의 신규 콘텐츠가 업로드 된다. 개설된 채널이 2,400만 개로 한국에서만 매일 100개의 신규 채널이 생긴다. 세계인은 하루 10억 시간 이상을 유튜브에서 소비한다.

유튜브의 성공비결은 시청자가 좋아하는 것을 반복해서 제공하는 특유의 알고리즘에 있다. 즉 어떤 의미에서 고객에게 선택권을 제공하지 않는다. 한 가지 주제에 대해 몇 회 동영상을 검색해 시청하면 이후로는 그것과 연관된 것을 꼬리에 꼬리를 물며 계속 보여준다. 이렇듯 소비자는 자기가 좋아하는 것 혹은 자기가 좋아한다고 착각하는 것에 점점 더 깊이 빠져들게 된다.

시니어들을 사로잡는 소셜 미디어의 공략 비결

유튜브는 이제 단순한 동영상 공유를 넘어 검색엔진으로 자리 잡고 있다. 우리나라에서만 월 검색이 30억 건을 넘었다. 부동의 1위 검색 서비스 제공업체인 네이버를 위협하는 수준이다. 현재는 구글에 이어 세계 검색엔진 2위의 위용을 자랑한다. 유튜브와 구글은 한 회사이니 시장을 분할했다고 보기는 어려울지 모른다. 그보다는 텍스트 검색 시장이 동영상으로 옮겨가고 있다고 보는 것이 정확할 것이다.

유튜브는 텍스트 검색 기능 외에도 '클라우드 비디오 인텔리전스'라는 특유의 동영상 분석 기술을 구사한다. 콘텐츠가 업로드 될 때 입력한 텍스트 정보 이상의 의미까지 추출한다. 그에 따라 영상이 사용자가 입력한 검색어와 부합하는지 비교한다. 검색이 활발하다는 것은 콘텐츠가 풍성하다는 의미다. 콘텐츠 소비가 활발하지 않은 플랫폼은 검색 포탈로서 의미가 없다.

유튜브는 바야흐로 새로운 세상을 만들고 있다. 게다가 기존의 세상을 파괴한다. 전통적인 미디어조차 유튜브 채널을 개설해 구독자를 확보하는 현실이다. 유튜브에서 시니어들은 구닥다리라는 이미지 대신 능동적이고 발 빠르며 흥미롭다는 이미지를 만들고 있다. 유튜브 콘텐츠는 예능, 드라마, 토크쇼 등 기존 TV 프로그램까지 점령했다. TV나 영화에만 나오던 A급 스타가 유튜버로 활동한다. 가히 유튜브 제국이라고 해도 과언이 아닐지 모른다.

주목할 점은 유튜브 내에서 시니어의 존재감이 커지고 있다는 것이다. 이는 수치로 확인할 수 있다. 세대별 유튜브 이용비율 중 50대 이상이 1위였다. 숫자만이 아니라 사용시간도 가장 길었다. 많은 이들이 시니어 세대는 첨단기술에 뒤쳐져 있고 SNS를 비롯한 디지털 환경에 익숙하지 않다고 생각한다. 하지만 지금의 시니어들은 그렇지 않다. 2019년 이뤄진 같은 조사에서 50대 이상의 이용비율과 시간 모두 2위였다. 불과 2년 만에 이들의 유튜브 이용률이 대폭 높아진 것이다. 시니어는 유

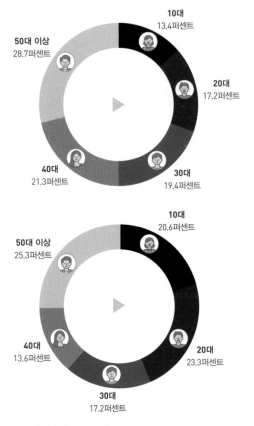

출처: 와이즈앱 · 와이즈리테일, 2021년 1월 기준

세대별 유튜브 사용자(위)와 사용시간 분포(아래)

튜브를 좋아하며 앞으로 그 비율은 더 높아질 것이다.

　시니어를 유혹하는 소셜 미디어의 공략 전략은 간헐적이고 정적인 강화 기능이다. 심리학에서는 예측할 수 없는 방식으로 보상이 제공될 경우 더욱 강력한 중독을 불러온다는 것이 연구로 입증되었다. 일례로 페이스북에 글을 올리면 댓글이 달리는지 수시로 확인하게 된다. 이것이 자극적인 이유는 간헐적인 피드백이 주는 중독 때문이다. 도박에 빠지는 것과 비슷한 원리다. 페이스북과 여러 소셜 미디어는 어떻게 하면 사용자의 시간과 주의를 끌까 끊임없이 연구한다. 그러한 알고리즘에 따라 사용자는 중독되고 자연스레 그곳에서 시간을 보내게 된다.

사회적 인정 욕구 역시 시니어들을 끌어들이는 동력이다. 인정받고 싶은 본능을 활용하는 기술이 크게 발전했다. 소셜 미디어는 남들이 나를 얼마나 자주 생각하는지에 대한 정보를 꾸준히 제공하도록 설계되었다.

··· 에이지 프렌들리 비즈니스 모델 067

클래시레이디Classy Lady**, https://www.cqcb.com/dyh/group/dyh5096/2021-08-05/4343627.html?ivk_sa=1024320u**
패션을 즐기는 은발의 시니어 여성들의 일상을 영상으로 만들어서 소셜 미디어에서 입소문을 유발한다. 개성 있는 캐릭터와 스토리라인을 만들어 중독성 있는 콘텐츠를 구성한다. 리듬감 있는 짧은 영상으로 패션을 즐기고 개성을 표현하고 싶어 하는 시니어 여성들에 관한 콘텐츠를 생산한다. 영상 속 시니어 여성들이 실제 아이돌처럼 인플루언서가 되어 상업적인 성공을 거두고 있다. 위챗 계정으로 영상을 노출하고 소통을 하여 팬들을 키워나가는 구조다.

인터넷과 디지털 친화적인 실버 서퍼의 등장

실버 서퍼silver surfer란 디지털 기기와 인터넷 사용에 능숙한 시니어 세대를 일컫는 신조어다. 웹사이트를 돌아다니는 것을 서핑이라 하는데 여기 능숙한 실버 세대를 실버 서퍼라고 부르는 것이다.

과학기술정보통신부의 '2020 인터넷 실태 이용 조사'에 따르면 시니어들은 인터넷 사용에 점점 더 능숙해지고 있다. 특히 인터넷 사용자 증가 속도는 매우 빠르다. 60대의 인터넷 뱅킹 이용률은 50.5퍼센트로 급증했다. 60대 2명 중 1명은 스마트 금융을 이용한다는 의미다. 전년도에 비해 23.6퍼센트 늘어난 수치다. 은행에 방문해 거래하던 패턴도 팬데믹으로 더욱 빨리 바뀌었다고 해석할 수도 있다. 인터넷 쇼핑 이용률도 급증했다. 50대의 경우 전년보다 16.1퍼센트 늘어 60.2퍼센트를 기록했다. 전 세대 중 가장 크게 증가한 것이다.

실버 서퍼가 급증하면서 국민 전체 인터넷 이용 시간도 늘었다. 1주일에 인터넷을 이용하는 평균 시간이 20.1시간으로 전년도와 비교해 2시간 42분 증가한 것으로 조사됐다. 2017년 이래 전년도보다 인터넷 이용시간이 2시간 이상 증가한 것은 처음이다.

이렇듯 인터넷에 익숙해지면서 시니어들의 활동 영역도 대폭 넓어졌다. 시니어들은 자기가 좋아하는 스타가 광고하는 제품을 인터넷으로 구매하고 팬 카페에 가서 구매 인증을 한다. 시간과 경제력까지 갖춘 시니어들이 인터넷 사용에 익숙해지면서 온라인 유통 시장에서도 큰손 역할을 하기 시작했다.

시니어 팬덤이 대중시장을 바꿔놓고 있다

시니어 팬덤이 태동한 원년을 그룹 워너원 결성이라고 많은 이들이 분석한다. 워너원은 2017년 엠넷의 오디션 프로그램 〈프로듀스 101〉에서 결성된 그룹이다. 경제력이 풍부한 시니어들이 본격적인 팬덤 활동을 벌이기 시작한 시점이다. 공교롭게도 이 해는 58년 개띠가 59세가 된 때다. 베이비부머 세대가 본격적으로 은퇴 연령에 접어든 때와 일치한다.

워너원은 폭넓은 팬을 확보했다. 방송이 진행될수록 밀레니얼과 Z세대, 중장년층뿐 아니라 시니어까지도 팬으로 만들어버렸다. 멤버 선정에서 시청자 투표가 역할을 하기 때문에 사람들은 자기 손으로 워너원을 만들었다고 느꼈다. 열기는 콘서트 현장으로 이어졌다. 할머니, 엄마, 딸 3대가 같이 관람하는 진풍경도 목격되었다.

연예인을 향한 소위 '덕질'의 주체는 주로 젊은 층이었다. 과거의 오빠부대는 결혼하고 아이를 낳으면 사라지는 게 당연시되었다. 그런데 최근 들어 양상이 많이 달라지고 있다. 덕질이 전 국민의 취미생활이자 모두의 과제라는 관념이 태동했다. 중장년 팬덤은 부끄럽거나 특별한 일이 아닌 게 되었다. 스마트폰이나 인터넷은 시니어들을 다양한 미디어 플랫폼으로 불러들였다.

워너원은 상종가를 누렸다. 이들이 광고하는 것은 대박으로 이어졌다. 이니스프리 마스크팩은 매출이 3배 이상 뛰었고 하이트 맥주는 이들 덕에 노땅 이미지를 벗어던졌다고 평가된다. 그 후로 몇 년이 흐르면서 시니어 인구는 더 두터워졌다. 이들이 사용하는 미디어 플랫폼은 더 정교해졌고 새로운 콘텐츠가 속속 등장했다.

대표적인 상품이 레트로 감성을 앞세운 트로트다. 시니어들이 선호하는 장르이기도 하다. 시니어 팬덤은 시간과 재력이라는 무기까지 갖췄다. 이들의 힘은 10대나 20대들과는 차원이 다르다. 트로트 가수로 데뷔한 정동원의 팬은 그가 광고한 동원참치와 동원샘물 수백만 원어치를 사서 주변에 나눠주기도 했다. 이런 일은 주변에서 어렵지 않게 찾아볼 수 있다. 그만큼 시니어 팬들의 몰입도는 엄청나다. 이런 현상을 일컬어 팬슈머fansumer라고도 일컫는다. 팬이자 소비자가 되는 것이다.

시니어 팬덤의 원인을 깊이 파고들면 시니어가 집중할 무언가가 절실히 필요했다는 분석이 가능하다. 자녀를 키우고 교육하며 보람을 찾았다. 성공이나 경제적 성취에 몰두했다. 그런데 나이가 들고 보니 모든 것이 허망하다. 누군가에게서 젊은 날 자신의 모습을 발견하면서 잠시나마 현재를 잊고 몰두할 수 있다.

· · ·   **에이지 프렌들리 비즈니스 모델 068**

지버GBER, http://gber.jp
65세 이상의 시니어들을 위한 제2의 직업, 사회참여 활동을 매칭 프로그램. 사회참여를 원하는 건강한 시니어들을 연결해주는 플랫폼이다. 스마트폰, 태블릿으로 시간이 남는 날짜를 터치하면 참여 가능한 활동이 제시된다. 오전, 오후, 종일 등 시간대를 선택할 수 있고 자신의 생활권 주변에서 어떤 활동에 사람을 모집하고 있는지 파악할 수 있다. 도쿄의 베드타운 카시와 시에서 퇴직을 앞두고 지역 커뮤니티에 참여하길 원하는 남성들을 대상으로 처음 시작되어 본격적인 시니어 전용 플랫폼이 되었다.

스타에게 스밍하고 조공 바치는 시니어들

'스밍'은 스트리밍의 줄임말로 음원을 온라인에서 실시간으로 재생하는 것을 의미한다. 스밍을 많이 할수록 차트 순위가 올라간다. '조공'이란 자기가 좋아하는 스타에게 선물을 보내는 행위다. 이 2가지는 팬이 할 수 있는 적극적인 활동으로 꼽힌다. 통상 스밍이나 조공은 젊은 층이나 하는 것으로 여겨왔다. 그런데 나이 따위는 잊어버리고 팬덤의 열기로 기꺼이 뛰어들어 스밍과 조공을 하는 시니어들이 늘고 있다.

시니어 팬들은 자신의 아이디나 가족의 아이디로 음원 사이트에 접속해서 좋아하는 스타의 노래를 스밍한다. 온라인 카페에서 만난 이들과 힘을 합쳐 스타에게 조공도 보낸다. 상대적으로 자금의 여유가 있어

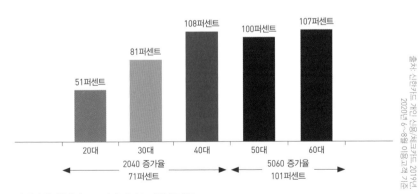

연령별 음악/영상 스트리밍 서비스 이용 증가율

출처: 신한카드 개인 신용/체크카드 2019년, 2020년 6~8월 이용고객 기준

손도 크다. 밥차를 보내고 지하철 광고를 싣고 스타의 이름으로 거액의 기부금을 낸다.

팬덤fandom이란 특정 인물을 열정적으로 좋아하는 이들이나 그런 문화를 가리킨다. 워너원 등 장년층의 인기를 끈 아이돌 그룹이 등장하고 트로트 열풍이 가세하면서 시니어들이 대거 여기 동참하기 시작했다.

트로트 가수 중에서 '미스터트롯' 우승자 임영웅의 팬덤은 가장 규모가 크다. 그의 팬 카페 회원은 15만 명을 돌파했는데 주력 회원은 시니어들이다. 50~60대가 주축을 이루며 80~90대 고령층도 참여한다. 이들은 임영웅의 신곡을 스밍해서 차트 순위를 올리고 그의 출연작을 챙겨보며 시청률을 올린다. 시니어들은 그의 노래에서 위안을 받고 울고 웃으며 공감한다. 팬데믹으로 고전을 겪는 자영업자에게도 큰 위로가 되고 있다고 한다. 한 자영업자 팬은 매출은 예년의 20퍼센트가 되었지만 마음만은 200퍼센트로 충만하다고 고백했다.

시니어 팬덤은 그들의 경제력과 더불어 막강한 위력을 발휘한다. 임영웅이 광고하면 제품과 서비스의 매출이 바로 상승한다. 일례로 그가 광고에 출연한 다음 쌍용자동차 G4렉스턴은 판매량이 61퍼센트 증가했다. 전례가 드문 광고효과라고 한다. 그가 일상에서 매일유업 바리스타룰스 커피를 자주 마시자 팬들이 회사 측에 모델로 기용하라고 압박을 가했다. 결국 회사는 그를 모델로 발탁했다. 팬들은 이 커피를 영웅커피라는 별칭으로 부르며 구매를 인증하기 시작했다. 해당 제품의 50대 매출 비중이 11퍼센트에서 14퍼센트로 상승했다고 한다.

같은 프로그램에 출연한 김호중의 팬덤도 만만치 않다. 그의 첫 정규 음반은 선주문만 52만 장을 돌파했다. 팬덤의 대부분은 여성이다. 미스터트롯 팬 카페 회원 기준으로 보면 약 70퍼센트 이상이 40대 이상 여성이다.

실버 덕질의 열기는 아미가 부럽지 않다

연예인의 SNS에는 팬들이 보내준 음식 등을 인증하는 사진이 자주 올라온다. 이들에게 팬의 선물은 인기의 척도다. 샌드위치 같은 간소한 메뉴부터 전복이나 장어가 들어간 초호화 도시락까지 다양하게 보낸다고 한다. 이를 일컬어 21세기 판 조공이라고도 한다.

본래 조공이란 종속국이 종주국에게 예물을 바치는 행위를 뜻한다. 역사책에서나 보던 말이 팬덤 세계에 등장했다. 팬들이 십시일반 돈을 모아 스타에게 도시락이나 선물을 보내는 행위를 조공이라고 부르게 된 것이다.

시니어들의 조공은 보통 3가지 유형으로 나타난다. 첫째, 스타 개인에게 도시락이나 선물을 보낸다. 좋아하는 스타가 건강하게 지내기를 바라는 마음에서 건네는 소박한 선물이다. 그러나 때로 수십에서 수백만 원을 호가하는 선물을 보내기도 한다. 둘째, 스타와 함께 일하는 스태프나 매니저에게 선물을 보낸다. 도시락 하나로는 양이 차지 않는다. 밥차나 커피트럭 등을 촬영장으로 보낸다. 함께 일하는 사람들에게 우리 스타를 잘 부탁한다는 의미가 담겨 있다. 셋째, 광고를 게재한다. 지하철이나 버스에 스타의 생일이나 이벤트에 맞춰 광고를 하는 것이다.

최근 들어 시니어들은 팬 카페 등을 거치지 않고 직접 조공을 하기 시작했다. 대상도 트로트 스타 등에만 국한되지 않는다. 방탄소년단의 팬클럽인 '아미'에도 시니어 세대가 다수 참여하고 있다. 열성팬 '뉴욕할배 제임수'가 운영하는 유튜브 채널은 1백만 조회 수를 넘으면서 화제가 되기도 했다. 이처럼 시니어에게 인기 있는 콘텐츠는 트로트에만 머물러 있지 않다.

─────────────────────

··· 에이지 프렌들리 비즈니스 모델 069

고모델go-models, https://go-models.com/50-plus-model
베이비 모델부터 시니어 모델까지 모든 연령대와 신체 스타일의 온라인 모델 포탈이다. 모델, 사진작가, 광고대행사, 메이크업 아티스트, 전문가들이 모여 있다. 모델 활동을 위해 다양한 네트워크를 구축할 수 있는 기회를 제공한다. 특히 시니어 모델의 경우 활동경험이 없고 모델이 되는 방법을 모르므로 온라인 네트워크를 통해 다양한 전문가들로부터 조언을 얻을 수 있다. 다양한 신체 부위별 모델, 플러스 사이즈 모델 등을 매칭 하는 기능도 한다.

─────────────────────

한물갔던 트로트가 왜 다시 핫해졌을까?

트로트가 다시금 히트를 기록한 데는 여러 요인을 꼽을 수 있다. 복합적인 요인이 하나의 거대한 트렌드를 형성했다고 해석해야 할 것이다. 대표적인 요인은 몇 가지로 압축된다.

첫째, 시니어로 구성된 거대한 규모의 인구집단이다. 시니어에는 베이비부머 세대와 X세대 일부가 포함된다. 이들은 인구 규모는 한국에서 가장 큰 분포를 차지한다. 물론 트로트 열풍은 비단 시니어만이 아니라 전 연령에서 일어났다. 하지만 그 진원은 시니어임을 부인할 수 없다.

둘째, 미디어 플랫폼과 스마트폰 등 기술의 변화다. 미국의 퓨리서치에 따르면 2019년 기준 한국의 스마트폰 보유율은 95퍼센트로 세계 1위다. 인기 있는 콘텐츠가 등장했을 때 파급속도가 빨라진다. TV에서 시작한 트로트 열풍은 유튜브, 카카오톡, 페이스북 등을 위시로 SNS를 타고 빠른 시간 안에 전 연령에게 도달했다.

셋째, 오디션 포맷의 프로그램이 갖는 특성도 한몫했다. 방송사마다 이미 여러 유명 오디션 프로그램이 존재했고 대부분 젊은 세대를 타깃으로 기획되었다. 익숙한 포맷에 트로트라는 익숙한 장르를 접목하자 신선하게 느껴졌다. 소재는 트로트였지만 참가자는 대부분 젊은 세대다. 이런 조합으로 인해 시니어부터 젊은 세대까지 포괄하는 폭넓은 팬이 형성될 수 있었다.

넷째, 극적인 집중 효과 역시 인기의 비결이다. 오디션 프로그램의 특성상 최종적으로 소수의 참가자만 남는다. 팬들이 이들에게 집중할 수밖에 없는 환경이 만들어진다. 트로트가 인기를 끈데 그치지 않고 스타들에 대한 팬덤이 형성되고 시니어들이 스밍과 조공에 나서게 된 배경이다.

다섯째, 트로트의 직관적이고 솔직한 가사가 시니어들을 사로잡았다고 분석할 수 있다. 트로트 가사는 힘든 일상에서 겪는 감정을 한국적

'한'으로 풀어낸다. 서민의 감정을 달래주는 위로이자 공감의 수단이다. 21세기 한국에서 트로트가 그 역할을 제대로 수행한 것이다. 게다가 지원자들 각자가 독특한 사연을 갖고 있다. 사연과 가사와 맞물리면서 시청자와 팬의 감정이 이입되었다. 트로트 오디션 프로그램의 핵심적인 인기 요인일지 모른다.

시니어 팬덤 시대, 기업과 사회가 나아갈 길

트로트로 시작된 시니어 팬덤은 일시적인 유행일까 아니면 앞으로도 상당 기간 지속될 현상일까? 인구 고령화를 고려하면 꽤 오래 지속될 것으로 보인다. 시니어들은 이제 막 팬덤에 눈을 뜨기 시작했다. 이것은 시니어들의 일상을 상당 부분 바꾸어놓을 것이다. 따라서 기업들은 이 현상을 제대로 분석해야 한다.

시니어 팬덤이 폭발적인 위력을 갖는 이유는 규모가 커질 뿐 아니라 응집력이 뛰어나기 때문이다. 시니어는 다른 세대보다 여유자금이 풍부하고 자신이 좋아하는 스타에 대한 보호본능이 남다르다. 시니어 팬덤은 젊은 층의 것과는 다르게 해석해야 한다. 시니어는 강한 보호본능과 높은 충성도를 갖고 있기에 한번 마음을 정하면 여간해서 바꾸거나 포기하지 않는다. 게다가 높은 구매력이 있어서 앞으로 시장을 파괴하는 주도자가 될 수 있다.

임영웅의 팬덤은 대표적인 사례다. 앞서 말한 대로 매일유업에 압력을 가해 광고 모델로 전격 채용되게 만들었다. 게다가 해당 광고 영상은 단숨에 천만 뷰를 달성했다. 그가 광고한 청호나이스 얼음정수기는 판매량이 2배 이상 늘었고 그가 광고한 셔츠는 3주 만에 매출이 5배나 뛰었다. 이것이 시장이 놀란 임영웅 효과다. 그는 직접 수시로 팬들과 소통하면서 강한 응집력을 만들어냈다. 스마트폰에 익숙해진 시니어 팬들은 그의 활동을 매일 보면서 수시로 소통할 수 있게 되었다.

시니어는 전반적으로 고독감을 호소한다. 혼자 산다면 그런 경향은 더 강해진다. 일본의 경우 시니어가 얘기를 나눌 수 있는 전화 상담 서비스가 개설되었다. 이런 서비스까지 등장하게 된 배경에 고독한 시니어들이 있다. 시니어가 마음을 두고 시간과 공을 기울이며 대상에게 헌신한다. 이 현상은 앞으로 더욱 다양한 형태로 변화하며 강해질 것이다. 기업은 시니어 팬덤을 시장의 주요 견인요인으로 분석할 필요가 있다. 빤한 아이돌 스타가 아니라 시니어들의 마음을 사로잡을 수 있는 새로운 스타를 발굴해야 한다.

시니어 팬덤을 효과적으로 활용하려면 단순히 광고 모델 기용 차원을 넘어서는 발상도 필요하다. 제품과 서비스를 기획하는 단계에서부터 팬덤과 함께 준비작업을 할 필요가 있다. 앞으로 팬덤의 크기와 위력은 더욱 커질 것이다. 그것과 호흡하며 활용할 수 있는 기업의 역량 역시 중요해진다.

어디에서 살 것인가? 무엇을 먹을 것인가? 어떤 것을 입을 것인가? 이 3가지는 인생에서 가장 필수적인 질문일 것이다. 그런데 나이가 들면서 '무엇을 먹을 것인가'와 '어떤 것을 입을 것인가'에 대한 고민은 상대적으로 줄어든다. 성인병 등의 이유로 소박하게 먹을 수밖에 없다. 사회적 활동이 줄어들면서 화려하게 입을 필요와 욕망도 적어진다. 그런데 '어디에서 살 것인가'에 대한 고민만은 끊임없이 계속된다. 심지어 더 절박해진다. 결국 '어디에서 살 것인가'란 '어디에서 죽을 것인가'와도 직결되는 문제다. 많은 시니어들이 시설이 아닌 내 집에서 늙고 싶어 한다. 과거보다 노인을 보호하고 요양하는 시설이 많이 늘었다. 하지만 그와 비례해 시설에 가기를 원하지 않는 시니어도 늘고 있다. 이런 욕구에 발맞춰 시니어들이 자기 집에서도 안전하게 살아갈 수 있는 기술과 서비스가 비약적으로 증가하고 있다. 이 시장에서 어떤 일이 벌어지고 있는지 살펴보자.

제6장

에이징 인 플레이스, 시설이 아니라 내 집에서 늙고 싶다

I want Getting Old in my home!

시니어들은 어디에서 살고 싶어 하는가?

세계적으로 시니어 인구가 폭발적으로 증가하고 있다. 그러나 이제껏 한 번도 경험해본 적이 없는 상황이라 각국 정부는 이 문제에 어떻게 대처할지 난감하다.

시니어들의 거주환경 문제만 해도 그렇다. 여러 나라들이 시니어들과 청년 세대를 함께 살게 하는 세대통합 실험을 계속 하고 있다. 유럽 국가들은 이를 활발히 도입 중이다. 독일과 스위스에는 '도움의 집'이라는 제도가 있다. 까다로운 심사로 선발한 학생이 노인 소유의 집에 동거하면서 집안일을 도우면 국가에서 집세를 보조해준다. 영국도 주택공유 제도가 있다. 독일의 경우 요양원에 가고 싶지 않은 노인이 공동주택을 지을 경우 1만 유로(약 1,300만 원)의 보조금을 지원한다.

'최후까지 내 집에서 산다'는 캠페인까지 벌이는 일본은 고령자 주택 리모델링 지원사업이 매우 활발하다. 문턱이 없는 배리어프리barrier-free나 미끄럼 방지 공사는 기본이다. 지자체가 20만 엔(약 200만 원)까지 보조금을 지원한다.

하지만 아직까지 선진국 중 어느 하나도 '이것이다!' 할 만한 해법은 내놓지 못하고 있다. 물론 앞으로도 각기 다양한 시니어를 위한 주거 실험이 계속될 것이다. 그러나 당분간은 저소득 보호 대상자가 아닌 이상 국가의 도움을 기대하기 힘든 각자도생의 현실이 지속될 것으로 보인다.

등 떠밀려 요양병원이나 요양원엔 가기 싫어!

시설이 아닌 내 집에서 늙고 싶다는 시니어들의 요구는 커 보인다. 우리나라뿐 아니라 시니어가 증가하는 국가에서 공통으로 나타나는 현상이다. 미국은퇴자협회의 2018년 조사에 따르면 50세 이상의 76퍼센트가 '나이 들어도 내 집이나 살던 지역에서 살고 싶다'고 응답했다. 하지만 실제 그렇게 할 수 있을 것이라고 응답한 사람은 59퍼센트였다.

보건복지부가 발표한 '2020년 노인실태조사'에 따르면 우리나라 노인의 79.8퍼센트가 내 집에서 사는 것으로 나타났다. 주거형태는 아파트가 48.4퍼센트로 가장 많았고 그 다음이 단독주택(35.3퍼센트)과 연립·다세대주택(15.1퍼센트) 순이었다. 78.2퍼센트가 독거 혹은 부부 등 노인 단독가구인 것으로 조사됐다.

그런데 응답자 대다수(83.8퍼센트)는 건강만 허락된다면 계속 자신의 집에 살기를 희망했다. 56.5퍼센트는 거동이 불편해도 재가 서비스 등을 받으며 자기 집에 계속 살기를 희망했다. 요양시설 등을 이용하겠다는 응답은 31.3퍼센트에 불과했다. 이마저도 가족에게 폐를 끼치지 않겠다는 이유로 추정된다.

우리나라에서 노인 관련 복지시설은 지속적으로 늘고 있는 추세다. 2018년 기준 요양원은 5,725개, 요양병원은 1,577개에 달한다. 참고로 요양원이란 간병과 돌봄 서비스가 제공되는 노인 요양시설로서 건보공단이 인정한 노인 장기요양등급을 받은 노인이 입소할 수 있다. 의사가 상주하지 않는다. 요양병원은 의료행위가 행해지는 곳으로 장기요양이 필요한 노인 환자를 위한 의료기관이다. 뇌졸중, 치매, 파킨슨병 같은 노인성 질환이나 만성질환, 수술이나 상해 후 회복을 위해 장기요양이 필요한 노인이 입원한다.

에이지 프렌들리 비즈니스 모델 070

더욱 본격화된 고령자 요양시설을 위한 제품과 서비스

- **스토리케어**Storii care, https://www.storiicare.com
고령자 간호를 위한 소프트웨어 플랫폼. 직원 1인의 주간 6시간의 서류작업을 대신해준다. 요양원, 데이케어 센터, 장애인 돌봄 서비스, 생활 보조 커뮤니티, 재택 요양기관 등이 사용할 수 있다.
- **라이프루프**LifeLoop, https://ourlifeloop.com
고령자 커뮤니티를 위한 소통 플랫폼. 이벤트 공지, 첨부 파일, 사진, 동영상 등도 공유할 수 있다. 이벤트 참여에 등록하면 이벤트가 시작되기 30분 전에 알림을 받을 수 있다.

- **세트포인트**SETPOINT, https://www.setpoint.ai

상업용 건물에서 모든 방의 상태를 모니터링하고 제어할 수 있는 장치를 제공한다. 각 방의 에너지 소비 장치를 자동으로 관리해 쾌적함을 유지한다. 개인별 맞춤 온도와 습도 설정이 가능하다.

- **웰비**welbi, https://www.welbi.co

고령자 커뮤니티를 위한 거주 경험 플랫폼. 디지털 일정 캘린더와 스케줄 관리 도구로 효율적으로 프로그램을 운용한다. 거주자의 접촉기록을 조회해 전염성 질병 확산을 추적한다.

- **네비스큐**nevisQ, https://nevisq.com

요양시설을 위한 낙상 방지 솔루션. 침대 이탈 알람, 복도와 계단에서 낙상을 감지해 즉시 경보를 직원에게 보낸다. 센서는 눈에 띄지 않게 감지 기능을 수행한다.

- **루브릭**roobrik, https://www.roobrik.com

고령자와 가족을 위한 시니어 케어 옵션을 제공한다. 요구사항, 생활 상황, 선호도나 상태에 따라 맞춤형 케어와 생활 옵션을 제시한다.

- **커넥트케어히어로**Connect CareHero, https://www.connectcarehero.com

노인들의 커뮤니티 구축을 돕는 디지털 플랫폼이다. 참여를 유도하고 사회적 고립을 해결하기 위해 다양한 활동을 제공한다. 개인 맞춤 프로그램과 이벤트, 커뮤니티 동향을 리포트 해준다.

- **헤일로**hayylo, https://hayylo.com

SMS, 전화통화, 이메일, 정보 공유 등이 가능한 커뮤니케이션 플랫폼. 거주자나 가족이 일정과 서비스 정보를 쉽게 파악할 수 있다. 일일이 전화로 알릴 필요가 없으며 향후 감사나 보고에 도움이 되도록 모든 기록이 체계적으로 보관된다.

- **하트레거시**HeartLegacy, https://heartlegacy.com

고령자 요양시설의 홍보를 돕는 플랫폼. 미국과 캐나다 전역의 노인 커뮤니티, 치매 관련 요양시설, 홈 케어 기관을 소개한다.

- **세이즐리**sagely, https://gosagely.com

요양시설에서 직원을 교육할 수 있는 플랫폼. 규모와 프로그램에 따라 패키지를 고를 수 있다. 디스플레이 달력 도구, 뉴스레터 생성 기능도 제공한다. 디지털 디스플레이 등 맞춤화된 콘텐츠를 시설 거주자에게 제공할 수 있다.

- **테이아케어**TeiaCare, https://teiacare.com

요양원을 위한 인공지능 모니터링 시스템. 고령자의 상태를 모니터링해서 낙상이나 이탈 같은 위험상황을 실시간으로 알려준다.

- **메모리웰**MemoryWell, https://www.memorywell.com
의료서비스 제공자를 위한 환자 정보 플랫폼. 스토리텔링과 데이터를 결합해 공감 가고 개인화된 치료를 제공하도록 돕는다. 작가는 환자를 인터뷰해서 스토리텔링 형식의 의료 데이터를 만든다.
- **위케어**We+Care, https://www.weplus.care/en
간병인을 위한 솔루션 프로그램. 고령자의 프로필과 간병에 필요한 세부정보를 통합 관리해준다. 매일, 매주, 매월 반복적인 작업을 대행해 보고한다.
- **뉴리시**nourish, https://nourishcare.co.uk
진료 현장에서 녹음과 텍스트 전환 기능을 제공해 정확한 기록을 가능하게 해주는 디지털 케어 소프트웨어. 음성-텍스트 변환 기능으로 주의사항 등을 함께 기록한다.
- **오라**Orah, https://orah.care
재택 의료서비스를 제공하는 기관을 위한 품질관리 시스템. 간병인이 생성한 환자 데이터와 의료진을 연결해 더 적극적인 의료 제공이 가능하게 돕는다.

시니어 주거 트렌드, 에이징 인 플레이스

에이징 인 플레이스aging in place란 고령자가 요양원이나 요양병원 등의 시설로 옮기지 않고 자신의 집에서 편안히 지낼 수 있게 하는 것을 의미한다. 이전 같으면 거동이 불편해진 노인이 자기 집에서 지내는 일은 거의 불가능에 가까웠다. 그러려면 간병인이나 누군가의 조력이 필요했다.

하지만 기술과 서비스의 발달로 이 선택이 가능해지고 있다. 누구라도 자신이 혼자 힘으로 살아갈 수 없다는 현실을 받아들이기 쉽지 않다. 가급적 자신의 몸과 마음을 스스로 제어하고 돌보며 독립적으로 살아가기를 바란다. 하지만 나이가 들면서 타협해야 할 시점이 온다. 누구나 어떤 상황에선 누군가의 도움을 받아야 한다는 사실을 자연스럽게 받아들일 필요가 있다.

요즘엔 65세가 넘어도 도움이 필요하지 않은 경우가 많다. 운전도 하고 생활에 필요한 일도 처리할 수 있다. 배우자가 있다면 일을 나눠 할 수도 있고 간헐적으로 이웃이나 친구, 가족의 도움을 받을 수도 있다. 하지만 더 나이가 들면 상황이 달라진다. 누군가의 도움이 없이는 생활하기가 불편해지는 시점이 온다.

과거라면 경로당 같은 노인 커뮤니티를 이용하거나 생활 보조시설을 택할 수밖에 없었다. 그보다 더 상태가 나빠지면 요양원이나 요양병원으로 옮겨야 한다. 좋은 선택이 아니라도 다른 뾰족한 대안이 없었다. 그런데 이제는 다양한 홈 케어 서비스를 활용해 자신의 집에서 더 머물 수 있다. 선진국을 위시로 시니어 케어에 대한 사회적 인식이 많이 확산되었다.

내 집에서 이용하는 다양한 홈 케어 서비스

가사도우미는 대표적인 홈 케어 서비스다. 내 집에서 생활하려면 꽤 많은 노동이 필요하다. 청소, 세탁, 식료품 구입, 화분 관리, 관리비 정산 등등. 젊었을 때는 별 것 아닌 일이라도 시니어들에게는 힘들 수 있다. 이런 영역에서 가사도우미 서비스의 도움을 받을 수 있다.

교통 역시 노인들에게는 중대한 문제가 된다. 나이가 들면 반사 신경 등이 둔해져서 운전이 힘들거나 밤길이나 빗길 운전이 두려워진다. 대중교통을 이용하면 된다고 하지만 걷고 오르내리기 힘든 고령자들에게는 힘든 일이다. 기차나 버스의 예매와 배차 확인, 자동차 공유나 택시 호출과 결제 등을 이용하는 것도 쉽지 않다. 따라서 국가는 시니어들을 위한 교통 지원 서비스를 제공할 수 있다.

간병이나 간호 서비스 역시 중요한 영역이다. 거동이 불편해지면 옷을 갈아입는 일, 목욕, 식사 준비 같은 일상 활동에도 도움이 필요해진다. 정도에 따라 하루 몇 시간 도와주는 것에서부터 24시간 상주하는 것까지 다양한 간병 서비스가 제공될 수 있다. 혈압을 재는 일, 약 복용 시간을 알려주는 일 등을 지원할 수도 있다.

시니어들이 낮 시간 동안 사교활동을 하며 시간을 보내게 해주는 주간 프로그램이나 돌봄 과정이 제공될 수도 있다. 간병하는 가족이 있다면 이들에게 휴식할 시간을 주면서 고령자 스스로도 다양한 활동과 체험을 할 수 있다. 이러한 데이케어 프로그램들은 주로 사회성을 높여주는 과목으로 구성되어 있다. 초기 단계 알츠하이머 환자나 기초적인 수준의 의료서비스를 제공하는 전문적인 곳도 있다.

특히 시니어 데이케어 시장은 우리나라에서도 매우 활발해지고 있는 추세다. 낮 시간 동안 고립되어 고독감을 느끼기 쉬운 노인들이 전문적인 환경에서 간병인과 관리자의 도움을 받으며 활동할 수 있다. 시니어 데이케어 센터는 간단한 의료서비스를 제공함과 동시에 집단과 어울려 계획된 다채로운 사교 활동을 즐길 수 있게 해준다. 자신의 집에 거주하면서 무료한 낮 시간에는 이곳에서 시간을 보낼 수 있다.

1인 고령자를 위한 재택 의료 간병 서비스

• **템보헬스**Tembo.Health, https://tembo.health

원격진료 서비스 플랫폼. 긴급진료, 정신건강의학과나 심장외과 예약 등의 서비스를 제공한다. 연계된 의사와 간호사가 연중무휴 24시간 응대한다.

• **루티니파이**Routinify, https://www.routinify.com

고령자 재택 원격진료 서비스를 제공한다. 웨어러블, 의료기기, 가정 내 센서에서 수집한 데이터와 스마트 디스플레이를 연동해 건강하게 생활하도록 돕는다.

• **라이프팟**LifePod, https://lifepod.com

음성 기술로 원격 모니터링과 돌봄을 제공한다. 고령자, 만성질환자, 간병인 모두 사용할 수 있는 양방향 음성 서비스다.

• **헬퍼비**The Helper Bees, https://www.thehelperbees.com/individuals

중개인 없이 개인이 재택 간병인을 고용할 수 있는 플랫폼. 도우미 프로필을 검토하고 이동 서비스, 개인위생, 전문 치료 등 철저한 배경조사를 거친 간병인을 고용할 수 있다.

• **아너**Honor, https://www.joinhonor.com

신뢰할 수 있는 간병인, 의료서비스를 안내한다. 간병인은 앉았다 서기, 휠체어 지원, 목욕, 이동, 식사 준비와 식단, 복약을 돕는다.

• **케어링스**CareLinx, https://www.carelinx.com

간병인을 파견하고 애플리케이션으로 과정을 모니터링 한다. 간병인을 찾아 고용하고 임금을 지불하며 보호자는 앱으로 간병인의 모든 활동을 확인할 수 있다.

• **리프티드**Lifted, https://www.liftedcare.com

아침시간 간병, 24시간 상주 간호, 치매 전문 지원 등 고객 요청에 맞는 도움을 제공할 전문가를 파견한다. 숙련된 간병인이 친근하게 서비스를 제공하고 일상생활의 어려움을 돕는다.

• **세라케어**Cera Care, https://ceracare.co.uk

입주 간호와 정기 방문 등 홈 케어 서비스를 제공한다. 자립을 돕는 케어, 치매환자를 위한 케어, 죽음을 앞둔 환자를 위한 말기 케어도 제공한다.

• **홈에이지**Homeage, https://www.homage.sg

언제든 간편하게 케어를 요청하고 관리할 수 있다. 맞춤 케어 전문가와 연결해 원하는 간병을 받을 수 있다. 케어에는 식사, 목욕, 옷 입기, 배변, 이동, 요실금 케어 등이 포함된다.

- **슈퍼케어러스**SuperCarers, https://supercarers.com
집안일과 개인위생 케어, 외부 스케줄을 위한 이동을 돕는다. 입주 케어, 데이케어, 나이트 케어 및 치매, 신경장애, 암, 관절염 등 각종 증상에 대처하여 적절한 케어를 제공한다.

노인의 직장이자 학교, 데이케어 서비스의 진화

데이케어 서비스는 제공되는 치료 수준 등이 시설마다 차이가 난다. 첫째 유형은 주로 그룹을 통한 사회활동이나 여가활동에 중점을 둔 형태다. 여기에 덧붙여 간단한 건강이나 개인 관리 서비스가 제공된다. 둘째 유형은 좀 더 광범위한 의료나 치료 서비스를 제공하는 경우다. 예를 들어 물리치료, 언어치료 등 간호 인력이나 의료 전문가가 참여하는 방식이다. 셋째 유형으로는 치매나 장애 등 관심을 요하는 건강상태의 성인을 위해 전문 서비스를 제공하는 형태다.

성인 데이케어 센터는 주로 월요일부터 금요일까지 주간에 운영된다. 필요할 경우 저녁이나 주말에도 제공된다. 주된 목적은 고령자들이 집에서 벗어나서 정서적·사회적 자극을 받으면서 보살핌을 받도록 하는 것이다. 그를 통해 가족이나 동거인 혹은 간병인이 자기 용무를 보거나 휴식할 수 있도록 돕는다.

잘 운영되는 시니어 데이케어 센터는 다양한 서비스로 고령자에게 도움을 준다. 이용자는 마치 직장이나 학교에 가듯이 보람을 느끼며 기술이나 스킬을 기르고 사회적 상호작용을 경험할 수 있다. 시설마다 기능이 조금씩 다르지만 대체로 여러 서비스를 포함한다.

가장 주된 것은 사회적 활동이다. 프로그램은 참가자들의 역량이나 건강상태에 맞춰 구성된다. 예술이나 공예, 노래 부르기나 악기 연주 등의 음악 활동, 빙고게임 등 두뇌 자극 활동, 스트레칭 등 가벼운 운동, 독서나 영화 감상 등 토론 활동, 휴일이나 생일축하 행사나 소풍 같은 여가활동 등이 그것이다. 즐겁고 교육적인 활동을 제공한다. 적절한 신체 활동은 낙상 등을 예방하는 데 도움이 되며 그룹 상호작용을 통해 인지능력 저하를 지연할 수 있다. 자칫 무료할 수 있는 낮 시간을 바쁘게 보내면 밤에 편히 잠을 잘 수 있고 보람 있는 활동을 통해 고령자의 자아성취감을 높여주기도 한다. 자력으로 친분을 쌓기 힘든 이들에게는 새로운 또래집단을 만나 우정을 키울 기회도 된다.

영양이 불균형하기 쉬운 고령자들에게 골고루 음식을 섭취하게 돕는 것도 데이케어 센터의 역할 중 하나다. 특별식을 포함해 영양가 있는 식사와 간식을 제공한다. 의복을 단장하고 배변 후에 몸을 단장하고 걷기나 낮잠 같은 일상생활을 도울 수도 있다.

의료서비스의 경우 혈압을 재거나 간단히 청력이나 시력을 체크하는 등 고령화에 따른 증세들을 꾸준히 관리하는 일에서부터 좀 더 세부적인 증세에 대한 집중적인 의료나 치료 서비스에 이르기까지 다양하게 제공될 수 있다.

일부 데이케어 센터는 가정에서 센터를 오가는 교통편이나 가까운 지역에 외출할 수 있는 교통편을 제공함으로써 고령자의 활동을 보조한다. 또한 간병인을 위한 서비스를 제공하는 곳도 있는데 간병인 상담이나 지원, 간병 플랜을 세우는 것을 돕거나 관련 교육을 시행하기도 한다.

일상이 너무도 무료하고 고독감이 높아져 사회활동이 필요하다고 생각할 때에는 망설일 필요 없이 시니어 데이케어 서비스를 이용하는 것이 좋다. 특히 집에서 혼자 지내는 것이 안전하지 않은 경우에 그렇다. 신체 혹은 인지 장애로 상시 간병인의 조력이 필요하거나 알츠하이머 초기 단계로 다양한 자극활동이 권장될 때도 이용할 만하다. 지팡이나 보행기 혹은 휠체어에 의존해야 하는 경우에도 혼자 활동하는 것보다는 데이케어 서비스를 이용해 조력을 받는 것이 좋다.

··· 에이지 프렌들리 비즈니스 모델 072

가족과 간병인을 돕는 다양한 서비스들

- **시니어링크**Seniorlin, https://www.seniorlink.com
가족이나 전문 간병인을 위한 전문적인 코칭을 제공한다. 간병인이 의료진 도움 없이 가정에서 의료적 처치를 할 수 있도록 돕는다. 협업 앱을 통해 필요할 때 코치에게 연락할 수 있다.
- **홈스라이브**Homethrive, https://www.homethrive.com
간병인과 고령자를 위한 전문가 서비스. 코칭과 교육을 통해 가족 지원, 진료 예약, 교통편 관리, 목표 설정 및 추적, 약품과 식료품 배송 설정 등을 처리한다.
- **터치라이트**Torchlight, https://www.torchlight.care
간병인을 위한 디지털 지원 플랫폼. 간병 전략 및 솔루션에 대한 실시간 정보를 제공한다. 간병 지식을 일대일로 컨설팅 해 스트레스를 줄이고 간병 결과를 향상시킨다.
- **아웃페이션트**Outpatient, https://getoutpatient.com
의료 협업을 위한 애플리케이션. 가족, 친구를 초대해 고령자의 진료 진행상황을 모니터링 한다. 약, 의료팀 연락처, 보험 세부 정보 등을 안내한다.

- **퀼**Quil, https://quilhealth.com

가족, 의료진이 협력해 고령자의 건강관리 계획을 수립하는 플랫폼. 고령자, 간병인, 의료진을 연결하고 소통을 돕는다. 간병인은 환자가 어떤 도움을 필요로 하는지 파악할 수 있다.

- **오스카시니어**Oscar Senior, https://www.oscarsenior.com

간병인이 고령자를 원격으로 돌보도록 돕는 텔레케어 소프트웨어. 복약, 신체나 주위 환경 모니터링, 영상 검진과 그룹 통화, 메신저와 알림 기능으로 간병 서비스를 제공한다.

- **케어아카데미**CareAcademy, https://careacademy.com

간병인을 위한 교육 프로그램. 미국 50개 주에서 승인된 교육과정으로 가정 내 건강 보조원, 비의료 간병인, 개인 간병 보조원을 위한 교육을 제공한다.

- **버디**birdie, https://www.birdie.care

간병인이 효율적으로 일하도록 돕는 디지털 소프트웨어. 음성 메모 녹음, 위험상황 신고, 모바일 기기를 이용한 복약 기록 업데이트 등으로 손쉽게 일할 수 있다.

시니어가 내 집에서 살도록 돕는 첨단 서비스

전 세계 첨단기술은 늙고 싶어 하지 않는 소비자의 삶과 일상을 지원하는 데 초점이 맞춰져 있다고 해도 과언이 아니다. 나이가 들어서도 내 집에서 편안히 지내고 싶다는 욕망은 기술과 서비스의 발전으로 점차 충족되어갈 것으로 보인다.

도쿄대학교 첨단과학기술연구센터Research Center for Advanced Science and Technology, RCAST의 히야마 아츠시Hiyama Atsushi는 가상현실, IoT 등 정보 미디어 기술을 적용해서 사이버 공간과 개인·사회를 융합함으로써 초고령사회의 문제를 새로운 시각으로 조명한다. 사회가 받게 될 초고령화에 따른 충격을 첨단기술의 도움으로 완화하겠다는 의지다. 이들은 초고령사회의 문제가 비단 고령자의 신체적 기능 저하 때문만이 아님을 설파한다. 고령자들은 4가지 측면의 욕구를 호소한다. 사회Social, 개인Personal, 심리Mental, 신체Physical적 필요에 의한 욕구로 각각 '사회참여의 욕구', '건강하고자 하는 욕구', '삶의 보람을 찾고자 하는 욕구', '행동 관련 기능 충족의 욕구'다. 즉 첨단기술의 개발 방향은 고령자들의 4가지 욕구 측면을 골고루 고려해 이루어져야 한다.

노인은 자기가 살던 집에서 자력으로 거동하며 사는 수동적인 삶만을 원하지 않는다. 좀 더 건강하고 활발하게 움직이고 활동하기를 원한다. 신체적으로는 다양한 활동을 원활히 하며 불편함이 없기를 바란다. 더 나아가 사회의 일원으로 참여함으로써 삶의 보람과 의미를 찾고 싶어 한다. 이러한 시니어의 모든 필요에 답할 수 있는 다양한 기술 진화의 현장을 직접 찾아가보도록 하자.

직접 가지 않고도 소통하는 텔레프레즌스 로봇

이동과 참여가 불편한 시니어들의 다양한 사회참여를 돕는 방편 중 하나로 텔레프레즌스 로봇telepresence robot이 꼽힌다. 도쿄대학교 첨단과학기술연구센터도 관련 연구를 활발히 진행하고 있다. 텔레프레즌스란 본인을 대신해 현장에 참여해 소통하고 공감하는 대리로봇이다. 현실공간에 존재하는 아바타인 셈이다.

원격강의를 떠올려보자. 기존 원격강의는 카메라를 보고 강사가 말을 하고 멀리 떨어져 있는 수강생은 화면으로 강의를 시청한다. 일방통행이다. 현장감도 떨어지고 강사와 수강생 간의 심리적 거리감도 생긴다. 그런데 마치 강사가 내 앞에 있는 것처럼 실감나게 참여할 수는 없을까? 나 역시 강사에게 반응하고 질문하면서 서로 소통할 수는 없을까? 이런 개념에서 등장한 것이 텔레프레즌스 로봇이다.

로봇 몸체와 연결된 디스플레이가 표정이나 몸의 움직임과 동기화되

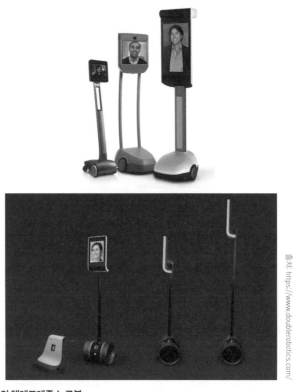

출처: https://www.doublerobotics.com/

다양한 형태의 텔레프레즌스 로봇

어 반응한다. 강사가 오른쪽으로 걸어가면서 고개를 돌리면 로봇도 이동하면서 고개를 돌린다. 반대로 왼쪽으로 걸어가면서 정면을 응시하면 로봇도 이동하면서 정면을 쳐다본다. 고개를 끄덕이면 로봇도 똑같이 한다. 소통하는 양자의 심리적 거리감이 줄어들고 의사소통 빈도도 늘어나며 친근감을 느끼게 된다. 실제 텔레프레젠스 강의가 끝난 다음 로봇과 기념촬영을 하려는 이들이 많았다고 한다.

텔레프레즌스 로봇은 다양한 영역에서 활용될 수 있다. 내가 가야 할 곳이나 가고 싶은 곳에 대신 보낼 수 있다. 파티에 가거나 반상회에서 의견을 전달하거나 원하는 강의를 듣는다. 박물관이나 미술관을 관람하고 운동 경기에 관중으로 참여할 수 있다. 다양한 제어 방식과 모양, 구현 기능을 갖춘 텔레프레즌스 로봇이 속속 등장하고 있기에 앞으로 기대가 더 크다.

초고령사회에 대해 고민할 때는 건강만이 아니라 시니어의 사회생활도 중대한 문제로 받아들여야 한다. 텔레프레즌스 로봇은 시니어의 원활한 사회활동을 위한 하나의 대안이 될 수 있다.

· · ·   **에이지 프렌들리 비즈니스 모델 073**

인튜이션 로보틱스intuition robotics**, https://www.intuitionrobotics.com**
고령자와 유대를 형성해 건강 상태를 체크하고 원격진료를 도와주는 탁상형 로봇이다. 다양한 증세와 건강추이를 추적해서 질병을 조기에 발견하고 개입하도록 맞춤형 치료를 제공한다. 대인관계나 사회활동, 외부와의 연결을 돕고 고령자의 자립을 지원한다. 체중, 혈당, 심박 등 데이터를 수집해서 수시로 체크하며 대화와 인지능력 향상 게임으로 정서적 건강도 챙겨준다. 로봇을 통해 의사와 통화할 수 있다.

로봇이나 기기와 점점 더 친숙해지는 시니어들

도쿄대학교 첨단과학기술연구센터가 개발한 텔레프레즌스 로봇의 콘셉트는 구동하는 사람이 원하는 대로 화면과 몸짓이 동기화되는 데 있다. 기계 조작법에 익숙하지 않아도 자연스레 움직이는 대로 로봇이 조작된다. 따라서 스마트폰이나 컴퓨터보다 조작이 간편하다. 직관적인 로봇과 기기들에 시니어들은 얼마나 빨리 익숙해질 수 있을까? 혹시 무작정 첨단기기를 경계하고 장벽을 느끼는 것은 아닐까?

한국창의정보문화학회 소속 배일한과 한정혜의 연구 논문 〈노인들의 신체상태가 텔레프레즌스 로봇 수용성에 미치는 영향에 대한 분석〉에 의하면 그런 걱정을 할 필요가 없어 보인다. 이 연구는 자력으로 걷지 못해서 보조 장구에 의존하는 등 시니어의 신체상태가 로봇 수용성과 어떤 연관이 있는지 조사했다. 스스로 걸어 다닐 수 있는 노인과 전동스쿠터 등에 의존하는 노인으로 나누어 조사한 것이다. 각각 텔레프레즌스 로봇 사용 모습을 보게 하고 어디까지 활용할 의사가 있는지 물었다. 그 결과 신체상태는 텔레프레즌스 로봇을 수용하는 의미 있는 변수가 아니었다. 오히려 노인들이 스스로 평가하는 주관적 건강상태가 로봇 수용성과 상관관계를 보였다. 즉 몸의 불편함 자체가 아니라 꾸준히 건강하기 위해 노력하는 적극성이 로봇 수용성을 높였다. 건강을 증진하고자 하는 긍정적 태도를 가지면 활발한 사회활동과 참여를 가능하게 해주는 첨단기기를 기꺼이 수용할 수 있다.

첨단기기는 이제 막 걸음마 단계에 들어섰을 뿐이다. 점점 더 많은 기기가 사용자 친화적이며 직관적인 사용법을 구현하는 방향으로 개발된다. 시니어들은 의욕 넘치는 삶을 위해 새로운 기술과 기기를 얼마든지 받아들일 의향이 있다.

· · ·　　　에이지 프렌들리 비즈니스 모델 074

큐티Cutii, https://www.cutii.io/en
고령자가 다른 이들과 영상통화를 할 수 있는 시스템을 포함한 케어 로봇이다. 고령자가 앉거나 선 상태에서 눈높이를 맞출 수 있도록 높이가 조절된다. 고령자에게 퀴즈, 게임, 책 읽어주기 등 다양한 여가 프로그램을 제공한다. 밤에는 야간 순찰 기능으로 고령자의 상태를 확인할 수 있다. 보컬 어시스턴트 기능이 탑재되어 있어 말을 듣고 대답할 수 있다. 독립적으로 이동할 수 있으며 영상통화를 할 경우 원격제어로 화면이 더 잘 보이게 조정할 수 있다.

전동 휠체어나 보행기 대신 로봇 모빌리티

시니어를 위한 이동수단 역시 발전을 거듭하고 있다. 일본의 실용 로보틱 솔루션 기업 티엠작크tmsuk 사는 2가지 모델의 시니어용 모빌리티를 생산한다. 로뎀Rodem은 가정 내 혹은 실내 이동장치로 고령자 본인이나 보호자의 부담을 덜어주도록 설계되었다. 다리를 들거나 일어서서 올라타지 않아도 기기를 소파나 침대 등과 연결한 상태에서 손쉽게 탑승할 수 있다. 높이가 조절되기 때문에 집안에서도 여기 앉은 채 이동하거나 활동할 수 있다.

시티 모빌리티City Mobility라는 로봇 모빌리티도 있는데 미래형 모터사이클처럼 생겼다. 근거리 이동이 가능하게 설계된 이 기기는 클라우드를 통한 응용 프로그램 연결, 음성 인식 컨트롤, 탑승자 생체데이터 검색, GPS 기반의 위치 인식, 언덕길 자동 제어 기능 등 AI 기능이 탑재되

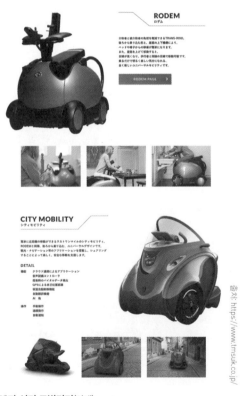

출처: https://www.tmsuk.co.jp/

로봇 모빌리티 로뎀(위)과 시티 모빌리티(아래)

어 있다. 시니어들이 이런 장치를 통해 편리하게 거리를 확보할 수 있을 것으로 기대해본다.

에이지 프렌들리 비즈니스 모델 075

다양한 고령자를 위한 다양한 모빌리티 제품들

• **도요타 씨워크**C+walk, https://toyota.jp/cwalkt

최고 시속이 걷는 속도 정도인 2~10킬로미터로 보행 지원 용도로 이용된다. 안전문제로 면허를 반납하는 시니어가 증가하므로 자동차의 대안으로 주목받고 있다. 쇼핑센터, 공항, 공장, 공원 등 대형 시설에서의 보행을 보조한다. 3륜으로 차체가 안정되어 전복의 위험 없이 이용할 수 있다. 판매가는 35만 엔(약 350만 원) 전후다.

• **무빙라이프**movinglife, https://movinglife.com

스마트한 고성능 모빌리티 스쿠터. 콤팩트한 접이식 유닛이 2개로 분리되므로 운반이 쉽고 수납이 용이하다. 비행기, 택시 트렁크 등에 손쉽게 실을 수 있다. 여행가방처럼 접거나 2개의 부품으로 분리할 수 있어 휴대도 가능하다. USB 포트, 데크 보관함, 조절 가능한 좌석 등으로 편의성을 높였다. 4~5시간 충전하면 2킬로미터까지 주행할 수 있다.

• **니노 로보틱스**Nino Robotics, https://www.nino-robotics.com/en

모든 휠체어에 결합해 사용할 수 있는 전동 휠 '원'one을 선보인다. 가벼운 무게와 작은 크기로 자동차, 기차, 비행기 등에 손쉽게 수납할 수 있다. 이동이 간편한 착탈식 핸들 바와 계기판이 독보적이다. 2개의 평행한 바퀴와 센서로 가슴을 앞뒤로 움직여 제동, 전진, 후진이 가능하다. 이동식 핸들을 사용하면 한 손으로도 작동할 수 있다.

• **휠**WHILL, https://whill.inc/choose-country-region/index.html

근거리 이동용 전동 휠체어. 공항이나 놀이공원 등 다양한 장소에서 원활하게 활동할 수 있다. 회전반경이 작아서 슈퍼나 병원 등 협소한 시설에서도 안전하게 이동할 수 있다. 리모컨 조작이 용이하며 직관적으로 설계되었다. 장바구니가 달려 있어 쇼핑 등에서 편하게 사용할 수 있다. 고장이나 접촉사고 등에 대비한 보험 서비스도 옵션으로 제공한다.

에이징 인 플레이스, 시설이 아니라 내 집에서 늙고 싶다   219

간병 로봇이 바꿔갈 시니어 가정의 풍경

보통 요양원에서는 1명의 간병인이 3명 이상의 노인 환자를 전담한다. 인건비가 비싸기 때문이다. 가정에서 간병 서비스를 받고 싶은 시니어 역시 큰돈을 들여 사람을 고용하기가 쉽지 않다. 중대한 질병이 없다면 위급상황이 자주 생기지 않는다. 누군가 지켜보고 있다가 위급상황에만 도움을 줘도 충분한 경우가 많다. 고령자 입장에도 간병인이나 간호사가 온종일 같이 지내는 쪽이 더 부담스러울 수도 있다.

이런 경우에 대비해 일본에서는 실제 로봇이 활약하고 있다. 간호 로봇 '소완'Sowan이 주인공이다. 사람이라면 24시간 잠도 자지 않고 누군가를 지켜보는 게 불가능하다. 잠깐 한눈을 판 사이에 환자 상태가 나빠지면 낭패다. 개인적인 볼일을 보다가 위급상황이 되어도 당장 돌아올 수 없다. 차선책으로 집안 곳곳에 감시카메라를 설치할 수도 있다. 그런데 그렇게 하면 고령자의 프라이버시가 무시된다. 고령자들이 낙상하기 쉬운 화장실까지 감시카메라를 설치하기는 곤란한 노릇이다. 게다가 감시카메라 역시 누군가 계속 지켜봐야만 위기상황을 감지할 수 있다.

그런데 간호 로봇은 다르다. 소완은 긴급할 때 언제든 달려온다. 그러나 개인을 따라다니며 일일이 감시하지는 않는다. 평소에는 한곳에 얌전히 서 있다가 고령자에게 무슨 일이 생길 때만 작동한다. 고령자는 손목에 맥박 등을 측정하는 장치만 착용하면 된다. 맥박이 정상범위를 벗어나 위급상황이라고 판단됐을 때 소완이 작동된다.

소완은 이마에 카메라를 장착하고 있다. 비상시에 보호자나 자녀에

출처 : 닛케이BP, https://project.nikkeibp.co.jp/behealth/atcl/feature/00003/031300084/?P=1

일본의 상용 간호 로봇 소완

게 알리고 카메라로 고령자를 비춰 현재 상태를 전송해준다. 보호자는 태블릿을 통해 고령자의 상태를 확인할 수 있고 연결된 마이크로 대화할 수도 있다. 반대로 고령자가 소완을 통해 직원을 호출해 요청사항 등을 전달하는 것도 가능하다.

　소완은 현재 일본에서 월 임대 형식으로 실제 보급되고 있다. 임대료는 월 6만 6천 엔(약 66만 원) 수준이다. 여기에는 소완 본체 이외에 고령자가 장착할 맥박 측정 장치와 소완이 실내를 자유롭게 통행할 수 있도록 10개까지 자동 미닫이문 개폐장치를 설치하는 비용이 포함된다.

간호로봇 단계 이전의 다양한 시니어 보조 기기들

• **솔로**SOLO, https://www.imsolo.ai

내장된 카메라와 혁신적인 안면인식 기술로 고령자의 행복, 평온, 슬픔 신호를 측정한다. AI 기반 앱이 측정된 감정 신호에 맞춰 음악을 선택하는 등 필요한 조치를 취한다.

• **마인드요**MyndYo, https://myndyou.com

가상 케어 도우미. 전화로 고객의 목소리, 말투, 미묘한 변화 등을 감지해 언어·비언어적 신호를 수신한다. 의학·행동 상 이상이 감지되면 유용한 서비스를 추천하고 의료진에 통보한다.

• **에이지리스 이노베이션**Ageless Innovation, https://joyforall.com

반려동물 로봇으로 대화형 고양이와 강아지가 고령자와 애착관계를 형성한다. 상호작용하는 다양한 프로그램이 내장되어 있고 불안한 마음을 진정시켜주고 치매 등으로 고립된 고령자의 삶의 질을 향상시킨다. 약물 대체 효과가 있는 것으로 나타났다.

• **톰봇**Tombot, https://tombot.com

건강이 약화된 이들을 도와주는 로봇 동물을 개발한다. 몸 전체의 터치 센서가 만지는 방법과 위치에 따라 각기 다른 반응을 보인다. 음성 활성화 기능으로 명령에 반응한다. 낯선 환경이나 고독감 등으로 인한 고령자의 심리적 스트레스를 경감시켜준다.

첨단기술이 만들어갈 시니어를 위한 새로운 세상

흔히 최첨단기술을 가장 먼저 시도하는 얼리어답터는 MZ세대라고 생각한다. 물론 젊고 유행에 민감한 연령대이니 그렇게 생각하는 것도 무리는 아니다. 그런데 시니어들 중에도 얼리어답터를 많이 찾아볼 수 있다. 오히려 누구보다 더 적극적으로 새로운 기술을 받아들이고 모험을 시도한다.

과학과 기술의 발전은 모든 세대에게 수혜를 제공한다. 하지만 신체적으로 약하고 정서적인 고립감을 느끼기 쉬운 고령자에게는 생존과 직결되었다는 점에서 더 절박하다. 먹고 마시고 입고 움직이고 생활하고 즐기는 모든 것이 편안해질 수 있다면 더할 나위 없이 좋을 것이다. 그런 의미에서 시니어 세대는 다른 세대보다 첨단기술에 열린 마음을 갖고 있다. 고령화 문제에 대처하는 이른바 에이징 테크aging tech의 진전은 이들에게 새로운 기회와 만족을 선사한다.

물론 문제가 없는 것은 아니다. 최첨단기술의 새로운 기기나 장치는 모두 고비용이 소요된다. 대중화되기 전에 이용하려면 비용 부담이 더 커진다. 여유가 있는 시니어라면 문제가 되지 않겠지만 주머니사정이 빠듯한 고령자들에게는 먼 이야기일 뿐이다. 심화되는 부의 양극화 속에서 어디까지 복지의 영역에 포함시키고 어디부터 개인의 선택에 맡길 것인지 딜레마에 봉착한다.

기술력이 발전하면 시니어들의 삶이 빠르게 개선될 것이다. 이것은 자명한 사실이다. 그런데 결국 에이징 테크의 투입비용과 이용비용을 누가 지불하는 것이 좋은가 하는 문제는 여전히 남아 있다. 연금제도 등 고령정책에 따라 나라마다 차이가 있지만 시니어는 경제적으로 위축되기 쉽다. 따라서 고가의 기술비용을 지불할 여력이 있는 이들은 일부에 불과하다. 기술 변화와 더불어 제기되는 이러한 문제에 대한 명확한 해결책은 아직 도출되지 않은 상황이다.

지금 우리 곁에 성큼 다가온 에이징 테크의 면면을 살펴봄으로써 시니어들이 선택할 수 있는 기술적 옵션에 대해 알아보자.

시니어들은 가상현실을 좋아한다

요양병원에서 일한 경험이 있는 도쿄대학교 연구원 겐타 도시마_{Kenta}

Toshima는 시니어들을 위해 가상현실 기술을 활용하는 데 적극적이다. 그는 세계적으로 유명한 관광지, 어린 시절 추억의 장소 등 시니어들이 경험하고 싶어 하는 장면을 취재해 가상현실로 재현한다. 그가 다양한 시니어들과 체험해본 바에 의하면 가상현실은 시니어들의 고독감을 감소시키고 정서적 건강을 개선하는 데 효과가 있었다. 멀리 떠날 필요 없이 집에서 편안하게 어디든 즐길 수 있다는 점에서 삶의 확장성을 만끽하는 데 활용될 수 있다.

겐타는 요양원을 방문해 노인들이 가고 싶은 추억의 장소 버킷리스트를 만드는 것을 돕는다. 그런 다음 8K 화질로 360도 촬영이 가능한 카메라로 현장을 취재한다. 그것을 가상현실 프로그램으로 만들어 제공한다. 그는 가상현실 화면을 만들기 위해 29개 국 55개 도시를 방문해 영상을 촬영했다. 또한 벚꽃 축제 등 일본 내의 아름다운 풍경도 수시로 담았다고 한다.

그는 요양시설에서 일하던 시절에 처음 이 프로젝트를 시작했다. 할머니 환자 한 명이 제일 좋아하던 매실 과수원에 꼭 한 번 가보고 싶다고 말한 것이다. 겐타는 할머니를 위해 직접 과수원을 방문해 사진을 찍었다. 그런데 사진으로는 할머니의 기억을 소환할 만한 그림을 담아내

출처: NHK, https://www3.nhk.or.jp/nhkworld/en/tv/rising/20191128/2062090/

겐타 도시마 연구원이 노인들에게 가상현실 체험을 제공하는 모습(위)과 그가 실제 풍경과 소리 등을 취재해 가상현실을 제작하는 모습(아래)

기가 어려웠다. 연구 끝에 그는 360도 고화질 카메라로 촬영해서 사용자가 VR 헤드세트로 감상할 수 있는 화질을 만들어냈다. 실제 그곳에 간 것처럼 더 넓은 시야로 아름다운 풍광을 경험하게 한 것이다.

가상현실 체험은 대개 1인 사용자를 위해 고안된다. 하지만 요양원 등지에서 진행하면 하나의 촬영 프로그램으로 여러 명이 함께 활용할 수 있다. 여러 고령자들이 똑같은 장면을 감상하고 과거의 추억이나 느낌을 공유할 수도 있다. 이런 체험 자체가 고독감을 줄여주는 커뮤니티 기능을 제공한다. 겐타의 소셜 미디어 계정에는 가상현실을 통해 새로운 장소나 추억의 공간을 체험하는 고령자들의 비디오가 공유되고 있다.

에이지 프렌들리 비즈니스 모델 077

VR을 이용한 다양한 원격진료, 인지능력 강화 프로그램

• **엑스알 헬스**XRHealth, https://www.xr.health

세계 최초의 VR/AR 원격 의료 시스템. 집에서 편안하게 가상으로 치료를 받을 수 있다. 전문의나 치료사가 가상현실 헤드세트를 사용해 원격으로 실시간 치료한다. 언제 어디서나 치료를 받을 수 있고 재미있고 몰입도가 높아 동기부여가 잘 된다. 데이터 실시간 추적도 가능하다. 운동기능 개선을 위한 물리치료 및 재활·이완을 돕고 통증을 줄이기 위한 비처방 의료 응용 프로그램 등이 있다.

• **뉴로 리햅 VR**NEURO REHAB VR, https://www.neurorehabvr.com

가상현실 물리치료 서비스. 환자별 증세와 몸 상태에 따라 맞춤운동을 처방하며 흥미로운 가상현실을 활용해 환자를 치료한다. 최첨단 가상현실 치료 운동으로 재미를 느끼면서 참여할 수 있다. 가상 운동 전후 생리학 및 운동학 반응을 기록해서 시간이 지남에 따라 환자에게 정량화 가능한 분석을 제공한다.

• **렌디버**rendever, https://www.rendever.com

가상현실과 경험 공유를 통해 사회적 고립을 극복하도록 돕는다. 맞춤형 회상 치료 도구로 어린 시절 집, 결혼식 장소 등을 다시 방문해 기억을 되새기면서 우울과 고립을 해소한다. 경험을 공유함으로써 새로운 우정을 쌓고 가족들과 함께 추억에 대해 이야기를 나눌 수도 있다.

• **마인드VR**MyndVR, https://www.myndvr.com

고령자를 위한 가상현실 서비스 제공 업체. VR 회상요법과 VR 주의산만 치료. 고령자들이 겪기 쉬운 고독감을 상쇄하고 기분 좋은 감각자극으로 불안, 우울, 공포감을 감소시킨다. VR 레크리에이션으로 다양한 신체활동을 통해 주의력, 기억력, 지각력을 향상시킨다.

• **버추립**Virtuleap, https://virtuleap.com

VR로 두뇌 훈련을 할 수 있는 콘텐츠를 제공한다. 인지 기능을 테스트하고 훈련하는 데 도움이 되도록 고안된 짧고 재미있는 게임들이다. 기억력, 문제 해결, 공간지각력, 운동 제어 등 다양한 인지능력을 테스트하고 훈련한다.

두려움 없이 변화에 맞서게 도와주는 가상현실

가상현실 프로그램을 이용해 시니어 세대의 이사 문제를 돕는 서비스도 있다. 나이가 들면 이사를 한다는 게 엄두가 나지 않는다. 특히 수십 년씩 한 곳에 살던 시니어 세대라면 새로운 공간으로 주거지를 옮긴다는 게 쉽지 않다. 젊은 사람에게는 별로 어렵지 않은 여러 집을 둘러보고 선택하는 일이 고령자에게는 큰 고역일 수 있다.

미국의 클로버우드 시니어 리빙은 시니어들이 주택을 쉽게 둘러볼 수 있도록 가상현실 기술을 적용한다. 이들은 아놀드 이미징Arnold Imaging 사와의 협업으로 가상현실을 적용했다. 거주 희망자는 클로버우드가 제공하는 몰입감 넘치는 하우스 투어에 참여할 수 있다. 새로운 집에서 사는 자신의 모습을 상상할 수 있게 해준다.

미국 인구조사국에 따르면 65세 이상 고령자는 미국 전체 인구의 16퍼센트를 차지한다. 2030년이 되면 모든 베이비부머 세대가 65세에 도달하게 된다. 클로버우드는 몰입형 VR을 향후 은퇴 세대의 일상생활에도 도입하겠다는 계획이다. 가상현실이 고령자에게 마음의 평화를 주고 변화에 대한 두려움을 없애며 평소 경험하기 힘든 기억에 남고 영향력 있는 경험을 제공한다는 분석이다.

아놀드 이미징의 가상현실 하우스 투어 소개 페이지

추억 찾아 모험 찾아 가상현실 여행을 떠나는 시니어들

가상현실은 실제와 같은 실감나는 여행 상품 혹은 추억과 기억으로의 시간여행 상품으로도 활용될 수 있다. 특히 페이스북이 만든 개인용 보급형 VR기기 오큘러스 퀘스트Oculus Quest 등이 보급되면서 이런 붐은 더 확산되었다.

이용자는 이 기기로 롤러코스터를 타거나 이집트 피라미드를 방문하고 추억의 길을 따라 과거에 살던 곳으로 떠날 수 있다. VR은 특히 사회적 고립 문제를 해결하는 데 도움이 되는 것으로 나타났다. 연구에 따르면 고립감과 외로움은 50세 이상 장년층에게 비만이나 흡연보다 더 건강에 해롭다. 장기간 고립의 위험성은 하루 담배 15개비를 피우는 것과 동일하다고 한다. VR은 시설이 아니라 자신의 집에서 살면서 편안하고 행복한 노후를 즐기고 싶은 시니어들에게 매우 유용한 기술인 것이다.

미국은퇴자협회 혁신연구소Innovation Labs는 가족이나 사회적 연결에 중점을 둔 VR 애플리케이션 알코브Alcove를 개발했다. 노인들에게 인지 자극과 사회화를 제공하는 가상현실 플랫폼 스타트업 렌더버Rendever와의 협업으로 만들었다.

알코브는 물리적으로 멀리 떨어져 있는 가족 구성원들을 연결해준다. 또한 비용이나 시간 혹은 이동상의 제약 등으로 경험할 수 없는 새로운 장소, 활동을 제공한다. 이를 위해 이들은 몰입형 생태계를 구축했는데 여기 입장해서 탐험하거나 가족이나 친구와 어울릴 수 있다(https://aarpinnovationlabs.org).

VR을 이용해 추억의 공간이나 옛 기억을 소환함으로써 활성화시키는 '회상적 치료' 역시 효과가 뛰어난 것으로 알려져 있다. VR은 체험을 목표로 하기 때문에 몸을 함께 움직인다. 보통의 최면 같은 회상적 치료의 경우 의자에 앉거나 누워서 하는 게 일반적이다. 하지만 VR을 사용하면 몸을 움직이며 하기 때문에 운동 효과도 기대할 수 있다. 이런 체험이 정확히 어디에 얼마만큼 효과가 있는지 정량화하는 것은 향후 VR이 해결해야 할 과제다.

시니어들을 위해 개발된 활동보조 의류 제품들

• **프렌들리슈즈**Friendly Shoes, https://www.friendlyshoes.co.uk
고령자나 몸이 불편한 사람이 편안하게 신을 수 있는 서포트 신발. 아치 굴곡에 맞춰 제작된 메모리폼, 발의 피로를 덜어주는 지지대, 발뒤꿈치 주변의 쿠션 등으로 편안함과 안정성을 제공한다. 숨겨진 뒷면과 발볼 지퍼가 있어 편리하게 착용할 수 있다.

• **브레이스어빌리티**BraceAbility, https://www.braceability.com
통증 완화와 치료를 위한 보조기구와 교정기를 생산한다. 만성통증에 시달리는 고령자를 위한 무릎 보호대, 자세 교정기, 척추지지 의료기구 등을 판매하며 신체 부위별로 발생할 수 있는 부상을 안내해준다. 허리통증을 줄이는 일상습관, 골다공증 예방법, 관절에 무리가 가지 않게 정원 가꾸는 법 등 다양한 건강정보 칼럼도 게재된다.

• **탱고**Tango, https://www.tangobelt.com
벨트 형태로 된 센서가 낙상을 감지해 심각한 충돌이 예상될 때 에어백을 펼친다. 데이터를 캡처하고 꾸준히 고령자를 보호하며 활동적으로 생활할 수 있게 자신감을 부여한다. 이동 데이터를 수집할 수도 있고 앱과 동기화해서 밸런스나 활동 지표를 측정해 표시한다.

• **시스믹**seismic, https://www.myseismic.com
코어에 지지력과 안정감을 주는 의류와 로봇공학이 융합된 제품을 개발한다. 가볍고 통기성이 좋으며 편안하다. 본래 군인들의 부상위험을 줄이고 지구력을 향상시키기 위해 개발되었다. 근육과 정렬되어 보조하는 전기근육으로 만들어진 의류다. 앉고 일어서고 걷고 움직이는 데 들어가는 힘을 보조할 뿐 아니라 물건을 들거나 가방이나 짐을 들고 보행하는 데도 도움을 준다.

슈퍼 시니어는 첨단 의상으로 만들어진다

히어로 영화에 등장하는 슈퍼 히어로들은 모두 멋진 의상을 입는다. 총알을 막고 불에 타지 않으며 신체상태를 정확히 진단해 악당을 무찌를 수 있게 해준다. 그런데 현실에서 그런 일이 가능해지는 날도 멀지 않은 듯하다.

도쿄대학교 벤처기업 제노마Xenoma는 PCFPrinted Circuit Fabric, 즉 전자회로기판섬유 부문에서 최고의 기술을 보유한 것으로 알려져 있다. 이들은 최근 시니어들을 위해 전기가 통하는 옷을 만들었다. 도체이며 고무처럼 늘어나고 종이처럼 구겨지는 성장전도체 소재의 옷이다. 이 옷은 시니어를 위한 의료 혁명에 크게 기여할 것으로 보인다.

제노마는 이 기술을 이용해 스마트 잠옷인 e스킨 파자마e-skin Sleep & Lounge를 만들었다. 이 제품으로 2020년 1월 세계적인 IT 박람회인 CES2020에서 혁신상을 수상했다. 파자마는 착용한 사람의 수면과 활동을 모니터링 한다. 옷 자체가 회로로 만들어져 있어서 신체 상태를 정확하게 파악할 수 있다. 이것이 제노마가 선보이는 스마트 의류의 핵심 기술이다.

e스킨 파자마의 외관은 평범하다. 그런데 배 부분에 띠 모양의 회로가 들어 있고 주머니 속 통신장치와 연결되어 있다. 이것을 입으면 심박, 체온, 혈압이 자동으로 측정된다. 신체 신호를 통해 착용자의 상태를 체크하는 것이다. 어떻게 자는지도 인지된다. 스마트폰에 적용되는 자이로센서 기능으로 누운 자세나 앉은 자세 등을 확인할 수 있다. 쓰러져 있다면 정확한 위치도 파악할 수 있다. 침대나 바닥에 설치하는 센서는 다양하게 개발되었지만 입는 센서는 이것이 처음이다. e스킨 파자마의 신호를 외부장치로 보낼 수도 있다. 카메라 같은 감시기능이 아니기 때문에 착용자의 프라이버스도 보호할 수 있다. 가정 내 가전과 연계해

서 체온에 따라 냉온 관련 설비를 자동으로 가동하는 것도 가능하다. 그 활용 범위가 매우 다양하다.

이들은 EMS_{Electrical Muscle Stimulation} 기술을 활용해 e스킨 스마트 의류도 선보였다. 몸에 딱 맞는 소재를 사용한 스마트 의류 회로에 전류를 흐르게 해서 근육을 수축시킴으로써 근력 향상 효과를 만들어낸다. 이 옷을 입으면 평소보다 더 무거운 중량의 활동도 할 수 있다. 말 그대로 슈퍼 히어로의 의상인 것이다.

옷에는 상반신에만 14개의 센서가 탑재되어 있다. 즉 이 옷을 입고

(출처: 제노마 홈페이지(https://xenoma.com/)

제노마가 개발한 e스킨 스마트 수트(위쪽)와 '편리함', '지속성', '세탁 가능' 등 수트의 특징(아래쪽)

활동하면 움직임을 정확하게 캡처할 수 있다. 예컨대 골프 연습을 할 때 자신의 스윙 자세를 캡처해 전문가의 자세와 비교하고 수정할 수도 있다. 하체의 경우 관절 각도를 측정할 수 있는 센서가 장착되어 있어서 관절염 초기 증상을 감지할 수도 있다.

회로가 들어가 있으니 세탁할 수 없을까 염려할 필요가 없다. PCF는 센서가 장착된 상태에서도 세탁이 가능하다. 향후 다양한 의류에도 적용할 수 있다. 파자마나 스포츠웨어만이 아니라 다양한 평상복에 장착하면 시장 가능성은 더 커진다. 일상적인 활동 로그를 감지하고 질병의 전조를 찾아낼 수 있을 뿐만 아니라 예방할 수 있는 방법도 개발될 것이다.

뜻하지 않은 일로 특정 제품이나 서비스가 화제가 되면서 트렌드가 되는 일도 있다. 많은 이들이 열망한 결과 트렌드가 만들어지기도 한다. 그런데 대다수 사람들은 원치 않거나 별 생각이 없는데 강제로 트렌드가 형성되는 경우도 있다. 우리 시대에 '오래 사는 트렌드'가 바로 여기 해당한다.

오래 산다는 것은 동서고금을 막론한 인간의 원초적인 욕망이다. 이제 막 100세 시대가 열렸다. 그런데 과연 다수의 사람들이 이보다 더 오래 살기를 희망할까? 여전히 오래 사는 것이 이 시대 모든 이들의 꿈일까? 100세를 넘기며 장수하는 노인들 중에는 '나는 결코 오래 살기를 바라지 않았다'고 토로하는 이들도 있다. 그러나 상황이 어떻든 오래 살기 위한 인류의 몸부림은 멈출 기미가 없는 듯하다.

제7장

더 젊어지고 오래 사는 시대, 에이징 테크의 미래

No time to die!

자칫하면 120세까지 사는 시대가 되었다

과연 인간은 얼마까지 살 수 있을까? 고령사회를 맞이한 지금 반드시 짚어보고 넘어가야 할 문제다. 몇 년 전부터 미디어에서는 인간이 자칫하면 120세까지 살 수 있을 것이라는 주장이 등장하기 시작했다. 현재 대다수 선진국은 인간의 기대수명을 80세 남짓으로 설정하고 있다. 만약 우리가 자칫 120세까지 살 수 있다는 주장이 현실화된다면 사회의 모든 시스템이 재구성되어야 한다. 일부 비즈니스는 완전히 초기화해야 할지도 모른다. 장수는 매우 중차대한 사회문제가 된다.

하버드대학교 의과대학 블라바트닉 연구소Blavatnik Institute 데이비드 싱클레어David A. Sinclair 유전학 교수의 논거에 따라 보수적인 관점으로 하나 하나 짚어보자.

첫째, 향후 50년 이내에 수명과 관련된 첨단기술의 발전 추이는 장수의 주요 인자다. 가까운 미래에 인간은 게놈 분석을 바탕으로 유전자 차원의 치료를 시도할 것이다. 현재도 불가능한 것은 아니다. 윤리적 문제 때문에 금지되어 있을 뿐이다. 그러나 종국에는 질병을 차단하거나 대비하기 위해 유전자 조작을 시도하게 될 것이다. 법제도가 허락하는 선에서 질병에서 자유로워지기 위해 인공지능과 빅데이터를 활용한다. 기술혁신의 속도는 우리의 예측 범위를 넘어섰다. 각기 다른 분야의 기술혁신이 융합해 무엇을 만들어낼지 예상하기 힘들다. 이러한 기술진보의 결과로 수명이 얼마나 늘어나게 될까? 보수적으로 추정해서 10년이라고 가정하자.

둘째, 사람들 스스로 건강하고자 하는 노력 역시 장수 인자 중 하나다. 스스로를 아끼고 보살피려는 움직임은 더 강해질 것이다. 액티브 시니어들은 자기 몸을 돌보는 데 관심이 많다. 부모세대와는 확연히 다르다. 열량을 낮춘 음식을 소식한다. 술을 멀리하고 운동을 하는 등 건강한 생활습관을 찾으려 한다. 이렇듯 잘 먹고 잘 자고 꾸준히 운동함으로써 얼마나 수명이 늘어나게 될까? 이번에도 보수적으로 5년이라고 가정하자.

셋째, 장수유전자 관련 연구 역시 수명 연장 효과를 발휘한다. 동물을 이용해 장수유전자를 가동하고 생존회로를 보강하는 분자를 활성화하는 연구가 지속되고 있다. 이 연구로 건강하게 사는 생애주기를 최대

40퍼센트까지 늘릴 수 있다는 결과도 나왔다. 그러나 이 역시 보수적으로 반영해보자. 10퍼센트 정도만 장수 효과가 있다고 가정하자. 현재의 기대수명인 80세에서 8년 정도가 더 늘게 된다.

넷째, 의학 분야의 연구 추이도 고려 대상이다. 첨단 의학 연구실에서 약물이나 백신 접종 등으로 노화세포를 파괴하는 연구를 하고 있다. 3D 프린터로 만든 인공장기 이식도 향후 20~30년 내에 일반화될 것이다. 이렇듯 첨단 의학기술로 인해 얼마나 더 수명이 연장될까? 영화에는 젊어지는 치료로 영원히 사는 인간이 종종 등장한다. 언젠가 그런 때가 올지도 모른다. 하지만 여기서도 보수적으로 10년 정도만 가정해보자.

이렇듯 장수와 관련이 있는 4가지 분야의 변화를 모두 더하면 인간 수명이 33년 늘어난다는 결론이 나온다. 강조하지만 이는 매우 보수적으로 설정한 수치다. 현행 80세 기대수명에 33년을 더하면 113세가 된다.

･ ･ ･ 에이지 프렌들리 비즈니스 모델 079

평생 현역을 원하는 시니어들을 위한 다양한 서비스
- **로손LAWSON의 시니어 채용, https://crew.lawson.co.jp/senior**
일본 전역의 드럭스토어 로손은 60대 이상 시니어 직원을 적극 채용한다. 시니어 사원의 모범적인 근무태도가 젊은 직원에게도 좋은 영향을 미치는 것으로 분석된다. 시니어 직원 채용은 동료 근무자의 동기를 높이며 매출에도 크게 기여한다.
- **지칭知青노인대학교, https://www.meipian.cn/35syr71w**
'나를 사랑한다'는 의미의 산둥성 최초의 노인 사립대학교. 성악, 기악, 무용, 치파오, 태극권 등 28개 전공을 수강할 수 있다. 또한 11개 무료 강좌도 열어 젊어서 하지 못했던 공부를 계속하도록 지원한다. 재택으로 유명 대학교의 유명 교사의 교육 서비스를 즐길 수 있는 앱도 선보이고 있다.

- **시니어앳워크**seniors at work, **https://www.seniorsatwork.ch**
시니어 인재를 위한 온라인 구직 플랫폼. 회사가 지역, 임금수준 등으로 시니어 구직자 프로필을 검색할 수 있다. 구직자는 온라인 이력서를 작성하고 회사를 찾아 연락할 수 있다. 휴가나 육아로 일시적 결원이 생겼을 때 단기나 비정규직으로 고용할 수 있다.

- **와이저잡스**WisR Jobs, **https://www.growwisr.com/?lang=de**
퇴직 전후의 고급 전문가를 위한 온라인 인재 플랫폼. 세대 간 격차를 줄이고 지식의 효과적인 전수를 가능하게 한다는 목표다. 고급 시니어 인력은 휴가 대체 또는 육아로 인한 공백을 채울 수 있다. 멘토링, 인턴 교육, 창업 과정에서 영감과 팁, 유용한 정보를 제공할 수도 있다.

수명 150세가 당연한 것이 되는 미래

데이비드 싱클레어 교수가 쓴 《노화의 종말》에 의하면 대표적인 장수국가 중 하나인 일본에서 최근 태어난 아이들 중 절반은 107년 넘게 살 것으로 예측된다. 미국에서 태어난 아이들은 104년 넘게 살 것으로 추정된다. 이 역시 매우 보수적으로 설정한 수치다.

좀 더 공격적인 분석으로 금세기 말에 이르면 인간 수명이 150세에 달할 것이라는 관점도 있다. 매우 장수하는 몇몇이 그 연령까지 생존한다는 게 아니다. 평균적인 수명이 150세가 된다.

어떤가? 좀 끔찍하게 느껴지는가? 오래 살기 위해 치러야 할 사회적 대가가 크다는 우려가 드는가? 인류가 현대사회에 접어들어 각종 제도와 기술을 정비하기 시작한 것은 고작 100년 남짓이다. 현대적 의미의 의학이나 과학기술의 진전은 역사가 오래지 않았다. 게놈 지도나 장수

유전자 같은 인간 수명과 관련된 첨단 연구의 역사는 수십 년에 불과하다. 그러므로 이제껏 살았던 100여 년의 역사적 데이터만으로 앞으로의 미래를 예측하기 힘들다. 변화의 속도가 너무도 빠르기 때문이다.

인간 수명이 100년을 넘어서기 시작하면 더 길어지는 것은 그야말로 삽시간에 가능해질지 모른다. 아직 요원하다며 여유를 부리기엔 상황이 심상치 않다. 사회의 운영 시스템을 비롯한 각 분야에서 전면적인 대응을 고민해야 할 시점이다. 장수로 인해 밀어닥칠 변화에 대해 알아보기에 앞서 주요 선진국들의 노화 관련 첨단기술 개발 현황을 살펴봄으로써 현재 상태를 진단해보자.

에이징 테크란 시니어 대상의 기술을 통칭하는 개념이다. 특정 기술만을 가리키는 것이 아니라 고령자의 삶의 질을 높이는 기술 전반을 일컫는다. 에이징 테크는 3가지 범주로 나뉜다. 첫째, 헬스케어 분야다. 고령자의 건강한 삶과 수명 연장을 위한 기술 트렌드가 여기 포함된다. 둘째, 편의성을 높이는 기술 영역이다. 스마트홈, 웨어러블, 낙상 방지 기술 등이 여기 해당된다. 셋째, 사회생활 지원 기술로 소셜 커뮤니티 서비스 등이 해당된다. 여기서는 장수와 직접적으로 관련이 있는 헬스케어 분야의 변화를 중점적으로 살펴본다.

시니어들을 위한 스마트한 건강관리 서비스들

• **토이랩스**Toi Labs, https://www.toilabs.com

다양한 건강 관련 징후를 수집해 전문가에게 전달하는 스마트 변기. 모든 배변과 배뇨를 조사해 관련 건강 데이터를 모니터링 한다. 손님이 이용할 때는 변좌 측면 버튼을 누르면 수집에서 제외된다.

• **바이탈테크**VitalTech, https://www.vitaltech.com

가상현실 치료, 머신러닝과 건강관리 도구를 이용한 통합 건강관리 시스템. 원격 건강체크, 다중 영상통화 등으로 응급실이나 진료실에 갈 필요 없이 상태를 확인할 수 있다. 스마트 장치 앱을 통해 생체 정보를 모니터링하고 영상이나 음성으로 통화할 수 있다.

• **홈엑셉트**HomeEXCEPT, https://homeexcept.com

집기 등에 스마트 센서를 설치하면 AI가 잠재적 위험요소를 보고해준다. 태그는 거의 눈에 띄지 않아서 위화감을 주지 않으며 사용자의 필요에 맞춰 지정할 수 있는 약 100가지 옵션이 제공된다.

• **유니퍼케어**Uniper Care, https://www.unipercare.com

TV와 모바일을 통한 재택 케어를 제공한다. 원격진료, 라이브 활동, 고령자를 위한 효과적인 수업 등으로 건강을 증진시킨다. 영상, 수업, 라이브 활동을 통해 취미 활동이나 기술 습득 등 고령자에게 필요한 목표를 추구하게 도와준다.

• **라이블리**lively, https://www.lively.com

긴급 상황에 필요한 도움을 받고 집에서 의사나 간호사와 연락할 수 있는 원격진료 서비스. 긴급 버튼을 누르면 상담사와 연결된다. 의사나 간호사에게 24시간 문의할 수 있고 일반 의약품 처방전 등을 요청할 수 있다. 상담사가 전화 연결, 차량 호출, 경로 안내 등을 해준다. 웨어러블 기기와 연동하면 낙상 경보 등도 자동으로 보낼 수 있다.

• **뉴로트랙**Neurotrack, https://www.neurotrack.com

알츠하이머와 치매의 위험을 줄이기 위해 뇌 건강을 평가하고 강화하는 디지털 인지 건강 솔루션. 집에서 원격으로 인지 테스트를 수행할 수 있다. 인지 평가 후에는 점수와 함께 설명을 제공하고 개선에 필요한 교육 자료도 제공한다.

• **셀핏**Selfit, https://www.selfitmedical.com

로봇 치료사가 개인화된 물리치료계획에 따라 운동 프로그램을 안내한다. 스마트 시스템으로 사용자에 대한 평가와 모니터링이 이뤄지고 맞춤형 치료 프로그램이 제공된다. IoT 솔루션을 치료사, 사용자, 가족들이 모두 열람할 수 있다.

• **와이즈케어**wizecare, **https://wizecare.com**
모바일 장치로 고령자의 골격 움직임을 분석하고 실시간으로 점수를 매기며 수행 능력을 높이도록 안내한다. 가정에서 원격 재활이 가능하도록 구성된 올인원 솔루션이다. 임상의가 고령자에게 적합한 치료법을 제시하고 고령자의 활동을 모니터링해서 개선을 도와준다.

선진국의 에이징 테크: 변화의 진원지 미국

MIT는 〈MIT 테크놀로지 리뷰〉에 '2020년을 빛낼 10대 기술'을 발표했다. 해킹이 불가능한 양자 인터넷, 개인맞춤 의료서비스, 디지털 머니, 노화 방지 의약품, 새로운 분자를 찾아내는 인공지능기술 등이 여기 포함되었다. 모두 인류가 꿈꿔왔던 기술들이다. 우리가 주목할 것은 새로운 차원의 노화 방지 의약품들이다.

최근 임상실험에 돌입한 의약품은 대부분 수명 연장이 아니라 노화 지연에 초점이 맞춰져 있다. 말 그대로 늙는 속도를 늦춘다. 그 자체로 노인에게 나타나는 치명적인 질병을 예방하는 데 도움이 되는 기술이다.

대표적인 의약품이 세놀리틱스senolytics다. 메이요 클리닉Mayo Clinic이 임상실험 중인 이 약물은 나이가 들면서 축적되는 노화세포를 제거해준다. 젊었을 때 세포는 손상되거나 기능에 문제가 생기면 스스로 제거된다. 하지만 나이가 들면 기능이 퇴화된 세포가 죽지 않고 독성 부산물을 방출하며 주변 세포를 노화시킨다. 이렇듯 노화된 세포가 암, 당뇨병, 뇌졸중, 각종 퇴행성 장애를 일으킨다는 것이 연구로 밝혀진 사실이다. 만약 이 약품이 최종적으로 임상실험에 성공해 시장에 출시된다면 돌풍을 몰고 올 것으로 예상된다.

유니티바이오테크놀로지Unitybiotechnology 역시 노화세포를 추적해 제거하는 약품을 개발 중이다. 아마존의 제프 베조스가 투자해 화제가 된 회사이기도 하다. 이들은 쥐를 대상으로 실시한 실험에서 탁월한 효과를 입증했는데 평균수명보다 35퍼센트 이상 오래 살았다고 한다. 현재 이 회사는 거의 모든 종류의 노화 관련 질병을 대상으로 하는 10여 종의 약품을 개발하고 있다. 일부 제품을 임상실험을 마치고 발매 초기에 와 있는 것으로 알려져 있다.

바이오 벤처기업인 알카헤스트Alkahest는 알츠하이머, 파킨슨병, 치매 치료제를 만들어 임상실험을 진행하고 있다. 이들은 혈장 단백질 내에 있는 크로노카인chronokines에서 노화 방지의 해법을 찾고 있다. 젊은이의 혈액에서 추출한 크로노카인을 알츠하이머 환자에게 주입해 인지 기능 저하가 완화되는 효과를 거뒀다고 한다. 이들의 연구 결과는 〈네이처〉지에 논문으로 등재되어 큰 화제를 불러일으켰다.

바이오 의학 기업인 바이오플라이스 테라퓨틱스Biosplice Therapeutics의 행보도 주목할 만하다. 일반인은 잘 모르지만 2017년부터 스페이스X, 핀터레스트, 드롭박스 등과 함께 주목받는 스타트업이다. 2008년 터키 출신 공학박사 오스만 키바르Osman Kibar가 창업했는데 2020년 하반기 기준 기업가치가 124억 달러(약 14조 원)를 넘어섰다. 이들이 개발하고 있는 대표 제품은 관절염 치료제다. 이제껏 퇴행성관절염은 치료제가 없어 진통제만 사용되었고 환자들이 큰 고통을 받아왔다. 그런데 이들이 만든 약품은 한 번 투약으로 관절 연골을 재생하는 효과를 발휘한다고 한다. 아울러 난치병인 특정 암, 퇴행성 디스크, 대머리 치료제 등에 대해 다양한 특허를 출원하고 약품을 임상실험 중이다.

· · ·   에이지 프렌들리 비즈니스 모델 081

고령자를 위한 복약 가이드 서비스

• **메드마인더**MedMinder, https://www.medminder.com

정해진 시간에 정해진 구획만 잠금 해제되어 규칙적인 복약을 돕는다. 가족이 미리 녹음한 인사말, 오늘의 날씨 정보나 가족사진 업로드 등의 부가기능으로 약을 복용하는 행위를 즐겁게 해준다.

• **에본도스**evondos, https://www.evondos.com

안전한 약물 치료와 자립생활을 지원하는 조제 로봇. 약을 복용해야 할 때 알림을 해주고 이용자가 응답하지 않으면 경고를 보낸다. 간병인이나 가족이 원격으로 조정할 수 있다.

• **메디세이프**Medisafe, https://www.medisafe.com

개인에게 맞춘 복용 지도와 약 관련 정보를 제공한다. 전국 약국에서 제공하는 약품 쿠폰이나 할인 정보도 알려준다.

• **에드히어테크**AdhereTech, https://www.adheretech.com

전화, 문자 등으로 복약 알림을 보내준다. 잔잔한 종소리로 복용시간을 알려주는데 복용할 때까지 주기적으로 울린다. 예정된 복용량에 다다르면 약병에서 빛이 반짝인다.

• **에이스에이지**AceAge, https://aceage.com

원버튼으로 알약을 예약하고 분배해서 적시에 정량의 약물을 복용할 수 있게 해준다. 스마트폰으로 환자가 복용하지 않았을 때 가족에게 알려준다.

- **톰**TOM, https://www.tommedications.com/en

의약품 캐비닛의 모든 의약품의 다음 투약시기를 알려준다. 중복되는 약물, 올바른 용법, 알레르기 정보 등도 제공한다.

선진국의 에이징 테크: 독일의 수명 연장 연구

쾰른에 있는 막스플랑크노화생물학연구소Max Planck Institute of Ageing Biology는 런던대학교UCL와 노화 관련 질병 예방 공동연구를 진행하고 있다. 이들이 집중하는 약물은 신경안정제인 리튬, 암 치료제인 트라메티닙, 면역계 조절제인 라파마이신 등 3가지다. 연구소는 이 3가지 약물을 조합해 초파리의 수명을 48퍼센트 연장하는 데 성공했다. 이를 바탕으로 인간의 노화 관련 질병 예방에도 진전이 있을 것으로 기대한다. 초파리는 10일 이내에 알에서 성충이 된다. 3가지 약물은 영양소 감지 네트워크를 형성하는 신경세포 경로에 작용한다. 작용기전은 애벌레 단계, 성충 단계, 쥐와 인간에게까지 동일하게 적용된다. 영양소 감지 네트워크는 영양 수준의 변화에 따라 신체 반응을 조절하는데 이 약물들이 네트워크 내의 단백질에 작용함으로써 노화를 늦추고 사망을 지연시킨다는 게 이들의 주장이다.

연구원인 조지 카스틸로−콴Jorge Castillo-Quan에 의하면 인간의 수명이 연장됨에 따라 노화 관련 질병도 증가한다. 따라서 수명 연장 자체보다 건강하게 오래 사는 것이 더 중요하다. 그는 사람보다 훨씬 빠른 속도로 노화되는 초파리 연구를 통해 복합 약물치료가 노화 과정을 늦추는 효과적인 방법임을 입증했다고 밝혔다. 연구소의 공동대표인 루크 테인Luke Tain 역시 이 약품의 효과에 대해 낙관적이다. "식이요법은 여러 유기체의 건강에 긍정적인 효과를 가지며 수명을 연장시킬 수 있다. 하지만 동일한 통제조건을 인간에게 적용하기는 어려울 수 있다. 영양소 감지 네트워크를 타깃으로 한 약물은 식이요법의 변화 없이도 긍정적인 효과를 거둘 수 있을 것으로 본다." 그의 말이다.

최근 연구원들은 초파리에 3가지 약물을 개별적·복합적으로 투여하는 다양한 실험을 진행했다. 개별적으로 투여했을 때는 수명을 평균 11퍼센트 연장시켰으나 2개의 약물을 조합하자 30퍼센트 연장 효과가 나타났다. 심지어 3개를 조합하자 무려 48퍼센트라는 수명 연장 효과를 보였다. 매우 놀라운 결과가 아닐 수 없다. 연구진은 약물을 적절한 비율로 조합해 복용하면 수명 연장 신호경로에 효과적으로 작용할 뿐 아니라 부작용도 줄어든다는 것을 발견했다.

아직까지 이 약물이 의약품 형태로 공급될 것을 기대하기는 섣부르다. 연구소의 수석연구원인 린다 패트리지Linda Partridge 교수는 노화 과정의 복잡성을 고려할 때 적합한 치료약을 출시하기까지는 여전히 많은 연구가 필요하다고 밝혔다. 다만 연구진은 사람들이 더 오래 건강하게 살게 하기 위해 노화의 메커니즘을 이해하는 데 중점을 두고 노력을 기울인다. 즉 단지 죽음을 지연시키는 것이 아니라 최후까지도 질병 없이 건강하게 노후를 누리게 하는 것이 궁극적인 목표인 것이다.

· · ·   **에이지 프렌들리 비즈니스 모델 082**

시니어들의 청력을 지원해주는 첨단 제품들

- **라이블리**Lively, https://www.listenlively.com

전문가들이 개발한 고급 보청기 제품. 블루투스를 지원하며 360도 사운드를 제공한다. 100일 간 시범적으로 사용해본 후 만족스럽지 않으면 환불할 수 있다. 필요할 때마다 청력 전문가와 화상채팅을 통해 불편사항을 문의할 수 있다.

- **오디쿠스**AUDICUS, https://www.audicus.com

가정에서 적은 비용으로 편리하게 이용할 수 있는 보청기 시스템. 전문가가 꾸준히 지원하고 손상과 손실을 보증하며 18개월마다 새로운 보청기를 받을 수 있다. 마이크로 디자인으로 외관상 보청기 착용이 드러나지 않는다.

- **튠포크**Tunefork, https://www.tunefork.co.il

최적의 청각 경험을 제공하는 오디오 개인화 기술 소프트웨어. 개인용 오디오 '이어프린트'를 생성해 스마트 모바일 장치를 통해 최고의 청각 경험을 제공한다. 맞춤형 오디오 프로필로 청각 요구사항을 만족시키고 사운드 선명도를 높여준다.

- **오티콘**oticon, https://www.oticon.com

두뇌처럼 작동하도록 설계된 혁신적인 보청기. 뇌에 30퍼센트 더 많은 소리를 전달해 소리를 더 잘 이해하도록 도와준다. 전화 통화, TV 및 음악을 직접 스트리밍 하거나 다른 장치에 무선으로 연결할 수도 있다. 타이머를 설정하거나 현관에 사람이 있을 때 알람을 울리도록 할 수도 있다.

- **누헤라**NUHERA, https://www.nuheara.com

사용자가 지정한 듣기 모드를 선택 가능한 보청기. 사운드 및 노이즈 캔슬링을 비롯한 고급형 이어버드의 모든 기능을 즐길 수 있다. 수동 및 능동 소음 제거 기술로 탁월한 소음 제어를 제공한다. 시끄러운 파티, 바, 레스토랑에서 포커스 기능을 이용하면 좀 더 선명하게 대화를 할 수 있다.

- **오디오카디오**AUDIOCARDIO, https://audiocardio.com

귀 내부의 세포를 자극해 청력을 유지하고 강화하는 프로그램. 청력 물리 치료 개념이다. 하루 한 번 귀를 위한 1시간 사운드 치료를 제공한다. 소음이나 노화로 인한 청력 감퇴에 따라 개인화된 사운드 신호를 보내 청력을 단련한다. 난청 예방 및 회복 효과가 임상적으로 검증되었다.

- **캡션콜**CaptionCall, https://captioncall.com
청력이 약해져서 통화가 어려운 고령자를 위한 무료 통화자막 서비스. 음성인식 기술과 텍스트 전환 기술로 상대방의 말을 화면에 표시해준다.
- **에버사운드**eversound, https://eversoundhq.com
요양시설 거주자들에게 청각 솔루션을 제공한다. 청각 및 집중 능력을 향상시켜주는 인체공학적 헤드세트를 통해 동시에 여러 사람에게 장거리 오디오, 음성 방송을 할 수 있다. 헤드세트를 착용해 100여 가지 프로그램과 아이디어 활동에 참여할 수 있다.

선진국의 에이징 테크: 한국의 수명 연장 연구

한국에서도 장수를 위한 학계의 연구가 활발하다. 그중에서 예쁜꼬마선충caenorhabditis elegans이라는 선형동물을 활용한 실험은 세계적인 주목을 받고 있다. 썩은 식물 등에 서식하며 투명한 몸통 길이가 1밀리미터 정도로 작은 이 선형동물은 인간과 절반 이상의 유전자를 공유한다. 크기도 작고 수명도 짧아 실험생물로 활발히 이용된다. 다세포 생물의 발생, 세포생물학, 신경생물학, 노화 등의 연구에 두루 활용된다.

통상 예쁜꼬마선충의 수명은 30일 정도다. 그런데 인슐린 신호를 돌연변이 형태로 전환해 장수에 도움을 주는 HSF-1과 FOXO 전사인자가 발현되면 수명은 2배인 60일로 늘어난다. 이 메커니즘의 비밀을 풀어낼 수 있다면 인간의 수명을 2배 늘리는 것도 가능해진다. 하지만 아직까지 이들 사이에 어떤 상관관계가 존재하는지 알려진 바가 없었다.

포스텍 생명과학과 이승재 교수팀은 인슐린 호르몬 신호가 저하된 상태에서 생명체의 장수를 유도한다고 알려진 HSF-1과 FOXO 전사인 자 사이에 프레폴딘-6Prefoldin-6, PFD-6이 둘 사이 연결고리로 작용해 생명체의 수명을 연장한다는 사실을 새롭게 밝혔다. 이 연구는 유전학과 발달 생물학 분야 국제저널 〈유전자와 발달〉Genes and Development지에 게재되었다.

연구팀은 장과 피하조직에 있는 프레폴딘-6을 주목했다. 먼저 인슐린 신호가 저하된 상태에서 HSF-1 전사인자가 활성화된다. 이때 프레폴딘-6이 단백질의 양을 증가시키게 된다. 이것이 FOXO 전자인자를 활성화해 결국 수명이 증가되는 메커니즘을 파악한 것이다. 이 연구는 생명체의 수명 연장에 가장 중요한 단백질로 알려진 HSF-1과 FOXO 라는 전사인자가 서로 협력해 생명체의 건강한 노화를 유도하는 기전을 밝혔다는 점에서 의미가 크다.

연구를 이끈 이승재 교수는 기대감을 다음과 같이 밝혔다. "프레폴딘-6과 HSF-1, FOXO는 예쁜꼬마선충뿐 아니라 사람에게도 모두 잘 보존된 단백질이기 때문에 향후 인간의 수명 연장과 노화 질환 예방과 치료에 응용 가능성이 있을 수 있다."

한국의 에이징 테크: DNA 분석 서비스

불과 10년 전만 해도 자신의 DNA 분석 정보를 볼 수 있다는 것은 상상

속에서나 가능했다. 1990년 인간 게놈 프로젝트를 시작할 때만 해도 갈 길이 요원해보였다. 인간 세포에 들어 있는 DNA의 염기서열 전체를 풀어내는 이 연구가 언제 끝날지 가늠할 수 없었다. 유전자의 비밀을 담고 있는 DNA는 아데닌$_A$, 구아닌$_G$, 티민$_T$, 시토신$_C$ 등 4가지 염기가 나열된 이중나선구조로 되어 있다. 사람은 세포마다 약 30억 쌍의 염기가 존재하는데 이것이 모두 어떤 순서로 배열되어 있는지를 밝히는 것이 인간 게놈 프로젝트다. DNA 안의 염기서열 지도를 통해 인간의 각 장기와 조직이 만들어지는 메커니즘과 질병과 노화가 생겨나는 원리를 이해할 수 있다. 애초 엄청난 시일이 소요될 것으로 예상했던 이 연구는 2000년 6월 전체 게놈의 90퍼센트를 거의 완전하게 밝혀내기에 이른다. 그로부터 지금까지 DNA 분석 기술은 혁혁한 진전을 이뤄왔다. 그리고 급기야 개인이 소액의 비용으로 자신의 DNA 분석 정보를 얻을 수 있는 단계까지 도달한 것이다.

개인의 DNA를 분석함으로써 건강관리를 할 수 있는 서비스 플랫폼도 속속 등장하고 있다. 인바이츠헬스케어가 제공하는 'CARE 8'이 대표적이다. 2020년 3월에 설립된 이 회사는 첫 사업 포트폴리오로 유전자 검사 기반 건강관리 서비스를 출시했다. 개인이 DNA 검사를 의뢰하면 그 결과를 앱으로 손쉽게 확인할 수 있다. 결과에 따라 건강과 운동에 관한 꾸준한 조언을 받을 수 있다.

오캄ORCAM, https://www.orcam.com/en/myeye2

안경에 부착하는 음성 인식 장치. 책, 스마트폰 화면에서 글자를 읽어주고 얼굴인식 기능도 있다. 고령자가 혼자 쇼핑을 하거나 효율적으로 일하고 독립적인 삶을 살 수 있도록 돕는다. 시각정보를 사운드로 변환해 전달해준다. 시력이 약해지거나 글자 읽기를 어려워하는 이들에게 두루 적합하다. 텍스트, 얼굴, 제품, 색상, 지폐 등 모든 종류의 시각정보를 인식할 수 있어 간병인이나 가족의 도움 없이 일상생활을 보낼 수 있다.

한국의 에이징 테크: 한방 치매 치료제 연구

우보한의원은 3대에 걸쳐 운영되는 전통의 한방병원이다. 김세윤 원장은 조부가 처방했던 치매에 효과가 있는 약물 조합을 승계해 현재까지 연구를 해오고 있다. 최근에는 청뇌한의원이 우보한의원의 처방을 이용해 과학적 분석을 위한 실험도 시작했다. 통상 치매 치료제 동물실험에는 부교감신경과 중추신경 억제 효과가 있는 스코폴라민scopolamine을 이용하는 경우가 많았다. 반면 청뇌한의원의 처방 실험에서는 우보한의원 처방에서 찾아낸 네올린neolin이라는 유효성분을 이용했다.

2015년 1차 실험에서는 현재 가장 많이 통용되는 치매 치료제인 도네페질donepezil을 대조군으로 사용했다. 치매에 걸리지 않는 정상군, 치매에 걸린 상태에서 치료하지 않고 방치한 음성대조군, 치매에 걸리지 전부터 기존 치매 치료제인 도네페질을 먹인 양성대조군, 치매에 걸리기 전부터 새로운 치매 치료제인 네올린을 소량 먹인 저농도실험군, 네올린을 다량 먹인 고농도실험군을 대상으로 실험을 진행했다. 수동회피실험, Y미로, 수중미로실험, 오픈필드 테스트, 베타아밀로이드, 타우 단백질 검출, AMPK 검출 등의 실험에서 우보한의원의 처방에서 추출한 유효성분이 더 효과가 큰 것으로 확인됐다.

이들은 2019년부터 2020년에 걸쳐서 동국대학교 한의대에서 2차 실험을 진행했으며 동일한 결과를 얻었다. 그리고 실험과 연구 결과를 바탕으로 논문을 발표했다. 아쉬운 점은 한의원의 처방 전제가 아니라 추출한 일부 유효성분만으로 실험이 진행되었다는 것이다. 처방 전제를 이용했다면 더 좋은 효과를 기대할 수 있지만 그렇게 하면 처방을 공개해야 한다. 그래서 어쩔 수 없이 추출한 일부 유효성분만으로 실험을 진행했다. 이들은 이 연구를 바탕으로 인류 전체를 위한 치매 치료제 개발에 기여할 수 있기를 바라고 있다.

· · · 에이지 프렌들리 비즈니스 모델 084

시니어들의 손과 팔의 불편함을 지원하는 제품들
- 스테디웨어Steadiwear, https://steadiwear.com
수전증을 호소하는 이들을 위한 보조 글러브. 떨리는 반대방향으로 균형추가 움직이는 방식으로 작동한다. 배터리가 필요 없으며 특정 강도 이상의 떨림이 감지될 때만 활성화된다. 심각한 수전증 증세를 보이던 환자도 식사, 세안, 옷 입기 외에도 글씨 쓰기 등을 안정적으로 할 수 있게 도와준다.
- 라이프웨어Liftware, https://www.liftware.com
다양한 수평조절 핸들과 부착물로 수전증이 있거나 손과 팔의 움직임이 제한적인 이들을 돕도록 설계되었다. 수평조절 핸들에 스푼이나 포크를 부착해서 손 떨림 증세의 환자가 안정적으로 스스로 식사를 할 수 있게 돕는다. 통상 70퍼센트 정도 떨림을 보정해준다.

• **자이로기어**GYROGEAR, http://gyrogear.co
손의 안정성을 높이기 위해 개발 중인 웨어러블 기술. 수전증 등에 시달리는 사람도 자신이 좋아하는 일을 할 수 있게 도와준다. 글러브 안에 자이로스코프가 있어 수전증이 있어도 다양한 동작을 자신 있게 할 수 있고 일상 업무도 가능하게 해준다.

지금보다 2배 오래 사는 세상에 닥칠 변화들

기술과 의학 연구의 성과로 인해 인간의 수명이 지금보다 2배 이상 늘어난다면 어떤 변화가 생길까? 우선 사람들은 그런 현상을 반가워하게 될지 의문이 든다. 그러나 이 모든 것은 우리 뜻대로 되는 게 아니다. 사회는 불가피하게 장수를 향해 가고 있다.

기술이 빠르게 발달하면서 이제 수명 연장은 기정사실이 되고 있다. 의료 부문 최전방에서 센서, 네트워크, 인공지능기술이 종래의 의료 진단 시스템을 바꿔놓고 있다. 로봇공학과 3D 프린팅은 의료시술 방법에서 근본적인 개혁을 불러오고 있다. 인공지능, 게놈 연구, 양자 컴퓨팅으로 의약품 개발에도 혁명이 일어나는 중이다.

게다가 이 모든 기술이 융합효과를 일으키고 있다. 시니어 시장에서도 큰 변화가 일어나는 중이다. 시니어 의료 시장의 방향은 수동적으로 질병을 치료하고 관리하는 것을 넘어서고 있다. 적극적으로 노화를 막고 건강을 관리하는 쪽으로 바뀌어가고 있다. 사후약방문 식으로 대응하는 것이 아닌 질병이 생기기 전부터 관리하는 체계가 만들어지고 있다. 이로 인해 다른 분야들도 큰 변화를 맞이하게 될 것이다.

이제 수명 연장은 혁신을 넘어 고착 단계로 들어서고 있다. 90세 이상의 노인이 다수 목격되는 현상은 아직 초기적 징후일 뿐이다. 인간의 수명은 극적으로 늘어나게 된다. 이 분야에서 글로벌 기업들이 국경 없는 경쟁을 벌이고 있다. 투자금 규모로 볼 때 미국이 이 분야에서 가장 앞서 있다. 조만간 노화를 막아주는 약품이나 전형적인 불치 질병으로 꼽혔던 노화 관련 질환을 치료하는 약품들이 속속 등장하게 될 것이다.

건강하게 오래 살게 되면서 고령자들은 점점 더 스스로가 나이 들었다고 생각하지 않게 된다. 요즘 60대를 보고 노인이라고 하면 비웃음을 산다. 외모 등 모든 면에서 과거와 완전히 다르다. 이들은 시니어 타깃의 제품을 자신의 것이라고 받아들이지 않는다. 그러므로 20~30대의 젊은 층을 대상으로 한 제품을 개발할 때에도 동시에 시니어 연령층을 끌어들일 방법을 고안해야 한다. 젊어 보이지만 어리고 유치해 보이는 것은 싫은 시니어들의 욕구를 해석할 수 있는 문화적·인구통계학적 분석 툴도 필요하다. 여러모로 장수와 건강수명 연장 시대에 맞춘 기업의 다각도에 걸친 노력이 절실한 시점이다.

영생永生은 인류의 오랜 꿈이다. 태어나면 죽는다는 사실은 자명하다. 그러나 나 역시 언젠가는 죽는다고 생각하며 사는 사람은 별로 없다. 영원히 살 것처럼 살다가 문득 죽음을 맞닥뜨린다. 죽음은 누구에게나 공평하게 찾아온다. 죽음이 자신과 멀지 않았음을 뒤늦게 깨닫고 후회가 밀려오기도 한다.

그런데 시니어들이 지금까지와는 다른 시각으로 죽음을 바라보고 있다. 웰빙을 넘어 웰다잉well-dying을 고민하기 시작했다. 죽음을 대비해 무엇을 해야 할지도 생각하기 시작했다. 인생을 차분히 돌아보면서 더 의미 있는 죽음을 선택하려는 이들이 늘고 있다. 이러한 '웰다잉' 트렌드를 통해 사회와 기업은 어떤 기회를 포착할 수 있을지 살펴보도록 하자.

웰빙보다 웰다잉, 남들처럼 죽고 싶지 않다

Never die like everyone else!

이제 웰빙을 넘어서 웰다잉을 고민할 때

"잘 먹고 잘 살아라!" 억양에 따라서는 저주의 말처럼 들리는 이 표현은 아이러니하게도 '웰빙'well-being과 같은 의미다. 2000년대 초반 웰빙 열풍이 불었다. 당시 거의 모든 좋은 것의 수식어로 두루 사용됐다. 건강에 좋은 제품뿐 아니라 가전, 아파트, 예금에까지 웰빙이 쓰였다.

웰빙의 인기는 20년 정도 이어진 것으로 파악된다. 유기농 채소, 기능성 음료, 건강보조식품 등 영양 분야에서 처음 사용되었다. 마라톤, 헬스클럽, 스포츠웨어 등 운동 쪽으로 옮겨가더니 리조트, 요가, 명상, 심리치료 등 건강 영역으로 확산됐다. 육체적인 건강뿐 아니라 정신적인 건강도 강조한다. 대부분의 제품과 서비스에서 웰빙은 중요한 마케팅 포인트로 자리했다. 이제 웰빙이라는 개념은 특별히 강조하지 않아도 모두가 지향하는 바가 되었다. 특별한 상징의 의미를 상실하고 보편적 개념이 된 것이다.

최근 이 자리를 '웰다잉'이 차지하고 있는 듯 보인다. 표현 그대로 '잘 죽는 것'이다. 죽는다는 말은 본래 좋은 뉘앙스로 쓰이지 않는다. 죽음 이후는 누구나 모르는 세계다. 그러므로 누구나 두렵고 막막하다.

그런데 시니어들을 중심으로 죽음을 유쾌하고 의미 있게 맞이하는 웰다잉 활동이 각광받기 시작하고 있다. 두렵지만 무작정 피하거나 외면하지 않는다. 주체적으로 죽음을 대비한다. 더 나아가 무엇을 남기고 무엇을 정리할지 스스로 결정한다. 죽음을 '삶을 아름답게 정리하는 고고한 행위'로 규정한다. 어차피 죽을 거라면 내가 원하는 대로 죽고 싶다는 열망도 담겨 있다.

웰다잉에는 불필요한 연명치료나 심폐소생 거부함으로써 존엄한 죽음을 선택하는 일이 포함된다. 생전 유서living will를 작성하거나 임종할 장소를 정하는 일련의 준비를 한다. 생전 장례식이나 기부 의향서 작성 등 원하는 죽음을 맞이하고 삶을 의미 있게 마무리하는 것까지 해당한다.

웰다잉 트렌드를 이끌고 있는 세대는 바로 오팔 혹은 베이비부머 세대로 지칭되는 시니어들이다. 한국 전체 인구 중 약 30퍼센트를 차지하며 경제력을 갖추고 인터넷에도 익숙한 이들이 이 문화를 선도한다. 산업계 역시 이런 트렌드를 호재로 받아들인다.

시니어가 더 즐거운 특별한 서비스들

- **니락스**New Integrator of life,Amenities and X **주식회사, https://nilax.jp**

수많은 요리를 조금씩 원하는 만큼 즐길 수 있는 뷔페 레스토랑으로 평일 한정 65세 이상 시니어 전용 서비스를 선보인다. 65세 이상을 대상으로 무료 음료서비스, 50종의 스시 중 8종을 선택해 제공한다. 시니어에 한해 식사시간도 무제한이어서 편안하게 이용할 수 있다.

- **인투엘**iN2L, **https://in2l.com**

고령자의 웰빙을 고려한 다양한 콘텐츠를 제공한다. 콘텐츠 전문가가 전략적으로 설계한 4천 개 이상의 콘텐츠를 통해 기억력, 주의력, 언어, 실행능력, 공간지각력 등을 두뇌 기능을 향상시킨다. 종교, 운동, 음악 치료 프로그램, 이완 비디오 등의 콘텐츠로 심신의 건강을 돕는다.

- **일본코카콜라 음료 아카데미와 자택방문 서비스, https://www.cocacola.co.jp/beverage-institute, http://magokoro.cocacola.co.jp**

고령자를 위한 건강에 좋은 음료 관련 자료들을 웹사이트를 통해 공개한다. 자택을 방문해 수분 섭취량을 체크하고 적합한 음료를 배달하는 '자택방문 서비스'도 진행한다. 배달할 때 쓰레기 버리기, 방 정리, 말 벗 되기 등 간단한 서비스도 제공한다.

구차하게 사느니 차라리 오래 살고 싶지 않아!

기술 혁신과 의료의 발전으로 인간의 기대수명은 하루가 다르게 늘고 있다. 그런데 왜 '잘 죽고 싶다'는 열망이 생겨날까? 더 젊게 더 웰빙을 고수하며 살아도 된다. 그런데 왜 갑자기 웰다잉일까? 시니어들의 삶의 만족도 관련 조사에서 원인을 엿볼 수 있을지 모른다.

2021년 통계청은 '2020 고령자 통계'를 발표했다. 그에 따르면 2019년 기준 65세 이상 고령자 4명 중 1명만이 '현재 삶에 만족한다'고 답했다. 4명 중 3명은 현재 삶에 만족하지 못하는 것이다. 고령자 중에서 현

출처: 통계청 사회조사, 2019년 '연령대별 삶에 대한 만족도'

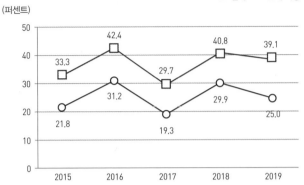

연령대별 '삶에 대한 만족도' 조사 결과

재 삶에 만족하는 비중은 25퍼센트로 전년보다 4.9퍼센트 줄었다. 다른 연령대보다 현격히 낮은 삶의 만족도를 보인다. 격차 역시 전년보다 3.2퍼센트 증가했다. 게다가 연령대가 높아질수록 삶에 대한 만족도는 점점 더 낮아지는 경향을 보인다.

시니어들의 '성취에 대한 만족도' 역시 같은 맥락으로 하락하고 있다. 65세 이상 고령자 중에서 자신의 사회·경제적 성취에 만족하는 비중은 21.8퍼센트로 조사됐다. 전년보다 3.5퍼센트 감소한 수치다. 다른 연령대에 비해 6.5퍼센트 낮았다.

지난 20년 간 거의 모든 산업이 웰빙을 외쳤다. 그러나 시니어들이 체감하는 삶과 성취에 대한 만족도는 계속 낮아졌다. 그 결과 더 이상 좋은 삶을 위해 버둥대기보다 의미 있고 차분하게 죽음을 준비하는 것이 더 낫다고 생각한 것은 아닐까 짐작해본다.

제8장

퇴직자 클럽退休倶乐部, https://www.malldongli.com/home

퇴직자를 위한 종합 서비스 플랫폼. 커뮤니티를 통해 은퇴자들의 삶에 활력을 불어넣고 일상을 공유하고 친구를 사귀고 지식을 배울 수 있다. 은퇴자를 위한 맞춤형 여행 루트를 소개하며 숙소도 예약할 수 있다. 플랫폼에서 활발히 활동할수록 포인트가 적립되어 현금처럼 사용하거나 휴대폰 충전, 우수 커뮤니티 활동 보상 등에 사용할 수 있다.

죽음에 대한 인식이 달라지고 있다

2012년 예일대학교 철학 교수인 셸리 케이건Shelly Kagan은 《죽음이란 무엇인가》에서 특유의 유머감각으로 죽음을 유쾌하게 다뤘다. 이 책은 1995년부터 예일대학교에서 진행된 교양철학 강좌 'DEATH'를 책으로 엮은 것이다. 이 강좌는 아이비리그 3대 명강의 중 하나로 꼽혔던 인기 클래스였다.

케이건은 책에서 다양한 주제를 다뤘다. 사후 세계는 존재하는가? 영혼은 실재하는가? 죽음은 과연 나쁜가? 영원히 산다는 것은 좋은가? 자살은 도덕적으로 용납할 수 없는가? 인간의 가치는 어디에 있는가?… 많은 이들이 '죽음'의 실체에 대해 좀 더 진지하게 접근하게 된 계기였다.

본래 죽음은 편히 언급할 수 있는 주제가 아니다. 사회는 죽음에 대해 말하는 것을 금기시했다. 그런데 이제 사회는 죽음에 대해 진지하고 구체적으로 생각하기 시작했다.

첫째, 우리 일상에 존엄사의 개념이 들어왔다. 이제껏 죽음은 자연적인 것만을 의미했다. 사고나 질병 등 비극적인 원인으로도 발생한다. 그러나 어떤 경우라도 끝까지 죽음을 막아야 한다. 더군다나 죽음에 인위적으로 개입한다는 것은 비윤리적이다. 그런데 그런 인식이 점차 달라지고 있다. 특히 '나의 죽음은 내가 결정할 수 있어야 한다'는 데 많은 이들의 공감한다. 한국에서도 '연명의료결정법'이 제정되어 2018년 2월 4일부터 본격적으로 시행되었다. 이제 우리도 죽는 방법에 대해 고민할 토대가 만들어진 것이다.

둘째, 팬데믹으로 질병과 죽음이 우리 일상에 성큼 다가왔다. 전 세계를 공포에 몰아넣은 질병 앞에서 우리는 누구나 언제든 죽을 수 있음을 실감했다. 죽음이 가까이 있으며 누구도 예외가 될 수 없음을 절감했다. 첨단의료의 발전도 이 재앙 앞에서는 상당 기간 속수무책이 될 수밖에 없었다. 우리가 살아온 것과 살아갈 방향에 대해 숙고하게 된 계기가 되었다. 웰다잉 논의의 공감대와 사회적 바탕이 마련된 셈이다.

죽음에 대한 인식 조사 결과도 있다. 최근 한국인을 대상으로 한 이 조사에 의하면 40대 이상 중 78퍼센트가 '평소 자신의 죽음에 대해 생각한 적이 있다'고 답했다. 남성은 73퍼센트, 여성은 82퍼센트가 그렇다고 응답했다. 죽음을 떠올릴 때 가장 일반적인 반응은 '두려움'(59퍼센트)이다. 반면 100세 이상 오래 살고 싶다고 한 사람은 15퍼센트에 그쳤다. 오래 사는 것이 축복이라고 생각하는 비율도 41퍼센트에 불과했다. 통계청이 조사한 삶에 대한 만족도와 맥락을 같이한다. 요컨대 사람들은 죽음을 두려워하지만 인정하며 단순히 오래 사는 것은 원하지 않는다.

사람들은 무작정 오래 사는 것을 원하지 않는다. 행복하고 보람되게 살고 때가 되면 아름답게 마무리하고 싶어 한다. 사는 것은 크게 만족스럽지 못해도 죽음만큼은 내가 원하는 방식으로 맞고 싶은 것인지도 모른다. 한국보건사회연구원이 2018년 발표한 조사 결과도 있다. 전국 만 40세 이상 79세 이하 남녀 1,500명을 대상으로 한 조사다. 그에 의하면 응답자 중 95퍼센트가 좋은 죽음이란 '나 스스로 준비할 수 있는 죽음'이라고 답했다. 85퍼센트는 '주변 사람들과 함께 준비하는 죽음'이라고 답했다. 죽는 순간에 인간으로서 최소한의 품위를 지키고 싶다는 응답자는 88퍼센트에 달했다. 온갖 기계에 둘러싸여 연명하는 것을 피하고 싶다는 대답도 87퍼센트를 차지했다.

· · ·   에이지 프렌들리 비즈니스 모델 087

은퇴 이후의 삶과 마무리를 도와주는 서비스들

· **블룸**Bloom, https://home.hellobloomers.com
은퇴 코치가 은퇴 과정 전반을 지원하는 종합 프로그램. 전 세계 은퇴 전문가들의 강좌를 컴퓨터, 휴대전화, 태블릿에서 참여할 수 있다. 고령화로 인한 질병에 대처하는 법, 경제적 자립을 위한 재테크 등의 다양한 주제로 이뤄진다. 은퇴 후 만족스러운 삶을 살기 위해 필요한 것을 제시해준다.

· **에버플랜스**Everplans, https://www.everplans.com
응급상황 발생 시 가족이나 대리인에게 알려야 할 정보를 보관하고 공유하는 서비스. 유언장, 가족에게 보내는 편지와 메모, 주치의와 변호사 연락처, 은행 및 계좌, 생명보험, 의료 문서, 애완동물 정보, 디지털 계정 등이 포함된다. 모든 정보와 문서가 안전하게 저장되며 정해진 사람에게 원하는 부분만 공유할 수 있다.

- 페어윌Farewill, https://farewill.com

유언장 작성부터 장례식 선택까지 죽음을 준비하는 과정을 돕는 서비스. 전문가 팀이 온라인으로 유언장 작성을 돕는다. 메신저나 전화로 궁금증을 문의할 수 있다. 고정 수수료를 받고 유언을 검증해주는 서비스도 있다. 여기에는 법적 서류가 올바르게 작성되었는지 확인하고 공증하는 것까지 포함된다. 부고장 제작 등 장례 전반에 걸쳐 고객이 원하는 방식을 선택할 수 있다.

- 케이크Cake, https://www.joincake.com

죽음을 준비하고 사망 후 치러야 할 체크리스트를 제공하는 온라인 플랫폼. 죽음, 슬픔, 수명 마감에 대해 수천 개의 관련 자료를 제공한다. 무료 플래닝 도구로 유사시에 어떤 치료를 받고 싶은지, 가족을 위한 유산 및 부동산 정보, 장례 절차, 유산 정리 관련 내용을 작성할 수 있다. 장례 계획, 유언장 검증, 계정 폐쇄 등 사망 후 필요한 일들을 안내한다.

잘 죽기 위해 준비하는 사람들

최근 한국에선 웰다잉과 관련해 죽음학이라는 연구 분야까지 등장했다. 한국죽음학회, 대한웰다잉협회 등 관련 단체들도 왕성히 활동하고 있다. 2005년 6월 창립된 한국죽음학회는 '미리 주변을 잘 정리하고 가는 것이 인간답게 잘 죽는 법'이라고 주장한다. 이들은 '한국의 웰다잉 가이드라인'을 제시하고 죽음에 대비한 다양한 준비사항을 조언한다. 특히 본인 스스로 형식 요건을 갖춘 '유언장'과 '사전연명의료의향서'를 작성할 것을 권장한다. 형식 요건을 갖춘 유언장이란 민법 제1066조에 따라 이름, 주소, 날짜, 내용, 날인 등을 한 정식 문서를 말한다. 또한 사전연명의료의향서는 19세 이상 성인이면 누구나 보건복지부 지정 등록기관을 방문해 작성할 수 있다. 데이터는 연명의료 정보처리시스템 데이터베이스에 보관되어서 법적 효력을 갖는다. 회복이 불가능한 경우 연명치료를 받지 않겠다는 의사를 미리 밝혀두는 것이다.

일본에는 웰다잉을 위한 준비를 '종활'終活이라고 부른다. 표현 그대로 인생을 마감하는 활동이다. 죽음과 마주하며 최후까지 자신이 원하는 인생을 보내기 위해 준비한다. 종활은 대부분 유족에게 부담을 주지 않기 위해 미리 준비하는 것에 초점이 맞춰져 있다. 일본에서 종활은 2009년 무렵부터 활발해졌다. 관련 서적이 출판되기도 했고 2011년 영화 '엔딩 노트'가 큰 인기를 끌면서 사회현상으로 확산되었다. 2012년에는 '신어·유행어 대상'에서 종활이 10위 내에 들면서 대표적인 사회현상으로 자리 잡았다.

종활의 유행은 단카이團塊 세대, 즉 1947년~1949년 태어난 베이비부머의 은퇴 및 고령화와 궤를 같이한다. 초고령사회를 경험하는 일본의 사례는 우리에게도 뜻하는 바가 적지 않다.

> ··· **에이지 프렌들리 비즈니스 모델 088**

메루카리Mercari, **https://about.mercari.com**
한정된 자원을 순환해 풍요로운 사회를 만들자는 이념의 프리마켓 애플리케이션. 개인과 개인을 연결해 쉽게 물건을 사고팔 수 있다. 특히 60대 이상이 더 적극적으로 활용하는 것으로 나타났다. 이용자 중 시니어 상당수는 종활이나 생전 정리 차원으로 물품을 판매하는 것으로 나타났다.

엔딩노트, 죽음을 앞두고 삶을 돌아보는 기록

소셜 미디어 중에서 페이스북 사용자가 정체되고 있어 위기감을 느낀다는 소식이 들려온다. 페이스북은 소위 '아재'들의 공간이 되었다는 푸념도 나온다. 장년들은 페이스북을 인생 기록장처럼 사용하거나 자신만의 아카이브로 활용하는 듯 보인다. 온라인 일기장인 셈이다. 그러나 공개적으로 쓰는 글은 진정한 내면의 소리라고 보기 어렵다. 무엇을 하며 어떤 생각을 하는지 돌아볼 수는 있어도 죽음을 준비하는 일에는 어울리지 않는다.

죽음을 앞두고 삶을 회고하는 엔딩노트가 잔잔한 인기를 끌고 있다. 엔딩노트는 웰다잉의 적극적이며 대표적인 행위다. 남에게 보여주기 위해 쓰는 것이 아니다. 스스로 솔직하게 주체적으로 기술한다. 때론 죽음 이후 남겨진 가족에게 도움이 되는 글을 쓴다. 인생 최후의 글쓰기인 셈이다.

열풍은 다큐멘터리 영화 '엔딩노트'의 인기에 힘입어 시작되었다. 감독은 자신의 아버지를 직접 촬영해 영화를 완성했다. 퇴직 후 제2의 인생을 준비하던 아버지는 건강검진에서 말기 암 판정을 받는다. 그는 슬퍼하는 대신 꼼꼼하게 자신만의 엔딩노트를 작성한다. 죽기 전에 가족과 함께 하고 싶은 일의 목록도 적어가며 소중한 추억도 쌓는다. 엔딩노트가 채워질수록 죽음은 점점 더 다가온다. 감동적인 이 영화 모티프에 힘입어 실제 엔딩노트 작성 열기도 뜨거워졌다.

엔딩노트는 대체로 몇 가지 구획으로 이뤄진다.

첫째, 자신의 프로필을 체계적으로 정리한다. 생년월일, 혈액형, 주소, 본적, 긴급연락처, 병원 치료 이력, 알레르기 관련 사항 등이다.

둘째, 살아온 내력을 간단히 적는다. 어디서 태어나 어느 학교를 나왔는지 적는다. 어디에서 어떤 일을 하며 경력을 쌓았는지도 정리한다. 결혼이나 자격증 같은 사항도 적는다.

셋째, 남기고 싶은 감정에 대해 적는다. 평소 가족에게 전하지 못했던 솔직한 마음을 담는 것이다. 좋았던 일, 괴로웠던 일, 다시 가고 싶은 곳, 좋아하는 음식, 싫어하는 음식, 누군가에게 남기고 싶은 말, 취미, 꼭 하고 싶었던 일, 성공과 실패담, 성격…. 적을 수 있는 내용은 많다.

넷째, 유언을 적는다. 세상과 남은 사람들에게 남기고 싶은 말이다. 특히 가족이나 친구에게는 구체적이고 상세하게 적는다. 치매에 걸리거나 병원에 입원하게 되었을 때 치료와 돌봄 방법에 대해 적는다. 비용, 재산관리, 연명치료 여부, 뇌사 시 장기 기증 여부, 병명이나 기대여명을 본인에게 알릴지 여부 등도 구체적으로 정리한다. 장례 방식과 절차에 대해서도 상세히 적는다. 장의사, 장례 형식과 비용, 상주, 장례식에 초대할 명단, 수의, 관에 넣고 싶은 물건, 영정 사진, 부조금, 묘소 관리, 유언장 관련, 유언으로 남기고 싶은 말 등이 여기 포함된다.

다섯째, 유산 관련 항목을 적는다. 주택 대출 관련, 인터넷 가입정보, 예금과 채무, 신용카드, 보험 가입 여부 등을 정리한다. 가족의 명단에는 배우자, 자녀, 손자, 부모 형제, 조카 등을 적는다.

이들 내용은 통상 공통적으로 포함되는 항목이다. 원하는 대로 얼마든지 가감할 수 있다.

일본에선 지자체가 엔딩노트를 만들어 배포할 정도로 이 활동이 보편화되었다. 도쿄, 요코하마, 치바현 등 몇몇 지자체가 엔딩노트를 무료로 배포한다. 엔딩노트 작성은 고독사 예방 활동과도 관련된다. 가족이나 친지가 없는 시민으로부터 생전에 자료를 받아 사후에 대응하는 '나의 종활 등록' 서비스도 활발하게 추진 중이다. 시중에는 여러 형식의 엔딩노트가 팔리며 일기 형태로 보편화되는 추세다. 우체국도 웰다잉 서비스를 지원한다.

한국에는 한국다잉매터스 이기숙 대표의 《엔딩노트》를 포함한 5~6종이 출간되어 있다. 책마다 구성은 조금씩 다르지만 인생을 마감하는 글쓰기라는 콘셉트는 동일하다.

최근에는 '자서전 쓰기'도 유행이다. 다양한 모임과 문화센터에서 자서전 쓰기 프로그램이 진행된다. 누구나 한 번쯤 자기 인생을 정리하고 싶은 순간이 온다. 특히 살아온 날보다 살아갈 날이 적다고 생각될 때 인생을 회고하며 글을 쓰고 싶은 마음이 든다. 시니어들의 요구가 집약되어 다양한 자서전 쓰기 활동이 이뤄지고 있는 것이다.

● ● ●   에이지 프렌들리 비즈니스 모델 089

라이프저니미디어Life Journeys Media, **https://lifejourneysmedia.com**
가족의 추억을 캡처, 보존, 출판할 수 있는 플랫폼. 고령자 자신의 인생 이야기를 쓰고 추억을 공유하고 사진을 추가해 맞춤형 자서전을 만들 수 있다. 자녀나 후손이 읽을 수 있는 독특한 가족 역사를 보존할 수 있다. 36가지의 중요한 질문으로 구성되는데 그에 따라 가족의 기억을 유산으로 남긴다. 스토리를 인쇄하고 공유할 수 있으며 영감을 주는 인용구도 추가할 수 있다. 모든 과정을 마치고 발행을 클릭하면 맞춤형 책을 주문할 수 있다.

> ・・・　　**에이지 프렌들리 비즈니스 모델 090**

라이프바이오LifeBio, **https://www.lifebio.org**
사랑하는 사람의 전기나 자신의 자서전을 쓸 수 있다. 인생 이야기를 직접 인쇄하거나 사이트의 도움을 받아 편집할 수 있다. 관련 수업이 이뤄지는 지역 커뮤니티 센터에서 다른 이들과 교류도 가능하다. 고령자가 구술하면 자원한 학생이 이를 텍스트로 정리하는 서비스도 제공한다. 고령자와 세대 간 교류 경험을 만들기 위한 프로그램으로 정기적으로 전화통화로 교류하는 서비스도 있다.

사랑하는 이들과 죽음을 축하한다, 생전 장례식

'인생은 짧아요. 사랑을 하세요, 아가씨. 붉은 립스틱이 희미해지기 전에. 심장의 뜨거운 피가 식기 전에. 내일이라 불리는 날은 없어요. 인생은 짧아요. 사랑을 하세요, 아가씨. 검은 머리가 바라기 전에. 마음의 불꽃이 꺼지기 전에. 오늘이라 불리는 날은 다시 오지 않아요.'

영화 주제가 '곤돌라의 노래' 가사다. 일본의 건축가 오이와 고이치는 자신의 생전 장례식에서 이 노래를 불렀다. 악성 림프종 말기로 죽음을 앞둔 그는 'Happy Death Day'라고 쓰인 티셔츠를 입고 있었다. 생전 장례식은 2019년 4월 7일 치러졌고 그는 4월 28일 사망했다.

생전 장례식 이야기는 심심치 않게 들려온다. 본래 장례식은 당사자 사망 후에 치른다. 인류는 줄곧 사후 장례식만 지냈다. 그런데 불현듯 생전 장례식이라는 완전히 새로운 장례 문화가 등장했다.

생전 장례식은 죽음을 앞둔 자신이 주인공이다. 사후 장례식을 상주가 주관하는 것과 다르다. 가족뿐 아니라 가까운 사람이나 고마움을 표하고 싶은 이들을 초대한다. 함께 식사도 하고 즐거운 시간을 보낸다. 주인공에게 하고 싶은 말도 마음껏 한다. 사후 장례식이 비통함과 눈물 속에서 치러진다면 생전 장례식은 마지막 생일파티처럼 열린다. 이례적인 문화현상이라고 여기겠지만 이미 현실에서 벌어지고 있는 일이다.

일본뿐 아니라 다양한 국가에서 생전 장례식 소식이 들려온다. 서울의 한 시립병원은 호스피스 환자를 위한 생전 장례식을 개최해 아름다운 마무리를 도왔다는 뉴스도 들렸다. 말기 전립선암 환자가 자신의 의지로 생전 장례식을 치르기도 했다.

급기야 생전 장례식이 새로운 비즈니스로까지 발전하고 있다. 2017년부터 결혼식은 급격히 줄거나 간소화했다. 반면 생전 장례식은 꾸준히 증가하는 추세다. 관련 회사들이 새로운 서비스 준비에 돌입하고 있다. 앞으로 시니어들이 얼마나 대중적으로 이것을 받아들일지는 의문이다. 인기가 점점 커지고 있는 것만은 분명하다.

취업포탈 커리어가 직장인 370명을 대상으로 관련 조사를 했다. 약 69.2퍼센트가 생전 장례식을 긍정적으로 생각한다고 응답했다. 이유를 묻자 44.9퍼센트는 '장례식이 꼭 슬픈 분위기에서 치러질 필요는 없다'

고 답했다. '직접 작별인사를 나눌 수 있어서'라는 응답(27퍼센트)과 '현행 장례식은 허례허식이 많다'는 응답(18퍼센트)이 뒤를 이었다. '죽은 다음에 치르는 장례는 의미가 없다'는 응답도 7퍼센트에 달했다.

・・・ 에이지 프렌들리 비즈니스 모델 091

빈카Vynca, https://vyncahealth.com

개인의 목표와 가치에 부합하는 적절한 치료환경을 조성해주는 서비스다. 임상의와 환자가 협력해서 사전에 치료계획을 세우고 임종 의료 결정에도 적극적으로 참여시킨다. 디지털로 문서를 작성해 원격 의료에 도움이 된다. 문서에는 임상의, 환자, 증인이 전자로 서명해 인증한다. 종이 문서도 업로드 해서 대시보드에 표시할 수 있다. 지정된 간병인이나 다른 의사와도 치료계획을 공유할 수 있다.

인간으로서 존엄하게 죽고 싶다는 열망

한국에서 존엄사 문제가 공론화되기 시작한 것은 2009년이다. 당시 김 할머니 사건이 큰 사회적 화제가 되었다. 평소 연명치료를 원치 않은 환자의 유지에 따라 가족은 인공호흡기를 뗄 수 있게 해달라고 법원에 요청했다. 이 상황을 두고 여론은 불효라는 입장과 당사자의 의사를 반영한 당연한 권리라는 입장으로 팽팽히 맞섰다.

결국 대법원은 식물인간 상태인 환자의 연명치료 중단을 결정했다. 좁은 의미의 존엄사가 허용된 역사적인 판례였다. 환자 스스로 결정하면 무의미한 연명치료를 중단할 수 있게 되었다. 죽음은 무방비로 '당하는' 것이 아닌 '내가 직접 선택하는' 것이라는 의미가 더해졌다. 빠르게 고령사회로 진입하는 한국의 현실에서 '유병장수'보다는 '멋지게 죽는 것'을 선호하는 문화적 현상이 조성되었다.

국가인권위원회가 만 65세 이상 노인 1천 명을 대상으로 한 설문조사 결과를 발표했다. 그에 따르면 노인 10명 중 8명은 존엄사에 찬성하는 것으로 나타났다. 죽음을 앞둔 환자에게 연명치료 대신 호스피스 서비스를 활성화하는 것이 바람직하다고 답한 비율도 87.8퍼센트에 달했다. 시니어 세대가 대폭 늘어나면서 '좋은 죽음'에 대한 사회적 요구가 늘고 있다고 볼 수 있다.

의료 전문가들은 존엄사가 진정한 '품위 있는 죽음'이 되려면 더 광범위한 존엄사 개념이 도입되어야 한다고 주장한다. 비단 연명치료만 중단하는 것이 아니라 정신적·육체적 고통을 최소화하고 편안한 상태에서 죽음을 맞게 해야 한다는 것이다. 관련 기술도 활발히 발전하고 있다. 인공지능을 활용해 환자가 죽음을 맞이하는 시기를 비교적 정확히 예측할 수 있다. 그에 맞춰 적합한 호스피스 서비스를 제공한다. 가상현실을 이용해 환자 스스로 삶을 정리하고 죽음을 받아들이도록 돕는다. 편안한 죽음을 맞이할 수 있도록 돕는 '안락사'에 대한 논의도 필요해지는 시점이 오고 있다.

아름다운 사람은 죽은 다음도 아름답다

호랑이는 죽어서 가죽을 남기고 인간은 죽어서 이름을 남긴다. 그런데 이 말은 이제 옛말이 되었다. 인간은 죽어서 꽤 많은 것을 남긴다. 웰다잉과 관련해 무엇을 남기고 무엇을 정리할 것인가도 중요한 문제로 대두된다.

모 대기업 회장은 본인이 사망하기 전날 '하루만 더 살게 해주면 재산의 절반을 주겠다'고 이야기했다고 한다. 죽음을 앞두면 삶에 대한 애착이 더 강해지는 듯하다.

그런데 죽음에 대한 시각이 많이 바뀌고 있다. 과거 웰빙이라는 명목하에 '잘 사는 것'이 중요했다면 이제는 웰다잉이 화제가 되고 있다. 인간의 기대수명이 늘어나고 과거보다 풍족한 삶을 살게 되었다. 그래서일까? 웰다잉에 대한 관심은 더욱 커지는 추세다.

웰다잉은 입체적으로 봐야 한다. 첫째, 시니어를 비롯한 많은 이들이 죽음에 대해 생각한다. 과거라면 죽음은 대화의 주제가 될 수 없었다. 생각하고 싶지도 않고 피하고만 싶다. 그런데 이제 많은 이들이 죽음을 인생의 한 과정으로 받아들인다. 더 잘 죽기 위한 방법을 찾고자 노력한다.

지자체 최초로 평택시는 임종을 앞둔 환자를 위한 '호스피스·완화 치료 및 웰다잉 문화 조성사업'을 추진하기로 했다. 수원시는 '인생 그래프 그리기', '엔딩노트와 버킷리스트 쓰기'로 구성된 웰다잉 프로젝트를 추진 중이다. 전라북도는 '웰다잉 플래너'를 양성하는 한편 체험교육관을 만들어 문화 조성사업을 할 계획이다. 공공에서도 다양한 시도가 이뤄 지고 있다.

호스피스, 장례보험, 실버 재테크, 상속, 집 처분과 같은 임종과 관련 된 기업들의 서비스도 본격화하고 있다. 죽기 전부터 장례식을 준비하 거나 반려동물 입양이나 유품 정리 같은 서비스도 대행해준다. 생전 장 례식뿐 아니라 우주 장례식, 폭죽 장례식, QR코드 묘비, 유골로 만드는 메모리얼 다이아몬드 등 장례와 관련된 신종 상품도 등장했다. 치매관 리사, 유품정리사, 노년 플래너 등 새로운 직업도 속속 등장하고 있다.

너저분한 유품 따윈 남기고 싶지 않다, 생전 정리

죽기 전에 유품은 내가 정리한다는 개념의 '생전 정리'가 유행이다. 살아 있을 때 주변을 정리하고 갖고 있던 물건을 정리한다는 개념이다. 적게 소유하는 미니멀리즘, 정리 열풍과 더불어 생전 정리도 부상하고 있다. 거추장스럽지 않게 늙어가고 남에게 피해를 주지 않고 죽는 필수과정으 로 꼽히고 있다. 생전 정리는 웰다잉 중에서도 가장 능동적인 행동이다.

생전 정리는 다양한 의미에서 새로운 비즈니스 기회로 조명되고 있 다. 우리보다 일찍 이 흐름이 시작된 일본의 경우를 보자.

첫째, 생전 정리를 사회에 보급하는 협회가 발족했다. 생전 정리 관 련 자격증도 생겼다. 자격 취득자들은 생전 정리를 도와주는 일을 생업 으로 삼는다. 기존에 정리 전문가가 있었다면 이제는 생전 정리 전문가 라는 직업이 새로 생겼다.

둘째, 중고물품 거래와 관련한 기업이 대거 늘었다. 전국 193개 매장을 운영하는 '트레져 팩토리'Treasure Factory가 대표적이다. 이들은 생전 정리 대행서비스를 제공한다. 서비스는 시니어의 주택을 방문해 이루어진다. 물건 정리, 집 청소, 가스와 수도 공사 등도 제공한다. 판매 가능한 물건을 감정해서 매입한다. 중고물품 시장 매출 10위의 기업이다. 이들은 업계 1, 2위인 게오 홀딩스와 북오프와 차별화하기 위해 실버시장에 특화했다. 또한 '트레팩 부동산'이라는 신규 서비스도 개발했다. 고령자의 집을 대신 팔아주는 서비스다. 요양원에 입소하거나 집을 줄여 옮기고자 하는 시니어들에게 반가운 신종 서비스다.

일본 최대의 중고물품 거래 플랫폼 '메루카리'Mercari도 생전 정리라는 새로운 시장에 뛰어들었다. 일본 가정 내 필요 없는 물품의 가치는 약 37조 엔(400조원)으로 추산된다. 이들 물품은 대개 60대 이상 시니어 가정이 보유한다. 그런 까닭에 '메루카리로 생전 정리'라는 슬로건을 만들어 본격적으로 시장을 공략한다. '생전 정리로 여행 가자!' 캠페인까지 펼친다. 생전 정리로 생긴 돈으로 연계된 여행사에서 여행 상품을 구매할 수 있다. 고령자 대상의 생전 정리 교실을 열고 스마트폰을 이용해 물품을 판매하는 법을 안내한다. 실제 이들은 종활 혹은 생전 정리 사업으로 2018년에 전년 대비 매출이 2.5배 증가했다. 50대 이용자도 덩달아 60퍼센트 늘었다. 고객은 계속 늘고 있는 추세다.

일본에서 생전 정리 비즈니스의 잠재수요는 엄청나다. 여기 뛰어드는 기업도 점점 늘 것으로 보인다. 시니어 입장에서는 서비스가 점점 진화되어서 웰다잉을 준비하는 비용과 시간을 절감할 수 있다.

　한국에서도 생전 정리 비즈니스가 태동할 조짐을 보인다. 키퍼스코리아는 대표적인 생전 정리 전문 기업이다. 잠재적 유품이 될 물품과 소유물을 정리해준다. 실버타운이나 요양시설에 입주하는 고령자를 위해 가재도구 정리, 재활용, 이사, 부동산 매각까지 원스톱 서비스를 제공한다. 직접 방문해서 고령자의 확인을 받으면서 하나씩 정리해준다. 하루에 끝나지 않더라도 고령자의 상황과 여건에 맞춰 도와준다.

· · ·　　　　　　　　　에이지 프렌들리 비즈니스 모델 092

클로클Clocr, **https://clocr.com**

디지털 자산 보호 및 관리 플랫폼. 디지털 자산을 효율적으로 처리하고 온라인 범죄로부터 안전하게 보호하기 위해 디지털 금고에 저장한다. 가족, 친구, 지정한 대상과 정보와 문서를 함께 관리하거나 공유할 수 있다. 디지털 자산이 원하는 대로 배분되도록 고가의 법률 서비스를 이용할 필요가 없다. 사망하거나 비상시 사용할 의료 기록, 법적 문서 등을 디지털화 해서 모든 기록과 중요한 정보를 한 곳에 보관한다. 긴급 상황이나 사망 시 피지명인이 즉시 액세스 할 수 있도록 권한을 부여한다.

디지털로 된 나의 분신도 정리하자, 온라인 장례식

우리가 살아가는 동안 실물 공간에만 흔적을 남길까? 그렇지 않다. 소셜 미디어 등이 발달한 온라인 곳곳에 흔적이 남게 된다. 과거에 누군가가 임종하면 옷가지를 태우고 유품을 정리하고 사진 정리를 하면 그만이었다. 하지만 이제는 온라인 발자국들이 수없이 남아 있게 된다. 죽어서도 온라인에선 죽을 수 없는 것이 현대인이다. 그런 의미에서 디지털 웰다잉, 즉 디지털 유품 정리를 원하는 수요도 늘고 있다.

우리보다 먼저 고령사회에 도달한 일본에서 '종활'이라는 단어가 유행어 대상 후보에 오른 것이 2012년이다. 같은 해 3월 시사용어 사전에도 등재되었다. 그로부터 10여 년이 흘렀다. 이제 종활은 매우 넓은 범주를 포괄한다. 비단 장례나 묘지 준비만이 아니다. 유품 정리, 주거지 정리, 거기에 디지털 정리까지 포함되었다.

일본 생활방식능숙연구소生きかた上手研究所는 정기적으로 '종활에 관한 의식 조사'를 실시한다. 60~74세 남녀 720명을 대상으로 한 2018년 조사를 살펴보자. 묘지 준비에 대한 질문에 22.5퍼센트가 필요하다고 답했다. 장례식 준비는 15.8퍼센트가 필요하다고 답했다. 그런데 남성의 경우 이런 준비는 사후에 해도 충분하다고 응답한 비율이 높았다. 반면 여성은 묘지나 장례 준비만이 아니라 더 많은 것이 필요하다고 생각했다. 가구나 짐, 의류와 액세서리, 앨범이나 편지 같은 추억도 정리해야 한다고 답한 비율이 남성보다 10퍼센트 많았다. 이때부터 시니어 여성들은 종활을 광의의 개념으로 파악하고 있었던 것이다. 정보 정리가 필요하다고 답한 사람도 17.2퍼센트나 되었다.

2021년 실시된 조사에서는 더욱 흥미로운 결과가 나왔다. PC와 SNS 등 데이터 정리가 종활에 포함된다고 응답한 비율이 24.9퍼센트로 크게 늘어난 것이다. 디지털 기록이나 정보를 생전에 정리하는 것도 웰다잉의 일부로 받아들이는 인식이 정착되고 있는 것이다.

최근 들어 거의 모든 산업이 디지털 전환digital transformation을 경험하고 있다. 이제 제품, 서비스를 디지털로 구매하는 일이 당연해졌다. 전자상거래, 결제, 배달, 방송, 이메일 모든 것을 디지털로 거래한다. 온갖 개인정보가 도처에 퍼질 수밖에 없다. 스스로 기록하거나 업로드 하지 않아도 우리가 살아온 이력 모두가 디지털 세계에 저장된다. 그러므로 현실만이 아니라 디지털 세계에서 진정한 의미의 장례식을 치러야 할 필요성이 커졌다.

불행히도 현행 법제도는 죽은 사람의 디지털 정보를 보호하는 규정이 없다. 법은 살아 있는 사람의 인격을 보호하는 것이 목적이기 때문이다. 이미 다양한 디지털 서비스에서 사망자의 계정 처리 문제를 놓고 갑론을박 중이다. 물론 개인정보보호법 등으로 상당 기간 사용하지 않은 휴면계정은 자동 삭제되기도 한다. 하지만 당사자가 아닌 이상 사망자의 계정을 유지 혹은 삭제해달라고 요구할 권리가 없다. 죽은 사람의 개인정보나 초상권 침해, 명예훼손 등에 대해서도 법적 제재가 불가능하다. 미국 등지에서는 죽기 전에 디지털 정보를 일괄적으로 암호화시켜 보관하다가 사망 후에 법적 승계자나 지정자에게만 공개하는 서비스를 선보이고 있다. 앞으로 디지털 유품 정리와 관련해 더 많은 논의와 서비스가 생겨나지 않을까 기대한다.

개인 누구나 '잊힐 권리'가 있다. 물리적으로 사망한 다음 디지털 세상에서도 지워지기를 바란다. 그와 관련해 데이터 관리 사업이 향후에는 큰 인기를 끌 것으로 보인다.

　이런 환경 속에서 아이러니하게도 장례식 자체를 온라인으로 하는 흐름도 생겨나고 있다. 온라인 장례식 대행 회사인 개더링어스GatheringUs는 시간과 인원수별로 차등 요금제를 적용한다. 90분/200명에 750달러(약 85만 원) 수준이다. 온라인 화장 장례식을 제공하는 솔레이스Solace는 유품 정리, 화장, 유골 수습 등 전 과정을 895달러(약 100만 원)에 제공한다. 장례식 모습을 줌이나 스카이프로 중계하는 경우도 있다. 쌍방향 대화 기능으로 유족에게 조의를 표하는 것도 가능하다. 고령화가 심화될수록 온라인 장례식은 인기를 더해갈 것으로 보인다. 팬데믹으로 인해 더 빠른 속도로 확산되고 있다.

● ● ●　에이지 프렌들리 비즈니스 모델 093

AOS 데이터 주식회사, https://www.aostech.co.jp
클라우드를 이용해 데이터 자산 관리 서비스를 제공한다. 시니어 세대의 디지털 활용을 지원하는 동영상 채널도 개설했다. 시니어에게 디지털 기기 사용법을 알기 쉽게 설명해준다. 시니어가 사용하기 쉬운 흥미로운 앱을 소개한다. 고령자가 쉽게 디지털 유언을 작성하는 유언 앱도 제공한다. 고령자 친화적인 사용자 인터페이스를 연구하며 음성 입력 등으로 손쉽게 사용할 수 있다. 인생기록을 작성해 보관하는 라이프 스토리 기능, 상속과 유언, 종활 정보를 담은 포탈사이트도 운영한다.

유족에게 폐를 끼치지 않고 웰다잉하기 위한 금융상품

기대수명이 늘면서 웰다잉에 대한 사회적 관심은 더욱 늘어가고 있다. 죽음은 많은 경우 돈 문제와 직결된다. 사망 전에 발생하는 비용도 있고 사후에 발생하는 비용도 있다. 이를 위한 보장성 금융상품이 다양하게 나와 있다. 상조 예·적금과 보험 등 사후절차를 위한 상품도 있다.

한국보건사회연구원이 발표한 생애의료비 분포 추정을 보면 남성은 64세까지 생애의료비 중 절반이 지출되는 것으로 나타났다. 반대로 말하면 65세부터 상당한 의료비가 든다는 의미다. 평균수명이 더 긴 여성의 경우는 67세부터 생애의료비 절반이 지출된다. 남녀 모두 65세 이후에는 수입이 줄어든다는 점을 감안하면 웰다잉의 현실적인 장애물은 경제적 문제이기 쉽다.

치료비와 간병비 등 사망 전까지 필요한 각종 비용을 보장하는 금융상품이 출시되고 있다. 그러나 여전히 다양성이 부족하다는 의견이 대세다. 심각한 질병이 아니라도 노년의 건강한 삶을 위해서는 많은 것이 필요하다. 특히 통증 완화와 간병 등 시니어들의 삶의 질을 개선하는 서비스가 절실하다.

최근 들어 민영 간병보험 시장이 크게 성장했다. 2008년 노인장기요양보험이 도입되면서 이 시장도 본격화됐다. 60대 이상 고령자 대상으로 치료비, 간병비, 장례비 등의 실비를 지급하는 다양한 실버보험 상품도 확대되었다. 일부 상품은 100세 보장을 적시했다.

그런데 웰다잉이라는 관점에서 보면 현실에 맞지 않는 부분이 많다.

대부분이 치매 보장에 집중되어 있다. 고령자에게 실질적인 도움이 되는 연금 형태보다 일회성 지급이 많다. 통증 완화 목적의 치료나 방문 간병 같은 것을 보장하는 상품은 극히 적다.

상조 상품 역시 현실과 동떨어진 경우가 많다. 보장범위가 지극히 제한적이어서 과연 시니어들이 안심할 만큼 충분한 서비스가 가능한지 의문이 든다. 우리은행, IBK기업은행, BNK부산은행 등이 2011년부터 상조서비스 혜택이 있는 상조 예·적금을 출시했다. 보험회사들도 가입자가 사망 시 상조서비스를 이용할 수 있는 상조보험을 판매해왔다. 그러나 상조회사에서 빈번하게 횡령사건이 발생하면서 소비자들의 신뢰가 많이 하락했다. 상조보험의 보장내역과 실제 서비스 간의 격차도 시장 성장의 발목을 잡는 요인이다.

호주나 미국에서는 민영 건강보험이 호스피스 방문이나 방문 간병 서비스 같은 특약조건을 명기해 보험금을 지급하는 경우가 많다. 가족과 함께 집에서 임종을 맡고 싶어 하는 시니어들의 요구에 발맞춰 홈 케어에 대한 보장도 확대하는 추세다. 일본의 경우 간병비, 요양비 등을 충족하기 위해 다양한 신탁상품이 운영된다.

우리 역시 방문 간병 서비스를 비롯해 고령자의 다양한 웰다잉 요구를 충족시킬 금융상품의 개발이 시급하다. 생전 장례식을 할 경우 금융 부문이 어떻게 지원할지 등 시장의 니즈를 파악하고 상품 개발을 서둘러야 한다.

잘 사는 것 못지않게 잘 죽는 것을 고민한다

일본에서는 '하카토모'墓友 프로그램이라는 것이 인기를 끌고 있다. '묘지 친구'라는 의미다. 고령자가 무덤까지 함께 할 친구를 사귀는 프로그램이다. 이미 큰 호응을 얻으며 상업적으로도 성공하고 있다. 종교단체, 사회적 기업들이 추진하는데 처음 만난 고령자들이 공감대를 형성하고 교류하는 다양한 프로그램이 운영된다.

장례시설과 묘지를 둘러보며 휴식을 즐기는 온천 투어 프로그램도 인기다. 유언투어라는 프로그램도 있다. 조용한 장소에서 유언장을 미리 작성하는 프로그램으로 법률회사와 여행사가 공동 개최한다.

일본에서는 웰다잉과 관련한 엑스포가 매년 열린다. 엔딩드레스 제조업체, 헤어스타일리스트, 메이크업 아티스트, 시니어 전문 사진가, 유언장 대필회사, 사후 재산관리를 대행해주는 금융기관 등 다양한 주체가 참여한다. 한국에서도 웰다잉 행사가 열렸다. 양주시 후원으로 2021년에 온라인으로 이뤄진 '내가 준비하는 나의 마지막—웰엔딩 페스티벌'이 그것이다. 행사는 웰엔딩을 바라보는 다양한 견해와 예술적 표현들을 소개했다. 관객들이 죽음과 웰엔딩에 대해 생각해볼 계기를 마련한 것이다. 생전 장례식 체험 프로그램도 열렸다. 아직까지 웰다잉이나 웰엔딩에 대한 사회적 공감대가 무르익었다고 보기는 어렵다. 다만 이 분야의 트렌드가 형성되어가고 있는 것만은 분명하다.

죽음은 누구도 피할 수 없다. 그러나 피할 수 없으면 즐길 일이다. 요즘 시니어들은 남들과 다르게 죽고 싶다는 소망이 있다. 그러므로 죽음과 관련해 많은 것이 바뀔 것이다. 많은 이들이 엔딩노트를 쓰기 시작했다. 조만간 포탈 기업이 관련 서비스를 선보일지도 모른다. 다양한 장례 문화도 생겨날 것이다. 나만의 장례식을 치르고 싶은 사람들, 남들과는 다른 죽음을 맞이하고자 하는 사람들은 더 늘어날 것이다.

전 세계 대부분의 국가에서 60세 이상 인구가 빠르게 증가하고 있다. 2012년 세계인구 보고서에 따르면 2047년 무렵이면 인류 역사상 최초로 60세 이상이 15세 미만을 초과하는 '대역전 현상'이 일어난다.

도시는 어떻게 바뀔 것인가? 소멸되는 곳과 팽창하는 곳의 사회문제에 어떻게 대처할 것인가? WHO는 시니어를 위한 도시 가이드인 '고령친화도시' 개념을 구축했다. 에이지 프렌들리 정책을 만들기 위해 국가는 무엇을 해야 하는가? 기업은 늘어나는 시니어 세대를 위해 무엇을 준비해야 하는가? 개인은 이 엄청난 변화의 시대에 어떻게 맞설 것인가?

제9장

에이지 프렌들리 시대, 무엇을 할 것인가?

What to do for Age Friendly?

인구 고령화 문제에 대한 국제사회의 공동대응

인구 고령화는 '65세 이상 고령자가 총인구에서 차지하는 비율'을 기준으로 분석한다. 이는 세계적 기준이다. 7퍼센트 이상이면 고령화 사회, 14퍼센트 이상이면 고령사회, 20퍼센트가 넘으면 초고령사회다. 그런데 이들 비중이 빠르게 증가하고 있다. 거의 모든 국가가 그렇다. 그런데 한국의 경우 더욱 심각하다. 2021년 9월 28일 통계청이 발표한 '2020 고령자 통계'에 의하면 2017년 이미 고령사회에 진입했다. 2025년에는 65세 이상 고령인구가 20.3퍼센트에 이르러 초고령사회에 진입할 것으로 예상된다.

그렇다면 인구 고령화가 왜 문제가 될까? 노동력 감소로 인한 세수

감소, 의료 및 복지비용 증가, 세대 갈등 등이 대표적인 문제로 꼽힌다. 국가경쟁력도 약화시킨다. 그런데 고령화는 피할 수 없는 현실이 되었다. 국제사회는 고령화에 저항하기보다 그에 순응하면서 새로운 시스템을 설계하는 쪽으로 방향을 선회하기 시작했다.

인구 고령화에 대응하기 위해 탄생한 것이 바로 고령친화도시 국제 네트워크Global Network of Age-Friendly Cities & Communities, GNAFCC다. '고령친화도시'란 말 그대로 고령자들이 살기 좋은 도시를 말한다. 활기찬 노년, 정든 지역에서 나이 들기 등이 핵심가치다. 이를 위한 정책과 인프라를 조성하는 것이 목표다. 미국, 캐나다, 스페인, 브라질, 호주 등이 선보인 개념을 WHO가 국제적인 이슈로 부각시켰다.

활기찬 노년을 위해서 무엇이 필요할까?

고령친화도시의 개념은 2002년 스페인 마드리드 노인 강령에서 출발했다. 2007년 WHO는 활기찬 노년active aging을 위한 고령친화도시 가이드라인을 만들었다. 8대 영역, 84개 점검항목이 제시되었다. WHO가 제시한 고령친화도시 지표는 물리적 생활환경 영역 3개(36개 점검 항목), 사회적 생활환경 영역 5개(48개 점검 항목)로 구성되어 있다.

2009년 12월 각국의 도시 특성을 반영한 고령친화도시 조성을 독려하는 'WHO 국제고령친화도시 네트워크'가 발족했다. 인구 고령화 문제에 선제적으로 대처하기 위한 국제 사회정책 정보망이자 정책포럼의 장이다. 2010년 뉴욕시가 첫 회원으로 가입했고 2019년 8월 기준 41개

1. 외부환경 및 시설
· 기반시설의 안정성, 편리성, 접근성
· 야외환경 및 공공건물 포함

5. 여가 및 사회활동
· 고령자의 가족, 사회, 문화, 종교, 여가활동 접근성
· 행정 정보 지원체계를 통한 소속감 증대

2. 교통수단 편의성
· 이용이 쉽고 저렴한 대중교통과 편의 환경
· 고령자 사회참여 및 의료서비스 접근성

6. 존중 및 사회통합
· 고령자 이미지 향상을 위한 교육 및 미디어 활용
· 지역사회 내 고령자 역할 강화를 통한 세대 통합

3.주거환경 안정성
· 주거시설의 구조, 디자인, 위치, 비용 및 공공설계
· 고령자의 편안하고 안전한 삶

7. 의사소통 및 정보
· 고령자 특성을 반영한 정보 체계 구축
· 정보접근성 강화로 사회활동 및 인간관계 활성화

4. 인적자원의 활용
· 고령자 욕구에 따른 자원봉사와 취업 기회 확대
· 시민 참여활동 독려 및 지역사회 공헌 활성화

8. 건강 및 지역 돌봄
· 고령자 의료서비스 확충과 접근성 강화
· 고령자 건강과 자립생활 가능성 증대

WHO가 제시한 고령친화도시 지표 8대 영역

국 847개 도시가 가입했다. 초기에는 대도시 위주로 가입했지만 최근 들어서는 다양한 규모의 지역 커뮤니티까지 폭넓게 참여하고 있다. 2021년 8월 현재 44개국 1,114개 도시와 지역 커뮤니티가 속해 있다. 이들은 고령친화도시라는 모토로 2억 6,200만 명이 넘는 고령자를 대상으로 활동을 전개한다.

한국도 서울시가 2013년 최초로 가입한 이래 총 28개 지자체가 가입했고 앞으로도 참여가 꾸준히 늘어날 전망이다.

고령친화도시에 가입한 도시와 지역 커뮤니티는 WHO의 가이드에 맞춰 고령친화성 증진을 위해 노력해야 한다. 8대 영역이 두루 포함된다. 그중에서도 최우선적으로 고려되는 것이 바로 도시 기반시설, 교통

수단, 주거환경이다. 고령자가 위협을 느끼지 않고 안전하게 생활하고 활동할 수 있도록 적극적으로 인프라를 만들어가야 한다. 이러한 인프라 위에서 여타의 다양한 고령친화 활동이 가능해진다.

··· 에이지 프렌들리 비즈니스 모델 094

고령친화산업지원센터, https://www.khidi.or.kr/esenior
고령자 친화적인 헬스케어 융합제품 지원사업을 하고 있다. 제품의 고령친화성 평가지표 개발과 개선 지원사업, 국내외 시장 창출을 위한 지원 등을 적극적으로 수행한다. 고령친화산업이 지속적으로 발전할 수 있도록 정부와 산업 간의 가교 역할을 하고 있다. 전동침대, 이동변기, 목욕 리프트, 저주파 자극기, 요실금 제품 등 다양한 고령친화 우수제품과 사업자를 소개함으로써 소비자의 선택폭을 넓힌다.

선진국의 고령친화도시, 무엇이 다른가?

시니어들이 안전하고 편안하게 생활할 수 있는 고령친화도시는 무엇이 어떻게 달라야 할까?

첫째, 도시 기반시설을 살펴보자. 최근 모든 세대가 편안하게 이용할 수 있는 유니버설디자인 개념이 확산되고 있다. 특히 문턱이나 계단 등을 배제한 배리어프리 환경 조성은 필수적이다. 이는 물리적·사회적 장애에 구애 받지 않고 모든 세대가 어울려 살 수 있는 환경의 기본 요건이다.

미국 뉴욕시 교통부는 '노인을 위한 안전한 거리' 조성 활동을 펼쳤다. 노인을 포함해 모든 보행자가 안전하게 이동 가능한 거리와 도로를 만드는 목표다. 2008년 활동 개시 이래 사망과 중상의 원인이 된 65세 이상 고령 보행자 안전사고 방지를 집중 공략했다. 그 결과 2009년에서 2018년 사이 뉴욕시 전역의 보행자 사망사고가 17퍼센트 감소했다.

둘째, 교통수단의 편의성 역시 필수적이다. 고령자에게 교통수단은 매우 중요하다. 이동성이 확보되어야 사회활동과 서비스 이용이 가능하다. 따라서 이 영역 역시 고령친화도시가 주력으로 삼는 개선 대상이다.

뉴욕시는 노인전용버스, 택시 바우처 사업 등을 운영한다. 노인전용 버스는 아침과 낮에 스쿨버스로 운용되던 것을 이후 시간에 노인에게 배정하는 방식이다. 택시 바우처는 지역사회에서 조성한 기금을 활용해 소득이 적은 노인이 저렴하게 택시를 이용할 수 있도록 지원한다.

슬로베니아의 경우 시 예산으로 전액 지원하는 노인 무료 교통수단 인 프로스토퍼Prostofer를 구현했다. 의료, 공공기관, 쇼핑센터에 가고자 하는 고령자가 골든 네트워크라는 통신센터에 연락하면 센터는 자원봉 사 운전자를 보내준다.

셋째, 주거환경 안정성 역시 고령친화도시의 핵심적 방향으로 꼽힌 다. 목표는 고령자들이 친숙하게 살던 곳에서 자립해 살아가는 환경을 만드는 것이다. 그런데 고령자가 살던 주택은 노후화되어서 생활하기가 힘들어지는 경우가 많다. 그런 경우 집수리를 지원하는 제도를 마련할 수 있다. 미국 뉴욕시는 신체 노화에 따라 필요해지는 집수리 내역을 알 려주는 지침서를 배포한다. 집수리에 필요한 도구를 대여해주는 곳도 있다. 그러나 아직까지 이렇다 할 획기적인 정책을 펼치는 곳은 거의 없는 실정이다.

에이지 프렌들리 비즈니스 모델 095

페이AI 테크놀로지FEIAI Technology**, http://www.iageclub.com**
고령자를 위한 서비스 기술과 상품 개발을 연구하는 기업. 요양기관을 위한 스마트케어 제품과 플랫폼을 제공한다. IoT를 이용한 각종 생활보조 상품도 개발한다. 고령자가 넘어지지 않고 씻을 수 있는 욕실 보조 제품, 의자나 침대에서 일어서고 앉는 것을 보조하는 시프트 어시스트, 다기능 전기침대, 모서리가 없는 식탁과 의자, 보행 보조기, 스마트 지팡이 등 다양한 제품을 선보인다.

에이지 프렌들리가 비즈니스 강점이 되는 시대

환영할 만한 것은 다양한 국가와 도시에서 '고령사회에 대비한 비즈니스 가이드'가 제시되고 있다는 점이다. 노인 고객을 대하는 올바른 태도, 노인이 편리하게 이용 가능한 매장환경 개선 방안 등이 여기 포함된다. 많은 도시들이 '고령자를 위한 비즈니스 안내서'를 발행한다. 여기 적극적으로 협력하는 매장이나 브랜드에는 '에이지 프렌들리' 인증마크도 부착해준다. 미국 뉴욕, 아일랜드, 캐나다 브리티시컬럼비아 등이 이 정책을 펴고 있다. 이는 에이지 프렌들리가 단순한 정책방향을 넘어서 광범위한 시민 캠페인으로까지 진화할 수 있음을 보여주는 징표다.

많은 이들이 아직까지 '과연 그렇게 하는 것이 사업적으로도 도움이 될까?' 의아해 한다. 하지만 고령사회는 이미 현실이고 고령 소비자가 다수가 되고 있음을 고려해야 한다. 앞으로는 시니어 소비자를 배제하거나 홀대해서는 어떤 산업도 발전할 수 없다.

첨단기술의 발전은 고령친화도시 인프라를 형성하는 데에도 긍정적으로 기여한다. 대표적인 것이 증강현실과 가상현실 기술이다. 시니어들은 하루 대부분의 시간을 앉거나 누워서 보낸다. 특히 앉아 있는 행동은 고령자의 전형적인 패턴이다. 여러 문헌에 따르면 노인의 67퍼센트가 하루 평균 8.5시간 이상 앉아서 생활한다. 이들의 활동성을 높이고 이동성과 신체기능을 유지하는 것은 매우 큰 과제다. 미국 질병통제예방센터CDC에 따르면 미국인 10명 중 7명은 만성질환으로 사망한다. 그런데 이들 질환 대부분은 활동적이고 건강한 생활방식으로 예방할 수 있다. 시니어들의 다양한 신체활동을 지원하는 것은 고령친화도시의 필수 요건인 것이다. 값비싼 회원제나 사용요금, 장비가 필요하지 않은 다양한 활동이 필요하다.

그런데 그동안 공공공원 설계에서 시니어들은 배제되어왔다. 심지어 고령자가 접근하기 어렵거나 유리관리가 원활하지 않아 사용이 불편한 경우도 많다. 공공공간을 설계하거나 리모델링할 때 시니어들을 적극 참여시키자는 흐름이 생기는 이유다. 다양한 활동을 할 수 있는 공공장소가 늘면 시니어들의 신체활동, 사회화, 건강 개선과 삶의 질 향상이라는 효과를 얻을 수 있다. 특히 증강현실을 이용해 공공공원을 설계하는 시도가 이루어진다면 다양한 기대효과를 얻을 수 있다. 가상현실 역시 보행이나 밸런스, 낙상 방지 등의 효과를 기대할 수 있다.

가상현실과 증강현실을 이용한 시각화, 교육, 게임 등은 이미 활발히 상용화되고 있다. 운동과 재활에도 광범위하게 사용된다. 따라서 이들 기술을 개발하는 기업은 더 적극적으로 시니어를 타깃 소비자로 설정할 필요가 있다.

전 세계 도시는 고령자를 위한 도시, 전 세대를 포용하는 도시로 거듭 진화해가고 있다. 이제 '살기 좋은 도시', '방문하고 싶은 도시'의 요건으로 에이지 프렌들리가 핵심이 되는 시대다. 그러한 변화는 비단 행정의 힘만으로 가능한 것이 아니다. 수많은 기관, 단체, 기업이 적극적으로 참여해야 한다. 실제 참여할 수 있는 분야는 너무나 많다. 누가 먼저 시장을 선점하느냐는 누가 먼저 고민하고 뛰어드는가에 달려 있다.

··· 에이지 프렌들리 비즈니스 모델 096

예티 태블릿yeti TABLET, **https://yetitablet.com/healthcare**
터치스크린 장치 사용이 서툰 사람도 손쉽게 스마트 기술에 접근할 수 있다. 지속적으로 업데이트되는 재활, 인지, 신체·사회적 스킬 연습, 기억, 계획과 전략 수립, 시간 관리 게임, 타이머와 캘린더 등 애플리케이션이 제공된다. 1인 고령자의 활동을 지원하고 간병 시설에서도 두루 사용된다. 시력이나 동작능력이 떨어지는 사람도 쉽게 사용할 수 있고 다양한 그룹 활동도 가능하다.

초고령사회로 가는 우리, 무엇을 시작할 것인가?

일본은 우리보다 앞서 저출산 고령화를 경험했다. 2017년 여성 3명 중 1명이 65세 이상이 되면서 소위 '할머니 대국'이 됐다. 2018년엔 신입생 부족으로 도산 위기에 몰리는 국립대가 등장했다. 현재는 사립대 절반 가량이 신입생 정원을 못 채우고 있는 형편이다. 2020년에는 여성 2명 중 1명이 50세 이상이 되었다. 합계출산율을 아무리 높여도 인구 감소를 멈출 수 없는 상황이 된 것이다. 2022년부터는 혼자 사는 가구가 3분의 1을 넘어서 1인 고령자 문제가 본격화될 것이다. 2024년에는 국민 3명 중 1명이 고령자가 되고 2033년에는 3가구 중 1가구 꼴로 빈집이 발생하게 된다.

인구 감소의 미래는 비참하다. 치매 환자가 치매 환자를 돌봐야 한다. 지방에는 백화점과 은행이 자취를 감춘다. 혈액이 부족해 수술을 못하게 되고 화장장과 납골당이 부족해진다. 2040년이면 지자체 절반이 소멸 위기에 처한다. 2065년에는 현재 주거지의 20퍼센트가 사람이 살지 않는 불모지로 바뀐다.

물론 당장 몇 년 안에 일본 자체가 사라지는 것은 아니다. 그러나 50년, 100년 단위의 장래인구 추계를 보면 가공할 만하다. 2015년 1억 2,700만 명이던 인구는 40년 후 9천만 명 밑으로 줄어든다. 또한 100년이 채 못 돼 5천만 명 정도로 쪼그라든다. 이렇듯 인구가 급격하게 줄어드는 것은 세계사에도 유례가 없는 일이다.

이들이 처한 인구 문제의 요인은 몇 가지로 압축된다. 첫째, 저출산이다. 둘째, 고령자 급증이다. 셋째, 근로연령 인구(20~64세) 급감으로 인한 노동력 부족이다. 넷째, 이 모든 것이 서로 얽혀 악순환으로 치닫는 인구 감소 현상이다.

이민 수용, 로봇, 인공지능, 다양한 상상력들

일본 미디어는 최근 들어 '2025년 문제'라는 키워드로 떠들썩했다. 인구 규모가 가장 큰 전후 베이비부머 세대, 일명 단카이 세대(1947~1949년 태생)가 모두 75세 이상이 되는 해가 2025년이다. 그렇게 되면 사회보장 비용이 크게 증가하고 의료기관과 요양시설도 현저히 부족해진다.

2021년 무렵부터 '간병이직'이 부쩍 늘었다. 부모의 간병을 위해 직장을 그만두는 것을 말한다. 가뜩이나 노동력이 부족한 기업이 더 큰 인재 부족에 시달린다. 2025년부터는 '더블케어'도 중대한 사회문제가 된다. 장년층이 부모를 봉양하고 자녀도 보살펴야 하는 이중고다. 2040년 무렵부터는 사망자가 급증해 화장장이 부족해진다. 고령자 인구가 절정이 되는 2042년이면 연금이 고갈되고 무의탁 고령자와 생활보호 수급자가 급증한다. 국가 재정이 엄청난 타격을 받게 된다는 예측이다. 젊은 이들이 부족해 국방, 치안, 소방 기능이 약화된다. 기초 행정시스템이 마비되면 사회는 급속도로 혼란에 빠진다. 그렇다면 일본 정부는 무엇을 어떻게 대비하고 있을까?

이들의 대책은 크게 외국인 노동자 유치, 인공지능 도입, 여성 인력

활용, 고령자 재취업 등으로 나뉜다.

일본은 종래에 외국인 노동자는 고급인력에 국한해 유입시키는 강력한 배외주의 정책을 고수했다. 그런데 이를 근본적으로 재검토해 '단순노동력'을 적극 유치하는 방안을 추진 중이다. 외국인이나 이민자를 테러, 폭동, 인종주의 시각으로 보던 폐쇄적인 사회인식을 어떻게 개선할 것인가가 중요한 과제다.

정보통신 기술, 로봇, 인공지능을 활용하는 방안도 있다. 하지만 당면한 노동력 부족을 보충할 획기적인 대안이 되기에는 아직 기술 수준이 낮다. 아직까진 영화에나 나오는 이야기로 받아들여진다. 그러나 향후 노동력 부족을 해결하기 위해 첨단기술을 적극적으로 활용하는 방안은 끊임없이 모색될 것이다.

여성이나 고령 인력을 적극 활용하는 방법도 있다. 그러기 위해선 연공서열 중심의 일본 특유의 고용 방식이나 남성 위주의 기업 시스템에 대한 재고가 필요할 것이다. 정년 연장을 포함해 고령 인력을 활용하는 방안은 현재도 활발히 진행 중이다. 오히려 앞으로는 75세 이상 고령 노동자가 더 보편적인 것이 될 것으로 예견된다.

그런데 이쯤에서 제기할 문제가 하나 있다. 이 모든 일이 불행한 일본에만 일어날 일일까? 우리는 아직 이 정도로 심각한 수준은 아니라고 안도해도 될까? 대단히 큰 착각이다. 우리의 경우 고령화가 더 빨리 더 심각하게 진행되고 있다. 우리가 인지하지 못할 뿐 일본이 겪을 그 모든 과정을 우리가 더 먼저 겪게 될 수도 있다.

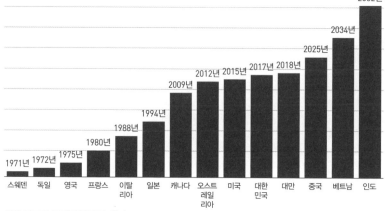

세계 각국의 고령사회 진입 시기

　프랑스가 고령국가에 도달하는 데 145년, 영국의 경우는 80년이 걸렸다. 그런데 우리는 20년이 채 걸리지 않았다. 일본보다도 8년 정도 빠른 속도다. 우리의 경우 변화가 너무 빨라 적응할 시간조차 없다는 게 더 큰 문제다. 우리 역시 일본과 똑같은 공립대학교와 사립대학교의 위기를 지금 맞이하고 있다.

한국의 고령화 문제, 더 이상 피할 문제가 아니다

2016년 무렵 한동안 '인구절벽'이라는 용어가 유행이 된 적이 있다. 근대화 이래 한 번도 경험한 적 없던 대변화가 인구 급감과 함께 일어난다는 분석이다. 상대적으로 느긋한 입장도 있었다. 인구절벽으로 장기불황을 겪은 국가는 전 세계적으로 일본뿐이라는 주장이다. 근거가 없는 것은 아니다. 몇몇 국가에서 인구 감소가 일어나도 세계인구는 여전히 증가하고 있다. 실제 인구절벽을 근거로 주장하던 집값 하락 등은 아직 현실화되지 않고 있다.

그런데 인구 감소의 사회적 여파는 실제로 다양한 문제를 낳고 있다. 물론 초저출산으로 인한 인구 감소가 국가 전체에 동시다발적이고 균일하게 영향을 미치는 것은 아니다. 먼저 특정 연령, 특정 지역, 특정 산업에 차별적으로 영향을 준다. 일례로 신생아 관련 산업은 고사 직전까지 갈 수 있다. 해당 산업은 고급화 전략, 사업다각화 등을 시도하지 않으면 생존을 보장할 수 없다.

문제의 심각성을 절감하는 기업도 다수 있을 것이다. 그러나 마땅한 대책이 없다는 것이 문제다. 인구 구조의 변화로 성장이 침체되고 실적이 하락하고 고용이 불안해진다. 그 결과 임금이 하락하고 이는 다시 소비 축소로 이어진다. 당장에는 서비스업보다는 제조업이나 금융업 등에 더 큰 타격이 가해질 것이다.

한편 정부는 아직 제대로 된 원인 파악조차 하지 못하고 있는 것으로 보인다. 인구 감소와 증가는 기계적으로 조절할 수 없다. 정책 등의 요인으로 일시적으로 출산율을 높여도 교육 등을 이유로 도시로 이탈하면 곧 소용없는 일이 된다. 정부는 인구 감소를 막기 위해 2006년부터 380조 2천억 원을 투자했다. 그런데 그 누구도 효과를 실감하지 못하는 현실이다.

한국사회가 맞닥뜨릴 3가지 핵심적인 문제들

고령화로 인해 한국사회에 불어 닥칠 3가지 문제를 하나하나 짚어보자.

첫째, 생산가능인구의 감소다. 이는 2018년부터 이미 시작됐다. 수차례 경고되었던 문제다. 그런데도 경제가 성장하고 있으니 별 문제가 안 된다는 식으로 대처해왔다. 우리의 핵심 생산인구는 2010년 정점을 찍은 이래 줄곧 하락 중이다. 급기야 2020년부터는 1955~1975년 사이 태어난 1,700만 명의 인구집단이 빠져나가기 시작했다. 이는 경제의 토대가 무너지는 것과 같다. 가장 활발하게 경제활동을 해야 할 사람들이 은퇴하거나 수입이 없어진다. 고령화 자체보다 더 심각한 문제다. 게다가 후속세대인 청년들은 결혼과 출산을 포기하고 있다. 2002년 이후 출산 감소세는 더욱 심화되기만 한다. 더군다나 감소 속도는 세계에서도 유례없이 빠르다. 2000년 이후 출생한 밀레니엄 세대는 단군 이래 최초로 '부모세대보다 가난한 세대'가 될 것으로 보인다. 태어날 때부터 불황을 배웠고 저성장이 구조화된 시점에 사회에 진출했다. MZ세대가 소비의 주체가 될 수 없는 이유다. 이들의 부는 자신의 것이 아니라 부모의 것일 뿐이다.

둘째, 베이비부머 세대의 대거 은퇴 문제다. 일본의 단카이 세대와 비견할 규모의 인구집단이 경제활동에서 사라진다. 이는 2020년부터 시작된 문제다. 우리나라의 경우 베이비부머 세대는 다시 1차(1955~1963년생)와 2차(1964~1975년생)로 나뉜다. 이 중 1차에 해당하는 인구는 740여만 명이다. 이들이 2020년 1955년생을 시작으로 은퇴를 맞이하기 시작했다. 은퇴 후의 삶은 녹록치 않다. 고용, 건강, 가족 부양 문제에 짓눌리게 될 공산이 크다.

중산층 규모가 줄고 있는 것도 심각한 문제다. 비정규직 비율은 고령자로 올라갈수록 높아지는 경향을 보인다. 경기침체가 지속될 것을 예상하면 앞으로 상황은 더 나빠질 것이다. 50대부터 시작된 고용불안으로 70대에 이르면 빈곤압박이 불가피하다. 게다가 이들은 일본의 장년층과 동일하게 '더블케어'의 압박에 시달리게 된다. 이 연령대의 자살률이 높아지고 폭력성이나 우울증이 심화되는 것은 어찌 보면 당연한 결과다.

셋째, 우리에게도 '2030년 문제'가 바로 코앞에 있다. 통계청의 '2020 고령자 통계'에 의하면 2030년 한국의 65세 이상 고령자는 전체 인구의 25퍼센트에 달하게 된다. 사회가 '1,700만 명에 달하는 고령자를 어떻게 부양할 것인가?' 하는 문제에 봉착하게 된다.

요약하자면 2018년 청년이 사라졌고 2020년 중년이 늘어났으며 2030년 노년 인구가 급격히 증가한다. 일자리가 줄고 경기도 침체된다면 사회안전망을 기대하기도 힘들다. 당장의 정책적 대안을 기대하기도 어렵다. 인구가 줄면 세수도 줄고 경제가 위축된다. 상당수의 노년 인구가 빈곤층으로 전락할 공산이 커진다.

고령화에 대처하는 모범사례는 없는가?

고령사회에 먼저 도달한 국가와 오래전부터 준비해온 국가들이 여럿이다. 특히 영·미 등 선진국은 사회적 자본이 잘 갖춰져 있다. 고령사회 준비를 위한 연구와 제도적 장치를 마련했다. 비즈니스 차원에서도 활발한 움직임이 있다.

많은 기업이 에이징 테크 영역에서 첨단기술을 활용한 고령사회 준비에 박차를 가하고 있다. 대표적인 것이 헬스케어 분야다. 재활, 약물, 건강관리 등의 분야에서 수많은 에이징 테크 기업이 활약하고 있다. 이외에도 웰니스, 시니어 리빙, 홈 케어, 스마트홈 분야에서 우수한 기업들을 많이 찾아볼 수 있다.

최근 고령사회 준비 움직임이 가장 활발한 나라는 의외로 중국이다. 중국은 고령자에 진입할 인구규모 자체가 거대하다. 따라서 이들이 고령자가 되기 전부터 서둘러 만반의 준비를 갖추려는 듯하다. 중국의 움직임, 일본의 대처 등을 차례로 알아보면서 우리가 벤치마킹할 부분이 무엇인지 살펴보도록 하자.

중국: 첨단 시스템을 고령자 맞춤으로 대거 변혁

중국의 모든 정책은 중앙정부가 주도한다. 이들의 정책은 다음 6가지로 요약할 수 있다.

첫째, 고령자를 위해 통신 서비스를 개선하는 것.

통신 서비스는 고령자가 사회와 소통하는 채널이다. 따라서 정부는 이들 시스템에서 고령자가 소외되지 않도록 개선에 나섰다. 가능한 전통적인 오프라인 채널을 유지하고 대면 서비스를 제공한다. 모든 통신사는 오프라인 매장을 일정 비율 유지해야 하며 대면 서비스도 제공해야 한다. 노인 전용 통로나 배리어프리 시설을 설치하고 업무처리 절차도 간소화한다. 모든 전화 관련 서비스에서 노인을 위해 '원클릭 접근'이 가능하도록 하고 우선 접근권을 제공한다.

둘째, 인터넷 서비스에 고령자 접근성을 높이는 것.

115개 공공 웹사이트, 43개 모바일 앱의 첫 화면을 전 연령대가 편하게 사용할 수 있도록 대대적으로 개편하도록 지시했다. 인터페이스를 단순화하고 글자 크기를 키우고 조작을 편리하게 하고 음성지원을 하는 등 고령자 편의성을 높였다. 특히 노인이나 장애인이 디지털 격차를 겪지 않도록 돕는 것을 의무화했다.

셋째, 스마트 헬스케어 관련 시범 활동을 추진하는 것.

특히 스마트시티와 캠프를 중심으로 스마트 보조장치, 스마트홈, 건강 모니터링, 요양을 위한 지능형 단말기 제품 등을 활발히 제공하도록 했다. 또한 '스마트 건강·노인 케어 제품과 서비스 카탈로그'를 만들어 적극 배포한다.

넷째, 노인 요양 관련 공공서비스 플랫폼을 구축하는 것.

스마트 건강이나 노인 전용 단말기 표준을 만들어서 노인 요양 표준체계, 핵심표준을 제정하고 시험 평가해서 공공서비스에 적용하는 연구를 진행한다. 고령자 건강에 대한 과학기술 지원도 강화한다.

다섯째, 시니어 제품 산업발전 촉진 지침을 추진하는 것.

고령자를 위한 제품의 기술과 연구개발, 서비스 혁신을 지원하고 핵심 기업을 육성한다. 고령자 제품의 고급화, 혁신적 소비재 개발을 위해 관련 표준을 정비하고 고령자 생활을 편리하게 할 온라인 서비스도 개선한다.

여섯째, 시니어 개인정보 유출 위험을 줄이는 것.

개인정보보호 강화를 위한 법제화와 함께 개인정보 수집과 활용의 표준화를 추진한다. 사용자 권익을 침해하는 인터넷 서비스를 규제하고 불법행위에 노출되지 않도록 정보보안을 강화한다.

⋯ 에이지 프렌들리 비즈니스 모델 097

중국 은행들의 고령친화 제품과 서비스들

• **중국건설은행**中国建设银行, http://www.ccb.com/cn/home/indexv3.html
개인, 기관, 정부를 연결해 고령자 금융 생태계를 구축한다. 연금투자 서비스를 통해 양로자원을 통합하고 양로 산업과 신탁 서비스 등을 제공한다. 스마트 양로 플랫폼을 구축하고 고령친화 서비스를 특화했다.

• **중국 CITIC 은행**中国中信银行, https://www.citicbank.com
'행복 플러스' 개념으로 재산, 건강, 우대, 대학, 여행, 무대 등 시니어 전용 상품을 선보인다. 만성질환 관리, 원격의료, 시니어 교육 등 연계서비스도 제공한다. 시니어에게 지불, 여행, 의료 등 7가지 신기술 이용법을 알려준다.

• **중국은행**中国银行, https://www.boc.cn/index.html
시니어의 필요에 맞춘 상품 서비스 시스템을 구축했다. 금융상품, 연금보험, 가족신탁 등을 통합해 원격의료, 장기요양, 양로 커뮤니티 등 서비스를 제공한다. 큰 화면과 음성 가이드로 편의성을 높였다.

- **중국교통은행**中国交通银行, http://www.bankcomm.com/BankCommSite/default.shtml

의료 혜택, 지능형 투자 컨설팅, 시니어 버전의 인증서와 모바일 뱅킹 서비스를 제공한다. 1년 만기, 3년 만기 펀드를 선보이며 계좌 개설, 바로 제출 등 편리한 서비스를 제공한다.

중국의 1차적 고령사회 준비 과정은 시니어들을 보호하고 그들의 원활한 사회활동을 지원하며 건강 증진과 요양 등의 사회적 인프라를 구축하는 것에 초점이 맞춰져 있다고 할 수 있다.

일본: 고령사회 전반에 대한 기본제도 법제화

그렇다면 우리보다 먼저 고령사회에 도달한 일본은 어떻게 하고 있을까? 이들은 고령사회 대책을 위해 1995년에 '고령사회대책기본법'을 제정했다. 정부와 지자체가 이 법의 기본이념에 따라 고령사회 대책을 수립하고 실시할 책임이 있음을 규정한 것이다. 취업, 건강, 복지, 학습, 사회참여, 생활환경 등에 관한 국가 권고사항이 규정되어 있다.

이 기본법이 규정하는 방향성은 3가지로 압축된다.

첫째, 연령에 의한 획일화를 지양하고 모든 이들이 의욕과 능력대로 활약할 수 있는 에이지리스ageless 사회를 지향한다. 모든 세대에게 골고루 초점을 둔 사회보장을 목적으로 한다.

둘째, 생활기반을 재정비해서 원활한 고령 생활이 가능하도록 지역사회를 가꾼다. 여러 세대가 협력해 사회적 고립을 방지하며 고령자가 안전하게 살 수 있는 커뮤니티를 만든다.

셋째, 성과가 가시화되는 고령사회 대책을 수립한다.

이러한 3가지 기본개념 하에서 정부, 기업, 개인이 할 일을 규정하고 있다. 일본에서 고령자를 위한 비즈니스가 활발한 것은 바로 이러한 정책적 뒷받침 덕분인 것으로 보인다.

2021년 6월 일본 후생노동성은 '에이지 프렌들리' 기업에 보조금을 지급하는 방안을 확정했다. 고령자가 안심하고 안전하게 일할 수 있도록 작업환경과 안전위생을 개선하는 중소기업 사업자에게 보조금을 지급한다. 사회복지 시설, 의료보건 분야, 숙박업과 요식업 분야에서 고령자 안전을 위한 투자를 할 때에도 보조금을 지급한다.

일본 기업들은 고령자 제품과 서비스, 커뮤니티 구축에 매우 적극적이다. 중국이 정부 주도로 강제적으로 진행하는 것과 달리 일본 기업은 자체적인 필요에 의해 오래 전부터 노하우가 축적되어왔다. 특히 금융 같은 보수적인 산업에서도 '부모가 치매에 걸렸을 때의 대처 매뉴얼과 프로세스'를 적극적으로 마련하는 등 발 빠르게 대처한다.

대학교를 위시로 고령사회 관련 연구도 활발하다. 특히 도쿄대학교 고령사회종합연구기구는 오랜 역사와 권위를 자랑한다. 와세다대학교, 릿교대학교 등도 시니어를 위한 커뮤니티와 평생학교 등을 운영한다. 많은 시니어들이 참여하며 만족도도 높다.

주식회사 이로도리, https://irodori.co.jp

요리에 쓰이는 계절의 잎, 꽃, 산채 등을 재배하고 판매하는 '잎 비즈니스' 기업. 시니어들이 PC나 태블릿을 이용해 마케팅과 판매를 도맡아 한다. 재배는 농가, 수주와 유통은 농협, 시장 분석과 영업은 본사가 맡는다. 귀농 희망자나 지방 이주자들 대상으로 단기 체험 프로그램도 실시한다. 2년에 걸친 농업 체험과 연수를 거쳐 농촌에 취업할 수 있다. 잎 비즈니스를 고안한 과정과 지방 부흥, 고령자 복지, ICT 기술 관련 강연도 진행한다.

타이촨 테크놀로지 Taichuan Technology**, http://www.bjtaichuan.com**

스마트 커뮤니티, 스마트 가전, 스마트 건물, IoT 기술을 바탕으로 스마트홈과 요양 서비스 플랫폼을 제공한다. 관련 커뮤니티나 양로시설 업체에게 통합적인 서비스를 제공한다. 시니어의 생명과 건강, 안전을 위한 건강 관리, 안전 관리, 원격 돌봄, 급식, 온라인 지원, 긴급 구조 등 다양한 지원을 선보인다. 시니어는 자신의 집에서 이 시스템을 통해 포괄적으로 안전한 일상 생활을 유지할 수 있다.

고령화에 대처하기 위해 각계에 보내는 제안

2021년 7월 고려대학교 고령사회연구센터는 ㈜유한킴벌리와 공동으로 '고령사회 인식 조사'를 기획한 바 있다. 전국 만 20~69세 성인남녀를 대상으로 구조화된 설문지를 활용해 조사를 실시했다(2021년 7월 12~14일, 유효샘플 565명, 표본오차 ±4.12퍼센트, 신뢰수준 95퍼센트).

연구 결과 응답자들은 한국이 당면한 가장 중요한 과제로 저출산·고령화(60.5퍼센트)를 선택했다. 사회정책이 여기 집중될 필요가 있으며 기업의 경영전략 역시 대폭 선회해야 한다고 문제제기했다. 최근 많은 기업들이 ESG 경영을 추진한다. 하지만 대부분 기후변화 대응, 즉 환경 분야에 치우쳐져 있다. 국민들이 저출산·고령화를 가장 중요한 과제로 인식하는 만큼, 이를 위한 사회 분야 접근이 시급하다.

많은 이들이 위기감을 느끼고 있지만 실질적인 대응은 현저히 부족한 실정이다. 본 센터가 조사한 바에 따르면 '정부가 고령화에 적절히 대응하고 있다'고 생각한 비율은 15.4퍼센트에 불과했다. 반면 대응이 부족하다고 응답한 비율은 56.5퍼센트에 달했다.

물론 고령화 대응의 책임이 온전히 정부에게만 있는 것은 아니다. 가계, 기업, 정부 모두 저마다의 방식으로 대응해야 한다. 가계는 재테크 등 경제적 준비를 포함해 노후준비를 더 적극적으로 해야 한다. 그러려면 일자리 등 제2의 삶에 대한 준비가 절실하다. 기업은 정년보장 등으로 노동 안정화에 기여하고 시니어 상품 개발이나 고령친화적인 유통환경 등의 고령친화 경영을 추진해야 한다. 정부 역시 기초노령연금 등 노인 빈곤문제를 해소하고 신혼부부 주거안정을 도모함으로써 고령화와 저출산에 대처해야 한다.

중국건강양로집단유한공사CHINA HEALTH AND ELDERLY CARE GROUP CO.,LTD., **http://www. checg.cn/zgjkyljtyxgs/sy/index.html**

건강한 노인 간호를 위한 종합적이고 현대적인 서비스 산업을 적극 개발하는 전문 기업이다. 시장 수요를 면밀히 분석해 전문 요양기관, 대규모 노인 요양 커뮤니티, 시니어 전용 주거와 여행 모델, 홈 케어 제품 등을 개발하고 구축한다. 만성질환, 노인병, 재활간호를 위한 의료서비스를 개발하고 의료와 요양을 연계시킨다. 맞춤형 개인 건강관리 계획을 수립해 운동지도와 영양지도를 제공한다.

한국의 기업에게: 시장을 빨리 분석하고 선점하라!

우리 기업들은 고령사회를 위해 어떤 준비를 하고 있을까? 안타깝게도 별로 확인되는 것이 없다. 다수가 시니어보다는 MZ세대를 타깃으로 삼고 있다.

일례로 한 전자회사는 리튬이온 배터리를 탑재한 시니어를 위한 경량 휠체어를 개발까지 해놓고도 출시를 망설인다. 시장에서 외면 받을까 두렵기 때문이다. 잘 모르는 시니어 시장에서 모험을 하기보다 안전한 MZ세대 타깃 제품을 만드는 게 낫다고 여긴다.

기업이 은퇴예정자를 포함해 시니어를 교육하는 것에도 아쉬운 대목이 많다. 기업은 인력이 1천 명을 넘으면 은퇴예정자 교육을 해야 한다. 그런데 기업 내 교육팀과 인사팀은 이 일을 서로 떠넘기기 급급하다. 무엇을 어떻게 교육할지 철학조차 정립되어 있지 않다. 담당자들 스스로가 대상자가 아니어서 절실하지도 않다. 2020년부터 1차 베이비부머들이 은퇴하고 앞으로 20년간 1,700만 명이 은퇴해야 하는 것을 고려하면 암담하다.

그렇다면 기업은 무엇에 초점을 맞춰 고령화 문제에 대비해야 할까? 차근차근 살펴보자.

첫째, 인구의 이동과 그로 인한 시장의 변화를 읽어야 한다. 세계 모든 국가가 저출산을 경험 중이다. 도시화는 필연적으로 저출산을 동반한다. 유일하게 인구가 느는 지역은 아프리카와 남·중앙아시아다. 중국을 포함한 동아시아는 인구 규모가 3위로 밀려나는 추세다. 이 흐름은 2030년 무렵부터 체감할 수 있게 될 것이다. 상식과 달리 중국은 세계에서 가장 대규모로 가장 빠르게 고령화를 겪게 된다. 반면 아프리카는 인구가 폭발적으로 늘어난다. 좋든 나쁘든 아프리카가 세계의 운명을 짊어지게 되는 것이다. 게다가 2030년까지 아프리카의 농업 규모는 1조 달러(약 1,100조 원)에 이르게 된다. 21세기 새로운 금광이 되는 셈이다.

둘째, 새로운 세대의 등장에 주목해야 한다. 지금 전 세계는 MZ세대에 열광한다. 그러나 정작 기업이 주목해야 하는 대상은 60세 이상의 세대다. 지금까지 수차례 언급한 대로 60세 이상의 인구는 전 세계에서 폭발적으로 늘어난다. 그런데 우리 기업은 이들을 위한 시장을 얼마나 준비하고 있을까?

현실로 다시 돌아와 보자. 이미 인구 감소는 시작되었다. 내국인 출생아는 지속적으로 줄어든다. 베이비부머와 X세대로 이어진 인구 팽창 효과는 2020년대 말을 기점으로 끝이 난다. 앞으로는 일하는 사람, 소비하는 사람 모두 줄어든다. 기업은 2021년 기준 56~60세인 인력 414만 명에게 주목해야 한다. 이들은 누구보다 교육수준이 높은 양질의 인력들이다. 이들을 어떻게 활용할지가 기업의 새로운 숙제가 된다.

우리 기업들은 언제나 위기를 기회로 만들어왔다. 기회를 찾아서 그것에 집중해야 한다.

한 가지 유력한 현상은 인구는 줄고 있지만 가구는 늘고 있는 양상이다. 2000~2019년까지 총 인구는 470만 명(약 10퍼센트) 늘었다. 그런데 그 중 400만 명이 수도권에서 발생했다. 같은 기간 가구는 560만이 늘었다. 가구가 개별로 분화했다는 의미다. 수도권에서 늘어난 가구만 320만 호다. 가구가 늘면 주택, 생필품 수요는 늘어날 수밖에 없다. 2020년과 2030년의 주인공 가구가 바뀐다. 3인 가구에서 1인 가구로 바뀌게 된다. 그 결과 소비재는 물론 주거형태, 식료품 소비방식 등이 확연히 달라진다. 게다가 늘어나는 1인 가구의 상당수는 시니어 1인 가구다. 여기에 집중할 필요가 있다.

앞으로 인구는 줄어든다. 우리가 본격적으로 체감하는 시점은 2030년 무렵이 될 것이다. 조영태 서울대학교 보건대학원 교수는《인구 미래 공존》에서 2100년이면 대한민국 인구가 1,950만 명으로 줄어들 것이라고 예상한 바 있다. 2030년까지 인구절벽이 실감나지 않겠지만 2050년부터는 본격적으로 줄어든다.

　다행히 아직 10년이라는 기간이 남았다. 무언가를 하기엔 충분한 시간이다. 지금 우리 기업이 가진 역량으로 얼마든지 이 시장을 분석하고 선점해갈 수 있다. 이제껏 잘 몰라서 혹은 막연해서 미루어두었다면 이제부터라도 시니어 시장을 본격적으로 공부해야 한다.

감사의 글
새로운 사회 구조를 만들어야 한다

인지심리학에서 안다는 것의 의미는 3가지로 분류된다. 첫째, 내가 알고 있다는 것을 아는 것. 둘째, 내가 모르고 있다는 것을 아는 것. 셋째, 내가 모르고 있다는 것을 모르는 것이다.

그렇다면 시니어 이슈는 어디에 해당될까? 첫째 카테고리에 해당할지도 모른다. 뉴스나 미디어에서 고령사회를 둘러싼 문제점에 대해 누구나 들어봤을 것이다. 그러나 대다수는 심각성을 부정하거나 정면으로 맞서 해결하려 하지 않는다. 아직 이 문제에서 자신은 '열외'라고 생각하는 듯하다.

많은 이들에게 고령사회 문제는 지하철 객실 내 '어르신 좌석' 정도의 의미로 다가온다. 스마트폰 뉴스앱으로 읽은 고령자의 안타까운 죽음 사연 정도로 받아들여진다. 누군가 해결해주겠지 하는 막연한 기대를 하고 있을지 모른다.

다른 측면도 있다. 시니어 문제가 중요하고 시급하다고 여기지만 무엇을 어떻게 해야 할지 모르는 경우도 많다. 비즈니스 리더나 해당 분야 실무자들이 그런 상태다. 뭔가 해야 한다는 것은 아는데 시장 반응 등을 알 수 없어 망설인다. 결과적으로는 아무것도 하지 않는 셈이다.

그런데 우리는 더 이상 막연히 기다릴 수 없다. 모든 문제를 해결해줄 요술램프 따위는 없다. 다음 정권, 다음 담당자가 무언가 내놓겠지 하고 손 놓고 있을 수도 없다. 우리는 이미 2017년에 고령사회에 진입했고 전 세계에서 유례없이 빠른 속도로 초고령사회로 가고 있다. 지금 이 순간에도 통계청 자료는 몇 개월 차이로 점점 나빠지는 숫자를 토해내고 있다.

만약 당신이 2060년까지 생존한다면 거리를 메운 다수가 고령자임을 체감하게 될 것이다. 거리, 상점, 청소부, 노동자들 대부분은 나이든 사람일 것이다. 그렇게 되면 사회구조는 어떻게 바뀌게 될까? 그리고 우리는 지금부터 무엇을 해야 할까?

정부는 2006년부터 2021년까지 무려 380조 원을 투입해 저출산과 고령화를 막으려 노력했다. 그런데 우리 다수가 체감하듯이 어디서 무엇이 나아졌는지 알 수 없다. 비혼을 주장하고 출산을 거부하는 젊은이들은 점점 늘고 있다. 2020년부터 은퇴를 시작한 1,700만 베이비부머들은 자신들의 생계뿐 아니라 부모를 봉양하고 자녀까지 돌봐야 하는 '더블케어'의 수렁에 빠져들고 있다.

고려대학교 고령사회연구센터는 고령사회에 진입한 한국사회와 동아시아 전체의 고령사회 문제를 짚어보고 해결책을 제시하기 위해 설립되었다. 고려대학교 글로벌일본연구원 산하기관으로 시작해 일본의 경험을 위시로 중국, 미국, 영국의 준비상황을 두루 살펴봤다.

이 책은 전 세계 고령사회 트렌드와 비즈니스 흐름을 살펴보고 한국사회에 그 결과를 선보이는 첫 보고서다.

국가, 기업, 개인 차원에서 고령사회에 대한 이해 수준을 높이고 고령사회를 준비하는 데 협업할 수 있기를 바란다. 고려대학교 고령사회연구센터 역시 필요한 자리에서 책임을 다할 것을 약속한다.

2022년에는 한·중·일 고령사회 연구협의회를 개최하고자 준비를 하고 있다. 중국 청화대학교 고령사회연구센터, 일본 도쿄대학교 고령사회종합연구기구와 협력해 학문적 논의를 넘어 비즈니스 사례와 활용 가능한 연구사례를 적극 보급할 계획이다. 이 책을 읽고 우리와의 협업을 원하는 기관이나 개인이 있다면 언제든 환영하는 바이다. 한국사회 발전을 위해 모든 연구현황을 공유하고 더 나은 방향으로 나아갈 바를 논의할 것이다.

지면을 빌어 감사의 말을 전하고 싶다.

고려대학교에서 고령사회연구센터가 자리 잡을 수 있도록 배려해주신 고려대학교 정진택 총장님, 그리고 고령사회연구센터가 태동할 수 있도록 도와준 고려대학교 문과대학 정병호 학장님, 글로벌일본연구원 채성식 원장님에게 먼저 깊은 감사를 전한다.

고령사회연구센터 자문단장을 맡고 있는 송완범 교수님은 매일 매순간 나침반 역할을 자임하며 상담해주셨다. 앞으로도 지속적인 지도편달을 당부 드린다.

또한 센터에서는 산업은행 인사 분야에서 17년간 몸담은 전직지원 전공 박창동 박사님이 교육본부를 맡아 운영해주고 있다. 무엇보다 센터에게는 정신적 지주에 가깝다. 큰 감사를 드린다.

센터가 나아갈 방향을 짚어준 부산대학교 사회과학대학 이기영 학장님, 기업 교육에 대한 넓은 비전을 갖게 해준 전 SK아카데미 원장 김홍묵 인천대학교 창의인재개발학과 교수님, 남은 인생을 모두 저출산 고령화 문제해결에 바치고 싶다고 말씀한 홍석우 상지대학교 총장님, 의학적 문제와 관련해 모든 것을 맡겨달라고 자원해주신 고려대학교 의과대학 선경 교수님, 센터의 새로운 비전을 만들어주신 고려대학교 경영대학 김동원 교수님에게 깊은 감사를 드린다. 센터를 위해 지원을 아끼지 않은 보임코퍼레이션 한문선 대표님에게도 큰 감사의 인사를 전한다.

센터 구성원들에게도 깊은 감사를 전한다. 선례가 없었던 연구를 위해 새벽부터 출근해 자료 수집과 논의를 함께 해준 연구원 모두에게 감사를 전한다. 중국 고령사회 연구를 맡은 하방용 연구원과 일본 고령사회 연구를 지원해준 송지원 연구원에게도 감사를 전한다. 그 외 센터에서 각자의 자리에서 최선을 다해준 모든 구성원에게 감사의 뜻을 전하고 싶다. 여러분이 있기에 이 책을 작업하는 내내 즐거웠고 힘들지 않을

　　　　　　　　　　　　　　　　　　　감사의 글

수 있었다. 끝으로 비즈니스북스의 홍영태 대표님과 에이미하우스의 이은정 대표에게도 감사를 전한다. 단 한 분이라도 함께 하지 않았다면 아마 이 책은 세상의 빛을 보지 못했을 것이다.

한국의 고령사회 문제해결은 이제부터 겨우 본 게임이 시작되었다. 각계각층에서 이 문제를 두고 고민하는 모든 이들에게 응원의 메시지를 보낸다. 아마도 오랜 시간 지치지 않고 현실과 싸워야 할 것으로 보인다. 모두의 건투를 빈다.

고려대학교 고령사회연구센터장

이동우

부록 1

통계로 보는 대한민국 고령사회 현황 분석

합계출산율이 인구 대체수준인 2.1 아래로 내려가면 저출산이라고 하고, 1.3 이하로 3년 이상 지속되면 초저출산이라고 정의한다. 이 기준으로 본다면 우리나라는 이미 초저출산에 해당된다. 2016년까지는 대략 매년 40만 명가량 출생아 수가 유지되었지만 이후로는 계속 하락해서 2020년 27만 명으로 30만 명 벽이 무너진 상태다.

오스트리아 왕립 인구연구소 소장 볼프강 러츠Wolfgang Lutz는 '초저출산의 덫에 한번 걸리면 빠져나올 수 없다'고 경고했다. 그만큼 초저출산 현상은 극복하기가 매우 어렵다는 뜻이기도 하다.

향후 상황도 좋지는 않다. 현재 20대의 52.5퍼센트, 30대의 41퍼센트가 '결혼을 하더라도 자녀는 필요 없다'고 응답했다고 한다. 이 또한 세계에서 유례없는 현상이다. 인구 변화 속도 역시 너무 빠르다. 다른 나라도 고령화를 겪지만 우리나라는 적응할 여유조차 없다.

예컨대 프랑스는 고령국가에 도달하는 데 145년, 영국은 80년이 걸렸다. 그러나 우리나라는 초저출산의 여파로 고령사회에 도달하는 데 20년이 채 걸리지 않았다. 일본보다도 약 8년 정도 빠른 속도다. 문제는 급격한 인구변동은 우리 사회가 적응할 시간을 주지 않는다는 점이다. 2017년 초등교사 임용대란도 같은 맥락에서 해석할 수 있다. 지방대학교들이 정원을 채우지 못하는 위기 역시 동일한 연장선상에서 벌어지는 일들이다.

인구 감소의 사회적 여파는 또 다른 문제를 부른다. 반면 초저출산으로 인한 인구 감소는 국가 전체에 동시다발적인 영향을 주지는 않는다. 특정 연령, 특정 지역, 특정 산업에 차별적으로 영향을 미칠 것이다. 신생아 관련 산업은 고사 직전까지 가게 될 수 있다. 따라서 관련 산업은 고급화 전략이나 사업다각화를 시도하지 않으면 가망이 없다고까지 할 수 있다. 물론 아직 영향은 미미하다며 느긋한 입장을 보이는 이들도 있다. 그러나 초저출산과 고령사회 진입으로 인한 문제에 대해 절대 그런 입장을 취할 수 없음을 절감하게 될 것이다.

먼저 총인구다.

- 2020년 우리나라 총인구는 5,178만 명이며 2028년 5,194만 명으로 정점을 찍은 후 계속 감소할 것으로 전망된다.
- 2020년 합계출산율은 전년보다 0.08명 감소한 0.84명으로 2017년

이후 4년 연속 역대 최저치를 경신했다.

- 2020년 수도권 인구는 2,595만 8천 명으로 전체 인구의 절반을 넘었다. 수도권 인구 집중 현상은 지속될 것으로 전망된다. 수도권 인구 비중 변화 추이를 보면 2010년 49.3퍼센트에서 2020년 50.1퍼센트, 2030년에는 51.0퍼센트에 이를 것으로 보인다(출처: 통계청 '장래인구추계', '인구동향조사').

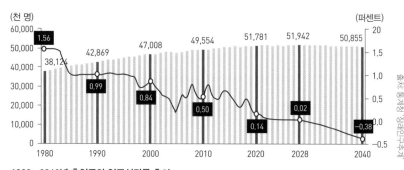

1980~2040년 총인구와 인구성장률 추이

고령인구 변화는 어떨까?

- 2020년 우리나라 65세 이상 인구는 전년보다 약 44만 명 증가한 813만 명으로 전체 인구의 15.7퍼센트를 차지했다.

- 전남의 경우 65세 이상 인구 비중이 23.1퍼센트로 가장 높으며 노년부양비와 고령화지수도 각각 35.5, 196.1로 전국에서 가장 높다.

- 세종은 65세 이상 인구 비중이 9.3퍼센트로 가장 낮고 노년부양비

부록 1

와 고령화지수도 각각 13.1, 46.3으로 가장 낮다.

- 고령인구 비중이 20퍼센트 이상인 초고령사회 지역은 전남(23.1퍼센트), 경북(20.7퍼센트), 전북(20.6퍼센트), 강원(20.0퍼센트) 등 4개 지역이다(출처: 통계청 '장래인구추계').

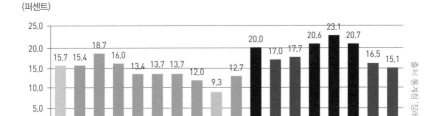

전국 시도 자치단체별 고령인구 비중

- 고령인구 비중은 계속 증가해서 2025년에는 20.3퍼센트에 이르면서 우리나라가 초고령사회에 진입할 것으로 전망된다.
- 이후에도 계속 증가해서 2036년에는 30퍼센트를 넘어서고 40년 후인 2060년에는 43.9퍼센트에 이를 것으로 보인다.
- 생산연령인구 100명이 부양하는 고령인구를 뜻하는 노년부양비는 2020년 21.7명이지만 2036년에는 50명을 넘고 2060년에는 91.4명이 될 것으로 전망된다(출처: 통계청 '장래인구특별추계: 2017~2067').

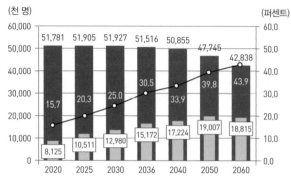

전체 ▓ 65세 이상 ─○─ 구성비

(천 명)
(퍼센트)

고령인구(65세 이상) 및 구성비 예상

─□─ 노년부양비 ─○─ 노령화지수

(명/생산연령인구 100명)
(명/유소년인구 100명)

51,516

노년부양비 및 고령화 지수 예상

출산율과 사망률 관련 데이터도 살펴보자.

- 2020년 합계출산율은 전년 대비 0.08명 감소한 0.84명으로 2017년 이후 4년 연속 역대 최저치를 경신했다.

- 연령대별 여성 1천 명당 출산율은 30대 초반(79.0명), 30대 후반

(42.3명), 20대 후반(30.6명) 순으로 높게 나타났다.

- 30대 이하 모든 연령대에서 여성 1천 명당 출산율이 감소했고 그 중에서도 30대 초반의 출산율이 가장 많이 감소(-7.2명)했다(출처: 통계청 '인구동향조사').

- 2020년 사망자 수는 30만 5천 명으로 전년보다 1만 명 증가했으며 인구 1천 명당 사망자 수인 조사망률은 5.9명으로 전년(5.7명)보다 0.2명 증가했다.

- 남자 조사망률은 6.5명으로 여자 5.4명보다 1.1명 높다.

- 20대의 조사망률(0.4명)은 전년 대비 5.8퍼센트 증가했으며 이외 연령대의 조사망률은 전년 대비 감소한 것으로 나타났다(출처: 통계청 '인구동향조사').

(명/가임 여성 1명)

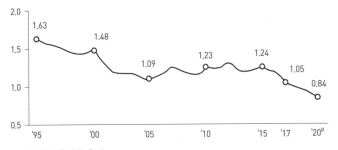

1995~2020년 합계출산율 추이

고령자 가구 관련 통계도 살펴보자.

- 2047년 우리나라 가구의 약 절반이 65세 이상 고령자 가구가 될

것으로 전망된다.

- 2020년 가구주 연령이 65세 이상인 고령자 가구는 464만 2천 가구로 전체 가구의 22.8퍼센트를 차지하게 된다.

- 고령자 가구가 차지하는 비중은 계속 늘어나 2047년에는 우리나라 전체 가구의 약 절반(49.6퍼센트)이 고령자 가구가 될 것으로 전망된다.

- 가구 유형별로 보면, 1인 가구(34.2퍼센트), 부부(33.1퍼센트), 부부+미혼자녀(9.7퍼센트), 부(모)+미혼자녀(5.5퍼센트) 순으로 높게 나타났다(출처: 통계청 '장래인구특별추계: 2017~2067').

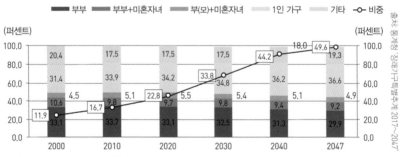

고령자 가구 비중 및 가구 유형별 구성비

기대여명 관련 통계 수치는 다음과 같다.

- 2018년 65세 생존자의 기대여명은 20.8년, 75세 인구의 기대여명은 12.7년으로 모두 전년과 동일한 수준을 보였다.

- 65세 여자의 기대여명은 22.8년으로 남자보다 4.2년 더 높다. 75세

여자의 기대여명은 14.1년으로 남자보다 2.9년 더 높다.

- 2018년 우리나라 65세 생존자의 기대여명은 경제협력개발기구 (OECD) 평균보다 높은 수준이었다.

- 성별로 보면 65세 여자의 기대여명은 OECD 평균보다 1.5년 높으며 남자는 0.5년 높은 것으로 나타났다.

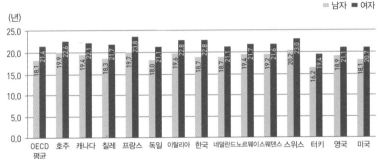

OECO 주요 국가의 성별 기대여명(65세 기준)

출처: CECD '건강통계' Health Status 2018년

기대여명의 증가에 따른 은퇴연령층 빈곤율 결과는 어떨까.

- 2018년 66세 이상 은퇴연령층의 소득 분배지표는 상대적 빈곤율 43.4퍼센트, 지니계수 0.406, 소득 5분위 배율 7.94배로 2016년 이후 모든 지표에서 소득분배 정도가 개선되고 있는 것으로 보인다.

- 그러나 2017년 기준 우리나라 은퇴연령층(66세 이상)의 상대적 빈곤율은 경제협력개발기구OECD 가입국 중 가장 높은 수준으로 나타났다.

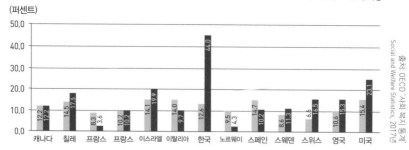

출처: OECD '사회 복지 통계'
Social and Welfare Statistics, 2017년

■ 18~65세 ■ 66세 이상

(퍼센트)

OECD 주요 국가 은퇴 연령층의 상대적 빈곤율(중위소득 50퍼센트 이하 기준)

고령자들의 삶에 대한 만족도 조사 결과도 살펴보자.

- 2019년 65세 고령자 중 자신의 현재 삶에 만족하고 있는 사람의 비중은 25.0퍼센트로 전년 대비 4.9퍼센트 감소했다.

- 고령자는 전 연령대 대비 낮은 삶의 만족도를 나타내고 있으며 그 격차는 전년보다 3.2퍼센트 늘었다.

- 연령대가 높을수록 삶에 대한 만족도는 낮은 경향을 보였다(출처: 통계청 '사회조사', '연령대별 삶에 대한 만족도'(2019, 65세 이상)).

그렇다면 우리나라 시니어들은 어떤 거주환경에서 살고 있을까? 또한 어떤 거주환경에서 살고 싶어 할까?

- 시니어들의 83.8퍼센트는 건강이 허락한다면 현재 살던 집에서 계속 살기를 바랐다. 더 좋은 거주환경으로 이주하기를 바라는 비율은 11.2퍼센트, 서비스를 제공하는 주택으로 이주하기를 바라

는 비율은 4.9퍼센트였다.

- 건강이 악화될 경우에도 현재 집에서 살면서 재가 서비스를 받기를 원한 비율은 56.5퍼센트에 달했다. 가족과 합가하거나 근거리에 거주하기를 원한 비율은 12.1퍼센트, 시설에 입소하기를 원한 비율은 31.1퍼센트였다(출처: 보건복지부 '2020년 노인실태조사').

우리 주변 동아시아 국가들과 우리는 고령사회 관련 연구를 얼마나 활발히 하고 있을까?

먼저 한국의 관련 연구기관들을 살펴보자.

- 강남대학교 실버산업연구소, https://www.gorisi.org
- 건국대학교 건강고령사회연구원, http://l.konkuk.ac.kr/main.do
- 대구대학교 고령사회연구소, http://agesoc.daegu.ac.kr/main/?load_popup=1
- 서울대학교 노화·고령사회연구소, http://ioa.snu.ac.kr
- 서울대학교 사회발전연구소 인구 및 고령사회 연구센터, http://www.isdpr.org/research_center/population_and_aging_social_research_center/overview
- 연세대학교 간호대학교 김모임간호학연구소 고령건강과학연구STAY, https://staynri.ac.kr/main/main.php
- 이화여자대학교 연령통합고령사회연구소, http://my.ewha.ac.kr/sskeiair

- 인제대학교 고령자라이프리디자인연구소, https://www.inje.
  ac.kr/kor/academics/academics-view-i.asp?Tname=Kor_
  Institution&I_code=C304&d1n=2&d2n=14&d3n=4academi
  cs-organization
- 한림대학교 고령사회종합연구원, https://www.hallym.ac.kr/h
  allym_univ/sub04/cP14/sCP7.html
- 한양대학교 고령사회연구원, https://cli.hanyang.ac.kr/web/ias
- 분당서울대학교병원 초고령사회의료연구소, https://snubh-rcah.
  com
- 성남 시니어산업혁신센터(을지대학교 산학협력단 위탁), http://www.
  miraeseum.or.kr/home/contentsInfo.do?menu_no=901
- 인천 고령사회대응센터, http://inlife.or.kr/index.do
- 제주연구원 고령사회연구센터, http://afcjeju.com/pages/sub
  04_1.php
- 한국보건사회연구원 고령사회연구센터, https://www.kihasa.re.kr/
  institute/organization?id=2024102
- 한국보건산업진흥원 고령친화산업지원센터, https://www.khidi.
  or.kr/esenior
- 한국식품산업클러스터진흥원 고령친화산업화팀, https://www.food
  polis.kr/history/history4_7_4.php

다음은 중국의 고령사회 관련 연구기관들이다.

- 광둥재경대학교 고령사회법치문제 연구원广东财经大学老龄社会法治问题研究院, https://kyc.gdufe.edu.cn/2019/0610/c6145a111917/page.htm

- 닝보대학교 보건 연구원RESEARCH ACADEMY OF GRAND HEALTH, NONGBO UNIVERSITY, http://nbugh.nbu.edu.cn

- 서남교통대학교 국제고령 연구원Southwest Jiaotong University National Interdisciplinary Institute on Aging, https://niia.swjtu.edu.cn/index.htm

- 서남재경대학교 고령화 및 사회보장연구센터Aging and Social Security Research Center, Southwestern University of Finance and Economics, https://assrc.swufe.edu.cn

- 시안과학기술대학교 고령사회발전 연구원西安科技大学老龄社会发展研究所, https://glxy.xust.edu.cn/yjzx/llshfzyjs.htm

- 저장대학교 고령 및 건강 연구센터浙江大学老龄和健康研究中心, http://www.spa.zju.edu.cn/spachinese/13243/list.htm

- 중국인민대학교 국가발전전략 연구원National Academy of Development and Strategy RUC, http://nads.ruc.edu.cn/index.htm

- 청화대학교 고령사회 연구센터Center on Aging Society Tsinghua University, http://www.cas.tsinghua.edu.cn

- 푸단대학교 건강고령 및 발전 센터PKU Center for Healthy Aging and Deve-lopment, http://chads.nsd.pku.edu.cn/index.htm

- 푸단대학교 인구개발정책 연구센터复旦大学人口与发展政策研究中心, http:

//cpdps.fudan.edu.cn

- 광둥 고령화산업연구센터Guangdong Institute of Aging Industry, http://www.hkzjf.com/shilaohua1.html

- 노년문화 및 예술 연구소Institute of Culture and Art for the Aged, http://www.jsou.cn/lys/main.htm

- 랴오닝 국제경제고령 과학 연구원辽宁对外经贸学院老龄科学研究院, http://www.luibe.edu.cn/gwfl/index.htm

- 안휘 노년 교육 연구원Anhui Institute of Aging Education, http://ahiae.ahtvu.ah.cn/f

- 장쑤 스마트양로 연구원江苏智慧养老研究院, http://sps.njupt.edu.cn/2018/0912/c10723a133122/page.htm

- 중국 고령과학 연구센터China Aging Science Research Center, http://www.crca.cn

- 창칭 고령사회발전연구원长青老龄社会发展研究院, http://www.xiexietong.com/Index/Article/societyInfo?id=66

- 현대양로산업연구원当代养老产业研究院, http://www.ddylcy.org.cn

끝으로 일본의 주요 고령사회 연구센터들은 다음과 같다.

- 게이오기주쿠대학교 의학부 백수종합연구센터Keio University School of Medicine, Center for Supercentenarian Medical Research, https://www.keio-centenarian.com

- 게이오기주쿠대학교 파이낸셜·제론톨로지연구센터Research Center for Financial Gerontology, Keio University, https://rcfg.keio.ac.jp
- 도쿄대학교 고령사회종합연구기구Institute of Gerontology, The University of Tokyo, http://www.iog.u-tokyo.ac.jp/?lang=ja
- 도호쿠대학교 가령의학연구소Institute of Development, Ageing and Cancer, Tohoku University, http://www.idac.tohoku.ac.jp/site_ja
- 도호쿠대학교 경제학연구원 고령경제사회연구센터Research Center for Aged Economy and Society, TOHOKU University, JAPAN, https://sites.google.com/view/caestop/home?authuser=0
- 오비린대학교 노년학종합연구소Institute for Gerontology, J.F. Oberlin University, http://www2.obirin.ac.jp/rounenken/index.html
- 국립사회보장·인구문제연구소(후생노동성 소속 국립연구기관) National Institute of Population and Social Security Research, http://www.ipss.go.jp/index.asp
- 도쿄도 건강장수의료센터연구소(지방 독립 행정법인)Tokyo Metropolitan Institute of Gerontology, http://www.tmghig.jp/research

부록 2

에이지 프렌들리 비즈니스 모델들

001 세이지Sage, https://www.findasage.com

002 엘더라eldera, https://www.eldera.ai

003 후지츠 라쿠라쿠 스마트폰 FUJITSU Raku-Raku Smartphone, https://www.fujitsu.com/
jp/about/businesspolicy/tech/design/activities/easy-phone-f01/index.
html

004 시세이도 프리올資生堂 プリオール, https://www.shiseido.co.jp/pr

005 팡후아Fanghua, https://epaper.qlwb.com.cn/meidaxian/fashion/30160.html

006 바바 랩BABA lab, https://www.baba-lab.net

007 중국국가철로12306中国国家铁路12306, https://www.12306.cn/index/index.html

008 사단법인 시니어소호살롱NPOシニアSOHO普及サロン・三鷹, https://www.svsoho.gr.jp/
index.html

009 시니어리스트The Senior List, https://www.theseniorlist.com

010 스티치Stitch, https://www.stitch.net

011 원포올_{One for All} , https://www.oneforall.co.uk

012 그랜드패드_{Grand Pad} , https://www.grandpad.net

013 시니어의 컴퓨터.com_{シニアのパソコン.com}, https://xn--u9j9e2bn6a7ezbws.com

014 레트로브레인_{RetroBrain R&D} , https://www.retrobrain.de

015 헤이허비_{HeyHerbie!} , https://www.heyherbie.com

016 캔두테크_{Candoo Tech} , https://www.candootech.com

017 스마트왓처_{SmartWatcher} , https://www.smartwatcher.com

018 겟셋업_{GetSetUp} , https://www.getsetup.io

019 오스탄스_{オースタンス}, Ostance, https://ostance.com

020 마타기스나이퍼_{Matagi Snipers} , https://matagi-snps.com

      ISR e스포츠_{ISR e-Sports} , http://isr-group.co.jp/isr-parsonel/e-sports

021 노아이솔레이션_{No Isolation} , https://www.noisolation.com

022 엘레펜드_{elefend} , https://www.elefend.com

023 리타이어러블_{Retirable} , https://retirable.com

024 펜션비_{PensionBee} , https://www.pensionbee.com

025 어슈어드 얼리스_{Assured Allies} , https://www.assuredallies.com

026 타이요생명_{太陽生命}, https://www.taiyo-seimei.co.jp/customer/senior_serv
      ice/bss.html

027 에버세이프_{EverSafe} , https://www.eversafe.com

028 케어풀_{Carefull} , https://www.getcarefull.com

029 실버빌스_{SilverBills} , https://silverbills.com

030 디보우티드헬스_{Devoted Health} , https://www.devoted.com

031 트루링크_{True Link} , https://www.truelinkfinancial.com

032 실버_{silvur} , https://www.silvur.com

033 님블_{Nymbl} , https://nymblscience.com

034 지브리오_{ZIBRIO} , https://www.zibrio.com

035 아너_{HONOR}, https://www.hihonor.com/cn/shop/index.html

036 스피로100_{spiro100}, https://spiro100.com

037 모티테크_{MOTITECH}, https://motitech.co.uk

038 볼드_{BOLD}, https://www.agebold.com

039 와이즈핏_{Wysefit}, https://wysefit.com

040 딘서_{Dynseo}, https://www.dynseo.com/en

브레인HQ_{Brain HQ from Posit Science}, https://www.brainhq.com

멘티아_{Mentia}, https://www.mentia.me

윈터라이트랩스_{Winterlight Labs}, https://winterlightlabs.com

마인드메이트_{Mindmate}, https://www.mindmate-app.com

맵해빗_{MapHabit}, https://www.maphabit.com

세이보닉스_{Savonix}, https://savonix.com

싱핏_{SingFit}, https://www.singfit.com

디멘티아카페_{Dementia Cafe Network}, https://dementiacafe.ie

041 두루누비, https://www.durunubi.kr

서울두드림길, https://gil.seoul.go.kr

강화나들길, https://www.nadeulgil.org

강릉바우길, https://www.baugil.org

지리산둘레길, https://jirisantrail.kr

해파랑길, https://haeparanggil.com/services/index

제주올레길, https://www.jejuolle.org

042 카마니오케어_{CamanioCare}, https://www.camanio.com/en

043 캐시워크, https://www.cashwalk.me

빅워크, https://www.bigwalk.co.kr

트랭글, https://www.tranggle.com

044 헬프풀_{Help-Full}, http://help-full.com

045 히타치HITACHI , https://www.hitachi.com.cn

046 굿브레인GoodBrain , https://goodbrain.jp/seniors

047 실버 어드벤처SilVR Adventures , https://silvradventures.com.au

048 네스터리Nesterly , https://www.nesterly.com

049 얼럿1Alert1 , https://www.alert-1.com

라이프 얼럿Life Alert , http://www.lifealert.com

메디컬 얼럿Medical Alert , https://www.medicalalert.com

에코케어EchoCare Technologies , http://www.echocare-tech.com

하우즈howz , https://howz.com

에센스 스마트케어essence smartcare , https://www.essencesmartcare.com

유날리웨어UnaliWear , https://www.unaliwear.com

피플파워패밀리People Power Family , https://www.peoplepowerfamily.com

센서콜SensorsCall , https://sensorscall.com

케어프리딕트CarePridict , https://www.carepredict.com

노비nobi , https://nobi.life

바야홈Vayyar Home , https://vayyarhome.com

칠프chirp , https://mychirp.com

세이플리유Safely You , https://www.safely-you.com

버디Buddi , https://www.buddi.co.uk

딜리dele , https://delehealth.com

050 업사이드홈UpsideHom , https://www.upsidehom.com

051 반케그룹万科集团 , https://www.bjvankeyl.com

052 푸싱건강FosunCare , http://www.sungin.com.cn

053 카스파 AICASPAR.AI , https://caspar.ai

054 도말리스Domalys , https://www.domalys.com

055 온핸드onHand , https://www.beonhand.co.uk

056 하이얼_{Haier}, https://www.haier.com/cn

057 실버네스트_{Silvernest}, https://www.silvernest.com

058 미데아_{Midea} 스마트홈, https://msmart.midea.com

059 파나소닉_{Panasonic} 스마트홈, https://panasonic.cn/cna/wellness-smart-town

060 터치타운_{touchtown}, https://www.touchtown.com

061 리스토어_{RESTORE}, https://restoreskills.com

062 고고그랜드페어런트_{GoGoGrandparent}, https://gogograndparent.com

063 토치테크_{Tochtech Technologies}, https://www.tochtech.com

064 파파_{papa}, https://www.joinpapa.com

065 네이버포스_{naborforce}, https://naborforce.com

066 케어십_{careship}, https://www.careship.de

실버라이드_{Silver Ride}, https://www.silverride.com

홉스킵드라이브_{HopSkipDrive}, https://www.hopskipdrive.com

크루즈_{Cruise}, https://getcruise.com

온워드_{Onward}, https://www.onwardrides.com

067 클래시레이디_{Classy Lady}, https://www.cqcb.com/dyh/group/dyh5096/2021-08-05/4343627.html?ivk_sa=1024320u

068 지버_{GBER}, http://gber.jp

069 고모델_{go-models}, https://go-models.com/50-plus-model

070 스토리케어_{Storii care}, https://www.storiicare.com

라이프루프_{LifeLoop}, https://ourlifeloop.com

세트포인트_{SETPOINT}, https://www.setpoint.ai

웰비_{welbi}, https://www.welbi.co

네비스큐_{nevisQ}, https://nevisq.com

루브릭_{roobrik}, https://www.roobrik.com

커넥트케어히어로_{Connect CareHero}, https://www.connectcarehero.com

헤일로_{hayylo} , https://hayylo.com

하트레거시_{HeartLegacy} , https://heartlegacy.com

세이즐리_{sagely} , https://gosagely.com

테이아케어_{TeiaCare} , https://teiacare.com

메모리웰_{MemoryWell} , https://www.memorywell.com

위케어_{We+Care} , https://www.weplus.care/en

뉴리시_{nourish} , https://nourishcare.co.uk

오라_{Orah} , https://orah.care

071 템보헬스_{Tembo.Health} , https://tembo.health

루티니파이_{Routinify} , https://www.routinify.com

라이프팟_{LifePod} , https://lifepod.com

헬퍼비_{The Helper Bees} , https://www.thehelperbees.com/individuals

아너_{Honor} , https://www.joinhonor.com

케어링스_{CareLinx} , https://www.carelinx.com

리프티드_{Lifted} , https://www.liftedcare.com

세라케어_{Cera Care} , https://ceracare.co.uk

홈에이지_{Homeage} , https://www.homage.sg

슈퍼케어러스_{SuperCarers} , https://supercarers.com

072 시니어링크_{Seniorlin} , https://www.seniorlink.com

홈스라이브_{Homethrive} , https://www.homethrive.com

터치라이트_{Torchlight} , https://www.torchlight.care

아웃페이션트_{Outpatient} , https://getoutpatient.com

퀄_{Quil} , https://quilhealth.com

오스카시니어_{Oscar Senior} , https://www.oscarsenior.com

케어아카데미_{CareAcademy} , https://careacademy.com

버디_{birdie} , https://www.birdie.care

073 인튜이션 로보틱스intuition robotics , https://www.intuitionrobotics.com

074 큐티Cutii , https://www.cutii.io/en

075 도요타 씨워크C+walk , https://toyota.jp/cwalkt

무빙라이프movinglife , https://movinglife.com

니노 로보틱스Nino Robotics , https://www.nino-robotics.com/en

휠WHILL , https://whill.inc/choose-country-region/index.html

076 솔로SOLO , https://www.imsolo.ai

마인드요MyndYo , https://myndyou.com

에이지리스 이노베이션Ageless Innovation , https://joyforall.com

톰봇Tombot , https://tombot.com

077 엑스알 헬스XRHealth , https://www.xr.health

뉴로 리햅 VRNEURO REHAB VR , https://www.neurorehabvr.com

렌디버rendever , https://www.rendever.com

마인드VRMyndVR , https://www.myndvr.com

버추립Virtuleap , https://virtuleap.com

078 프렌들리슈즈Friendly Shoes , https://www.friendlyshoes.co.uk

브레이스어빌리티BraceAbility , https://www.braceability.com

탱고Tango , https://www.tangobelt.com

시스믹seismic , https://www.myseismic.com

079 로손LAWSON 의 시니어 채용, https://crew.lawson.co.jp/senior

지칭知靑노인대학교, https://www.meipian.cn/35syr71w

시니어앳워크seniors at work , https://www.seniorsatwork.ch

와이저잡스WisR Jobs , https://www.growwisr.com/?lang=de

080 토이랩스Toi Labs , https://www.toilabs.com

바이탈테크VitalTech , https://www.vitaltech.com

홈엑셉트HomeEXCEPT , https://homeexcept.com

유니퍼케어_{Uniper Care} , https://www.unipercare.com

라이블리_{Lively} , https://www.lively.com

뉴로트랙_{Neurotrack} , https://www.neurotrack.com

셀핏_{Selfit} , https://www.selfitmedical.com

와이즈케어_{wizecare} , https://wizecare.com

081 메드마인더_{MedMinder} , https://www.medminder.com

에본도스_{evondos} , https://www.evondos.com

메디세이프_{Medisafe} , https://www.medisafe.com

에드히어_{Adhere Tech} , https://www.adheretech.com

에이스에이지_{AceAge} , https://aceage.com

톰_{TOM} , https://www.tommedications.com/en

082 라이블리_{Lively} , https://www.listenlively.com

오디쿠스_{AUDICUS} , https://www.audicus.com

튠포크_{Tunefork} , https://www.tunefork.co.il

오티콘_{oticon} , https://www.oticon.com

누헤라_{NUHERA} , https://www.nuheara.com

오디오카디오_{AUDIOCARDIO} , https://audiocardio.com

캡션콜_{CaptionCall} , https://captioncall.com

에버사운드_{eversound} , https://eversoundhq.com

083 오캄_{ORCAM} , https://www.orcam.com/en/myeye2

084 스테디웨어_{Steadiwear} , https://steadiwear.com

라이프웨어_{Liftware} , https://www.liftware.com

자이로기어_{GYROGEAR} , http://gyrogear.co

085 니락스_{New Integrator of life, Amenities and X} 주식회사 , https://nilax.jp

인투엘_{iN2L} , https://in2l.com

일본코카콜라 음료 아카데미와 자택방문 서비스 , https://www.cocacola.co.jp/

beverage-institute, http://magokoro.cocacola.co.jp

086 **퇴직자 클럽**退休俱乐部, https://www.malldongli.com/home

087 **블룸**Bloom, https://home.hellobloomers.com

에버플랜스Everplans, https://www.everplans.com

페어윌Farewill, https://farewill.com

케이크Cake, https://www.joincake.com

088 **메루카리**Mercari, https://about.mercari.com

089 **라이프저니미디어**Life Journeys Media, https://lifejourneysmedia.com

090 **라이프바이오**LifeBio, https://www.lifebio.org

091 **빈카**Vynca, https://vyncahealth.com

092 **클로클**Clocr, https://clocr.com

093 **AOS 데이터 주식회사**, https://www.aostech.co.jp

094 **고령친화산업지원센터**, https://www.khidi.or.kr/esenior

095 **페이AI 테크놀로지**FEIAI Technology, http://www.iageclub.com

096 **예티 태블릿**yeti TABLET, https://yetitablet.com/healthcare

097 **중국 은행들의 고령친화 제품과 서비스들**

중국건설은행中国建设银行, http://www.ccb.com/cn/home/indexv3.html

중국 CITIC 은행中国中信银行, https://www.citicbank.com

중국은행中国银行, https://www.boc.cn/index.html

중국교통은행中国交通银行, http://www.bankcomm.com/BankCommSite/default.shtml

098 **주식회사 이로도리**, https://irodori.co.jp

099 **타이촨 테크놀로지**Taichuan Technology, http://www.bjtaichuan.com

100 **중국건강양로집단유한공사**CHINA HEALTH AND ELDERLY CARE GROUP CO.,LTD., http://www.checg.cn/zgjkyljtyxgs/sy/index.html

참고문헌

프롤로그

- 《인구 미래 공존》, 조영태, 2021년
- 시니어신문, 2020년 12월 29일, http://www.seniorsinmun.com/news/article-View.html?idxno=40812
- 《2030 축의 전환》, 마우로 기옌Mauro F. Guilen, 2020년

제1장

- 《노인을 위한 시장은 없다》, 조지프 F. 코글린Joseph F. Coughlin, 2019년
- 토게조 인생의 교과서とげぞう 人生の教科書, 2019년 4월 26일, https://togezou.com/2019/04/26/community-senior-business
- 중국국가철로中国国家铁路, https://www.12306.cn/index/index.html
- 중화인민공화국중앙인민정부中华人民共和国中央人民政府, 2020년 12월 24일, https://www.miit.gov.cn/jgsj/xgj/wjfb/art/2020/art_18a8b1029f724afc8b31264fcd0f4106.

html

- π+PRIME, 2021년 1월 26일, https://sspai.com/post/64770

- 중국 인터넷정보센터CNNIC, 2021년 2월, http://www.cnnic.cn

- 시니어 칼리지网上老年大学, http://www.downcc.com/soft/449092.html

- 중년·노인 홈中老年之家, http://www.downcc.com/soft/174200.html

- 스퀘어댄스 뒤뒤 피트니스广场舞多多全民健身, http://www.downcc.com/soft/342482.
  html

- 중년 및 노인생활中老年生活, http://www.downcc.com/soft/355216.html

- 원형圆形, http://www.downcc.com/soft/110310.html

- 좋은 친구好知音, http://www.downcc.com/soft/85567.html

- 청웨이리아青未了, http://www.downcc.com/soft/377041.html

- 바이두 지도 시니어百度地图老人版, http://www.5577.com/s/567211.html

- 바이두 시니어 버전百度老年人版, http://www.5577.com/s/567205.html

- Ostance, 2021년 5월 28일, https://ostance.com/journal/%E9%AB%98%E9%BD
  %A2%E8%80%85%E3%82%82%E5%AE%89%E5%BF%83%E3%81%97%E3%81
  %A6%E4%BD%BF%E3%81%88%E3%82%8B%E3%82%B7%E3%83%8B%E3%8
  2%A2%E5%90%91%E3%81%91sns-3%E9%81%B8%EF%BC%81

- 라쿠라쿠 정보국らくらく情報局, 2020년 9월 15일, https://rakuraku-info.jp/5-best-
  home-apps-for-seniors

- 라쿠라쿠 정보국らくらく情報局, 2019년 5월 10일, https://rakuraku-info.jp/the-best-
  20-senior-apps

- 구글플레이 라쿠텐 시니어Google Play 楽天シニア, Rakuten Group, Inc, https://play.google.
  com/store/apps/details?id=jp.co.rakuten.senior.app&hl=ja&gl=US

제2장

- 통계청 금융감독원, 한국은행(2021), 2020년 가계금융복지조사 결과

- 동아일보, 2021년 3월 25일, https://www.donga.com/news/Society/article/all/20210325/106076993/1

- 조선일보, 2021년 4월 13일, https://www.chosun.com/economy/2021/04/13/HD6QLYONARHSDDETKAGFFYB3X4

- 매일경제신문, 2021년 7월 18일, https://www.mk.co.kr/news/economy/view/2021/07/691079

- 뉴스위치ニュースイッチ, 2019년 1월 6일, https://newswitch.jp/p/15968

- Resona Group, https://www.resonabank.co.jp/kojin/sonaeru/column/shoukei/column_0002.html

- 콘·사이토 법무사사무소こん·さいとう司法書士事務所, 2021년 7월 19일, https://www.office-kon-saitou.com/biz104

제3장

- 이데일리, 2021년 3월 5일, https://www.edaily.co.kr/news/read?newsId=03273446628980368&mediaCodeNo=257

- 한국등산트레킹지원센터(2021), https://www.komount.or.kr/html/index.do?html=center_forest

- 큐넷(2021), https//www.q-net.or.kr

- 민간자격정보서비스(2021), https://www.pqi.or.kr

- 국민건강보험공단(2021), 2020 건강보험 주요통계

- 네이버(2021), https://terms.naver.com

- ECN Economist Corporate Network, https://economistchina.com/about

- 탕또우糖豆, Sugar Beans,http://www.pc6.com/az/159995.html

- 쳰민全民, http://www.pc6.com/iphone/159111.html

- 히타치日立, HITACHI, https://www.hitachi.com.cn

- 총무성 통계국總務省統計局, https://www.stat.go.jp/data/topics/topi1030.html

- 항저우 버추얼 테크놀로지Hangzhou Virtual Technology, https://www.kat-vr.com

제4장

- 하이얼海尔, Haier, https://www.haier.com/cn
- 미데아美的, Midea 스마트홈, https://msmart.midea.com
- 뉴스포스트세븐NEWSポストセブン, 2021년 7월 5일, https://www.news-postseven.co m/kaigo/95610
- 파나소닉松下, Panasonic, https://panasonic.cn/cna/wellness-smart-town
- 센트럴경비보장주식회사セントラル警備保障株式会社, CENTRAL SECURITY PATROLS CO.,LTD., https://www.we-are-csp.co.jp/personal/happiness/index.php
- 다이아몬드 온라인ダイヤモンド・オンライン, 2014년 12월 18일, https://diamond.jp/arti cles/-/63972
- 웰니스다이닝ウェルネスダイニング, https://www.wellness-dining.com
- 식탁편食卓便, https://shokutakubin.com/shop/default.aspx
- 부드러운 다이닝やわらかダイニング, https://yawaraka-dining.com
- 오마카세 건강 삼채おまかせ健康三彩, https://www.kenkosansai.net

제5장

- 클래시레이디时尚奶奶团, Classy Lady, AgeClub, 2021년 08월 5일, https://www.cqcb. com/dyh/group/dyh5096/2021-08-05/4343627.html?ivk_sa=1024320u
- 닛케이BP日経BP, Nikkei Business Publications, Inc., 2019년 9월 10일, https://pro ject.nikkeibp.co.jp/behealth/atcl/feature/00003/082900025/?P=1

제6장

- 티엠작크テムザック, tmsuk, https://www.tmsuk.co.jp
- 닛케이BP日経BP, Nikkei Business Publications, Inc., 2020년 3월 17일, https://pro

346

ject.nikkeibp.co.jp/behealth/atcl/feature/00003/031300084

제7장

- 지칭知青노인대학교,메이피안美篇, 2020년 9월 21일, https://www.meipian.cn/35s yr71w

제8장

- 퇴직자 클럽退休俱乐部, https://www.malldongli.com/home
- 하루메쿠ハルメク Web, Halmek, 2021년 6월 11일, https://halmek.co.jp/column/edi ting/4367

제9장

- 중화인민공화국중앙인민정부中华人民共和国中央人民政府, http://www.gov.cn/zhengce/ zhengceku/2021-02/10/content_5586574.htm
- 내각부内閣府, https://www8.cao.go.jp/kourei/index.html
- 후생노동성厚生労働省, https://www.mhlw.go.jp/stf/newpage_09940.html

AGE
FRIENDLY